D.R.© El Colegio de México, A.C.
Carretera Picacho Ajusco número 20
Colonia Ampliación Fuentes del Pedregal
14110 Ciudad de México, México.
www.colmex.mx

Todos os direitos da edição brasileira reservados à Veneta.

Direção editorial:
Rogério de Campos
Leticia de Castro

Assistência editorial:
Guilherme Ziggy
Amanda Pickler

Tradução:
Marcelo Barbão

Revisão:
Guilherme Mazzafera
Ricardo Liberal
Pedro Chaves

Capa:
Gustavo Piqueira - Casa Rex

Diagramação:
Carlão Assumpção

Dados Internacionais de Catalogação na Publicação (CIP)
(Câmara Brasileira do Livro, SP, Brasil)

E742 Escalante Gonzalbo, Fernando
História mínima do neoliberalismo: uma história econômica, cultural e intelectual do nosso mundo, de 1975 até hoje. / Fernando Escalante Gonzalbo. Tradução de Marcelo Barbão. Notas de Rogério de Campos. – São Paulo: Veneta, 2024.

288 p.
Título original: História Mínima del Neoliberalismo.
México: El Colegio de México, 2015.
ISBN 978-85-9571-293-5

1. Sistema de Ideias. 2. Sistema Político Econômico. 3. Economia. 4. Política. 5. Cultura. 6. Neoliberalismo. 7. História do Neoliberalismo. 8. Sociedade de Mercado. 9. Carta dos Direitos e Deveres Econômicos dos Estados. I. Título. II. Uma história econômica, cultural e intelectual do nosso mundo, de 1975 até hoje. III. A origem. IV. Economia: a grande ciência. V. O momento decisivo: os anos 1970. VI. A ofensiva. VII. Outra ideia da Humanidade. VIII. As décadas do auge: panorama. IX. Uma nova sociedade. X. O Estado neoliberal. XI. O desenlace. XII. O ópio dos intelectuais. XIII. Parâmetros para uma alternativa. XIV. Barbão, Marcelo, Tradutor. XV. Campos, Rogério de.

CDU 338   CDD 330

Rua Araújo, 124, 1º andar, São Paulo
www.veneta.com.br
contato@veneta.com.br

Para meu professor, Javier Elguea.

SUMÁRIO

Preliminar 13

Introdução 17

1. A origem 25
   Recuperar o liberalismo: o Colóquio Lippmann 25
   Antecedentes: o mercado segundo Ludwig von Mises 30
   O sinal de alarme: caminho da servidão 33
   A fundação da Sociedade Mont Pèlerin 35
   Hayek: a ideia da ordem espontânea 40
   Uma versão alemã: o ordoliberalismo 45
   Os primeiros passos 47

2. Economia: a grande ciência 51
   A economia neoclássica: uma ideia da ciência 51
   A economia, modelo para armar 54
   A linguagem da economia: eficiência, equilíbrio, otimização 60
   O problema da agregação 64
   Desemprego e inflação, a curva de Phillips 67
   A Teoria da Escolha Pública 71
   O estranho caso do Teorema de Coase 73
   Coda, sobre os monopólios 78

3. O momento decisivo: os anos 1970 81
   Novo anúncio do fim do mundo 81
   Canto de cisne: a nova ordem econômica internacional 85
   O fim do keynesianismo 86
   De São Francisco a Cuernavaca, Sibéria e Paris 88
   Incipit vita nova: outro horizonte cultural 91
   Chile: terceira chamada 94
   Um mundo novo 97

4. A ofensiva 101
    Margaret Thatcher, o projeto 101
    Ronald Reagan, o impulso definitivo... 107
    Outra linha com problemas: a curva de Laffer............................111
    O mundo, amplo e (não totalmente) indiferente....................... 113
    Arqueologia do desenvolvimento.. 116
    O fim da história.. 120

5. Outra ideia da Humanidade 125
    No princípio era o mercado 125
    Pessoas extraviadas 127
    Uma história muito longa..130
    Os bois com os quais se deve arar: o capital humano 132
    A pedra filosofal 136
    E o mercado ainda estava lá..142
    A nova natureza...145
    O mercado como religião: Ayn Rand 148

6. As décadas do auge: panorama 155
    A nova economia..156
    A hipótese dos mercados eficientes 158
    Fronteiras: manual de instruções 160
    O fim da esquerda 162
    Corte de caixa 167
    O outro caminho 169
    ...e um destino conhecido 172

7. Uma nova sociedade 177
    O domínio público...178
    Privatizar é o nome do jogo 181
    Uma nova administração...187
    Profissões, rendimentos, monopólios 190
    A batalha pela educação 194
    E como se reforma a educação?..198
    A educação superior 202
    A burocratização neoliberal 204

8. O Estado neoliberal...209
    A forma do novo Estado 209
    A caminho de uma teoria do Estado 213
    O estado de natureza, a natureza do Estado 216
    O Estado espontâneo: direito, legislação e liberdade 221
    Richard Posner: direito e economia 226
    Mão dura, mercado e castigo.. 229

9. O desenlace...233
    A origem da crise 233
    Esquema da história 237
    O destino da profissão econômica.. 239
    Tema com variações 244
    Reações, remédios, protestos e recomeço................................... 248
    Persistência do atraso 252

10. O ópio dos intelectuais 257
    O momento neoliberal..257
    A indústria da opinião 261
    O ópio dos intelectuais 263
    De volta à natureza 268

Apêndice. Parâmetros para uma alternativa 273

Mínima orientação de leitura 279

PRELIMINAR

Nos quarenta anos da virada do século, entre 1975 e 2015, o mundo se transformou completamente, até se tornar quase irreconhecível: com outra economia, outra moral, outra ideia da política e da natureza humana. O processo vinha de longe, mas na verdade nada o havia anunciado. As esperanças de 1970 desapareceram sem deixar rastro. Inclusive a linguagem de 1970 desapareceu, substituída por outra, que naquele momento teria sido quase ininteligível. Esta é a história dessa mudança.

***

Em dezembro de 1974, a Assembleia Geral das Nações Unidas aprovou a Carta dos Direitos e Deveres Econômicos dos Estados. A ideia havia sido apresentada como iniciativa do governo mexicano na reunião da UNCTAD de 1972, em Santiago do Chile, e adotada pelo Grupo dos 77. Entre outras coisas, estabelecia o direito dos Estados de regular o investimento estrangeiro, o direito de nacionalizar ou expropriar bens estrangeiros, com uma indenização que levasse em conta todas as circunstâncias pertinentes, e o direito de todos os Estados de aproveitar os avanços da ciência e da tecnologia. Também estipulava que os mais desenvolvidos tinham a obrigação de cooperar com os países em desenvolvimento e oferecer assistência ativa, além de facilitar o acesso à tecnologia. Em geral, dito de várias maneiras, estabelecia que os países menos desenvolvidos tinham direito a receber um tratamento especial, mais favorável, em todos os terrenos.

A Carta, apresentada na Assembleia Geral como Resolução 3.281 (XXIX) foi aprovada com 115 votos a favor, 6 contrários e 10 abstenções. Contra votaram Estados Unidos, a República Federal da Alemanha, Reino Unido, Dinamarca e Luxemburgo – o resto da Europa Ocidental se absteve.

Quarenta anos depois, tudo isso parece estranho, quase absurdo. É difícil imaginar uma iniciativa do México com esse alcance, que conte desde o início com o apoio da Índia, Etiópia e Brasil. Mais ainda, um texto que fale de direitos e sobretudo de deveres econômicos dos Estados e que inclua a obrigação de facilitar a transferência de tecnologia, por exemplo. Ou de oferecer um tratamento preferencial aos países mais pobres. É claro que corresponde a outro mundo, muito diferente deste, do início do século XXI.

A mudança é evidente, profunda. As páginas que se seguem tentam explicar em que consiste, como aconteceu. Naturalmente, o processo não tem uma data clara de início e certamente é muito mais antigo: o mundo dos anos 1970 serve apenas como referência – porque a mudança mais dramática ocorreu naquele momento. E naturalmente, como todos os processos históricos, este foi um resultado mais ou menos imprevisível, contingente, produto de muitos fatores. Apesar disso, estou convencido de que há uma estrutura básica, um eixo intelectual, cultural, que dá sentido à mudança, e é isso que, como forma de abreviação, é chamado de neoliberalismo.

***

Este livro ia se chamar "O ópio dos intelectuais", que é o nome do último capítulo. Em óbvia referência ao livro de Raymond Aron. A explicação está naquele capítulo. A mudança no nome é mais ou menos aleatória, mas a explicação é simples: há uma história por trás da crença neoliberal dos primeiros anos do novo século. E compreender essa história é absolutamente indispensável para compreender o presente: compreendê-la como história, quero dizer. Agora, esta é a história mínima. Isso significa que os argumentos são às vezes esquemáticos, alguns reduzidos a um traço, e que muitos dos temas, todos eles, na verdade, merecem um tratamento muito mais extenso; dentro desses limites e apesar da simplificação, tentei escrever uma história completa, que permita ver a amplitude e a complexidade do fenômeno.

A lista de agradecimentos poderia ser interminável. Vou deixá-la curta, mencionando apenas aqueles que leram, corrigiram, indicaram leituras, temas, ajudaram para que este livro ficasse melhor; todas as partes boas que estão nele é por causa dessas pessoas, e por isso agradeço a Antonio Azuela, Ariel Rodríguez Kuri, Blanca Heredia, Carlos David Lozano, Celia Toro, Ernesto Azuela, Francisco Zapata, Iván Ramírez de Garay, Iván Rodríguez Lozano, Juan Espíndola, María Amparo Casar. Agradeço também a Pilar Gonzalbo Aizpuru. E especialmente obrigado a Claudio Lomnitz, Javier Elguea e Mauricio Tenorio. Agradeço a Leticia e Fernando, que sempre estão comigo, porque não posso imaginar a vida sem eles. Destaco sempre, porque devo a ela muito mais do que saberia dizer, um agradecimento a Beatriz Martínez de Murguía.

INTRODUÇÃO

Embora possa parecer um pouco estranho, e é, precisamos começar a história dizendo que o neoliberalismo realmente existe e tem quase um século de existência. Claro, tem perfis obscuros, como tantas coisas, e claro que há o uso retórico do termo, impreciso, de intenção política, que não ajuda a explicar as coisas, mas o neoliberalismo é um fenômeno perfeitamente identificável, cuja história pode ser contada. É um programa intelectual, um conjunto de ideias sobre a sociedade, a economia, o direito, e é um programa político, derivado dessas ideias.

Para começar, não se trata de um programa simples, monolítico, nem tem uma doutrina única, simples, indiscutível. Mas tampouco isso é estranho, pelo contrário, é a regra na história das ideias políticas. Seria perfeitamente possível, por exemplo, escrever uma história do socialismo, e todos saberíamos sobre o que estamos falando, mesmo sabendo que não existe uma única versão do socialismo, e embora uma história assim tivesse que incluir figuras tão diferentes como Jean Jaurès, Salvador Allende, Eugene Debs, Friedrich Ebert ou Pablo Iglesias. Da mesma forma, seria possível escrever uma história do liberalismo que incluísse John Stuart Mill, Camillo Cavour, Alexis de Tocqueville, Benito Juárez e José María Blanco-White, todos liberais, com todas as suas diferenças – e estas não seriam um obstáculo. Quer dizer, a variedade é normal, não é um problema.

A expressão neoliberal, neoliberalismo, começou a ser usada de um modo mais ou menos habitual na década de oitenta do século passado e se generalizou nos últimos anos para se referir a fenômenos muito diversos. O uso é bastante amplo, às vezes impreciso porque é usada como adjetivo, com intenção pejorativa, para desqualificar uma iniciativa legal, uma decisão econômica ou um programa político. O resultado é que a palavra terminou perdendo consistência, tornando-se mais ambígua à medida que é mais usada. Nesse sentido, neoliberal pode ser quase qualquer coisa, até vir a ser quase tudo, e quase nada. Por isso digo que é preciso começar afirmando que o neoliberalismo existe. E por isso é necessário, em seguida, se esforçar por restabelecer o sentido da palavra, colocar limites nela, para que possamos saber do que estamos falando.

O neoliberalismo é, em primeiro lugar e sobretudo, um programa intelectual, quer dizer, um conjunto de ideias cuja trama básica é compartilhada por economistas, filósofos, sociólogos, juristas, e não é difícil identificá-los. É possível fazer uma lista de nomes: Friedrich Hayek, Milton Friedman, Louis Rougier, Wilhelm Röpke, Gary Becker, Bruno Leoni, Hernando de Soto, mas não é necessário. Eles têm algumas ideias em comum, também diferenças, às vezes importantes; no mais fundamental, identificam-se pelo propósito de restaurar o liberalismo, ameaçado pelas tendências coletivistas do século XX. Nenhum deles diria outra coisa.

Mas o neoliberalismo é também um programa político: uma série de leis, arranjos institucionais, critérios de política econômica e fiscal, derivados daquelas ideias, e que têm o objetivo de parar e anular o coletivismo em aspectos bastante concretos. Nisso, como programa político, foi extremamente ambicioso. Do mesmo núcleo surgiram estratégias para quase todas as áreas: há uma ideia neoliberal da economia, que talvez seja a mais conhecida, mas há também uma ideia neoliberal da educação, dos cuidados médicos e da administração pública, do desenvolvimento tecnológico, uma ideia sobre o direito e a política.

Isso quer dizer que a história do neoliberalismo é, de um lado, história das ideias, e de ideias muito diferentes, e de outro, história política e história institucional. Também quer dizer, por outro lado, que o neoliberalismo é uma ideologia no sentido mais clássico e mais exigente do termo – que não é necessariamente pejorativo. Direi mais: é sem dúvida a ideologia mais bem-sucedida da segunda metade do século XX e do começo do século XXI.

Nenhum sistema de ideias pode ser traduzido diretamente em uma ordem institucional, nenhum pensador de algum alcance reconheceria suas ideias no arranjo jurídico, político, de um país concreto. O regime soviético não era uma materialização das ideias de Karl Marx, embora fosse constantemente mencionado, nem o sistema neoliberal vigente em boa parte do mundo é reflexo exato do que Friedrich Hayek chegou a imaginar, por exemplo. Mas o primeiro era uma derivação discutível do marxismo, assim como o segundo é uma derivação discutível do projeto neoliberal de Hayek, Coase e Friedman. E poucas vezes, talvez nunca, uma ideologia conseguiu se impor de forma tão completa: não apenas certas políticas econômicas e financeiras foram adotadas no mundo todo, mas se popularizou a ideia da Natureza Humana em que se inspiram, e com ela uma maneira de entender a ordem social, uma moral, um leque amplíssimo de políticas públicas.

O neoliberalismo transformou a ordem econômica do mundo, além das instituições políticas. Transformou o horizonte cultural de nosso tempo, a discussão de quase todas as disciplinas sociais, modificou de modo definitivo, inquestionavelmente, o panorama intelectual, e contribuiu para a formação de um novo senso comum. Essa é a história que quero contar nas páginas seguintes.

Não é exagerado dizer que vivemos, globalmente, um momento neoliberal. Para ter uma imagem mais nítida do que isso significa, podemos imaginar uma evolução histórica do mundo ocidental, cuja estrutura nos últimos dois séculos seria mais ou menos a seguinte. Em primeiro lugar, há um momento liberal, derivado da ilustração, que começa nas últimas décadas do século XVIII e inclui a revolução estadunidense, a revolução francesa, as independências americanas; é um momento que tem seu auge em meados do século XIX, com a ampliação dos direitos civis e políticos, e que entra em crise como consequência da pressão do movimento operário e das várias formas de socialismo. Continua com o que se poderia chamar o momento keynesiano, ou bem-estarista, que se desenha no final do século XIX e acaba se impondo de maneira geral depois da Crise de 1929 e sobretudo com a Segunda Guerra Mundial e a Guerra Fria. Previdência social, serviços públicos, tributação progressiva. Chega até a década de 1970. E então começa o momento neoliberal, no qual estamos, cuja origem está na discussão do keynesianismo dos anos 1940, mas que vai se impondo de forma progressiva e massiva a partir de 1980, e cujo predomínio em termos gerais continua até hoje.

Convém, a princípio, propor uma ideia esquemática do neoliberalismo, para que possamos nos entender. Apesar de todas as diferenças que existem entre seus partidários – e às vezes são realmente importantes –, há um conjunto de ideias básicas que todos eles compartilham e que formam, por assim dizer, a coluna vertebral do programa.

Em primeiro lugar, caracteriza-se por ser muito diferente do liberalismo clássico, do século XIX. Na verdade, já veremos com mais atenção, o neoliberalismo é em grande parte o produto de uma crítica ao liberalismo clássico. Alguns propagandistas, sobretudo mais recentemente, preferem adotar a imagem de Adam Smith como seu emblema e reivindicam uma longa continuidade, de séculos, das ideias liberais, inclusive das leis e das políticas liberais, como se as diferenças fossem pouco importantes. A verdade é que a ruptura é clara, definitiva. Permanece o prestígio de Adam Smith, a metáfora da "mão invisível", mas pouco mais que isso, nada substantivo.

A diferença decorre basicamente da convicção de que o mercado não é algo natural, não surge de maneira espontânea nem se sustenta sozinho, mas precisa ser criado, apoiado, defendido pelo Estado. Quer dizer, a abstenção não é suficiente, não basta o famoso *laissez-faire*, deixar fazer, para que ele surja e funcione. Como consequência disso, corresponde ao Estado um papel muito mais ativo do que imaginavam os liberais dos séculos anteriores. O programa neoliberal, contra o que imaginam alguns críticos, e contra o que proclamam alguns propagandistas, não pretende eliminar o Estado, nem o reduzir a sua mínima expressão, mas transformá-lo, de modo que sirva para sustentar e expandir a lógica do mercado. Ou seja, os neoliberais precisam de um novo Estado, às vezes um Estado mais forte, mas com outros fins.

Um segundo ponto em comum: a ideia de que o mercado é fundamentalmente um mecanismo para processar informação, que mediante o sistema de preços permite saber o que os consumidores querem, o que se pode produzir, quanto custa produzir. Na verdade, o mercado oferece a única possibilidade real para processar toda essa informação, e por isso oferece a única solução eficiente para os problemas econômicos, e a melhor opção, a única realista para chegar ao bem-estar. A concorrência é o que permite que os preços se ajustem automaticamente e, ao mesmo tempo, garantam o melhor uso possível dos recursos. Não há melhor alternativa.

O mercado é insuperável em termos técnicos. Mas também em termos morais. Pois permite que cada pessoa organize sua vida em todos os terrenos de acordo com seu próprio juízo, seus valores, suas ideias do que é bom e desejável. O mercado é a expressão material, concreta, da liberdade. Não há outra possível. E toda interferência no funcionamento do mercado significa um obstáculo para a liberdade – seja proibindo o consumo de drogas, a contratação de alguém para trabalhar doze horas por dia ou a procura por petróleo. Os neoliberais tendem a desconfiar da democracia, dão sempre prioridade absoluta à liberdade, quer dizer, ao mercado, como garantia da liberdade individual.

Outra ideia acompanha o programa neoliberal em todas suas versões: a ideia da superioridade técnica, moral, lógica, do privado sobre o público. Há muitas fórmulas, muitos registros, há muitas maneiras de explicá-la. No geral, assume-se que, em comparação com o privado, o público é sempre menos eficiente, seja na produção de energia, administração de um hospital ou construção de estradas; assume-se que o público é quase por definição propenso à corrupção, a arranjos vantajosos a favor de interesses particulares, algo inevitavelmente político, desonesto, turvo. E por isso deve-se preferir, sempre que possível, uma solução privada.

Derivadas dessas três ideias básicas, que podem ser elaboradas de várias maneiras, há outras também compartilhadas de um modo bastante geral. Por exemplo, que a realidade última, em qualquer assunto humano, são os indivíduos, que por natureza estão inclinados a perseguir o interesse próprio e que sempre desejam obter o maior benefício possível. Ou, por exemplo, a ideia de que a política funciona como o mercado e que os políticos, assim como os funcionários e os cidadãos, são indivíduos que procuram o máximo benefício pessoal, nada mais que isso, e que a política precisa ser entendida nesses termos – sem o apelo desonesto do interesse público, bem comum ou qualquer coisa parecida. Ou que os problemas que possam ser gerados pelo funcionamento do mercado, pela contaminação ou saturação ou desemprego serão resolvidos pelo mercado, ou que a desigualdade econômica é necessária, benéfica na verdade, porque assegura um maior bem-estar para o conjunto.

Não acho que são necessários mais detalhes por enquanto. Em algumas poucas palavras, isso é o neoliberalismo como programa intelectual. Agora, a partir dessas ideias se desenvolveu uma prática, e foi promovido um conjunto de reformas legais e institucionais que terminaram impondo-se praticamente no mundo todo. É fácil reconhecer as linhas comuns. Privatização de ativos públicos: empresas, terras, serviços; liberalização do comércio internacional; liberalização do mercado financeiro e do movimento global de capitais; introdução de mecanismos de mercado ou critérios empresariais para tornar mais eficientes os serviços públicos; e um impulso sistemático para a redução de impostos e do gasto público, do déficit, da inflação.

Nada disso, nem nas ideias nem nas recomendações práticas, é totalmente novo. A formação do programa neoliberal foi longa e complicada. A novidade nas décadas da virada do século é que tudo isso se cristalizou em um movimento global, que conseguiu transformar o horizonte cultural do mundo inteiro em pouco mais de vinte anos. O que apresentamos a seguir é uma história mínima desse processo, uma tentativa de explicar de onde vêm as ideias e como se traduziram em iniciativas concretas.

1. A ORIGEM

A origem do movimento neoliberal pode ser datada perfeitamente nos anos 1930 do século passado. O impulso vinha de antes, mas em boa medida se concretizou como reação diante das consequências da Crise de 1929, a Grande Depressão e o que veio a ser chamado de *New Deal*, como reação ao crescimento simultâneo do fascismo e do comunismo. Sobre o propósito não havia dúvidas. Tratava-se de dar nova vitalidade aos princípios liberais, que não estavam passando por um bom momento. A história segue assim.

Recuperar o liberalismo: o Colóquio Lippmann

A decadência do liberalismo vinha de muito longe. No último terço do século XIX havia começado a perder terreno na Europa, como consequência de vários fatores, especialmente as condições de vida miseráveis da classe operária, retratadas por Charles Dickens e Émile Zola, e a pressão do movimento socialista, dos sindicatos. A velha política de *laissez-faire*, deixar que o mercado funcionasse livremente para que de maneira natural se produzisse o bem-estar geral, era insustentável. Em todas as partes começou a ser adotada uma nova legislação trabalhista, que incluía toda classe de restrições, da proibição do trabalho infantil, até jornadas máximas, descanso obrigatório etc., e o Estado começou a se responsabilizar por obras e serviços públicos.

Os princípios liberais se mantiveram em quase todos os países centrais, em quase todo o Ocidente, mas acompanhados de preocupações econômicas inteiramente novas, sobretudo a necessidade de tentar algum tipo de redistribuição de renda. A ideia fundamental, derivada da crítica socialista dos direitos civis, era que a liberdade não fazia sentido sem a garantia de um conjunto de condições materiais, começando por uma renda mínima, saúde, educação. Essa tentativa, que foi de Thomas Hill Green, Leonard Hobhouse, Bernard Bosanquet, chamou-se Novo Liberalismo, também Liberalismo Social – no caso de Friedrich Naumann, por exemplo. Isso era o que restava do liberalismo, o que tinha certa influência pelo menos, no começo do século XX, quer dizer, algo muito parecido ao que depois seria a social-democracia.

O panorama ficou ainda mais complicado para o liberalismo com a Primeira Guerra Mundial, por duas razões. Uma, foi a primeira guerra total, que comprometeu massas de centenas de milhares de soldados, milhões, e exigiu uma quantidade gigantesca de recursos, por isso todos os Estados combatentes tiveram que intervir para controlar a produção, a distribuição e a venda de todos os tipos de bens, e tiveram que regular o trabalho como nunca antes. Não seria fácil depois, quando se viu que era possível o controle político da economia, não seria fácil, digo, voltar atrás e deixar que o mercado funcionasse sem travas. Fundamentalmente, e é a segunda razão, porque milhões de homens tinham sido mobilizados para o combate, tinha sido exigido um sacrifício imenso pela pátria, e não poderiam ser devolvidos para a vida civil nas mesmas condições de subordinação em que estavam antes. O caso é que depois da guerra começa o que Élie Halévy chamou "a era das tiranias" – prolegômeno do que chegaria vinte e trinta anos depois.

A Crise de 1929 foi o momento definitivo. Provocou a comoção política e ideológica que conhecemos, sobretudo porque produziu um desemprego massivo em todos os países europeus e nos Estados Unidos. Não se tratava mais do fato de que um liberalismo econômico mais ou menos puro pudesse sobreviver, isso já estava descartado, mas simplesmente que a economia de mercado sobrevivesse. Em todos os países industrializados o aparato produtivo procurou ser reativado, com mais ou menos êxito, com mais ou menos intensidade, mediante o gasto público, e tentou-se minimizar algumas das consequências mais graves da Depressão. Foi o que nos Estados Unidos, sob a presidência de Franklin D. Roosevelt, se chamou *New Deal*, e o que em geral se identifica com o pensamento econômico de John Maynard Keynes.

A tudo isso é preciso somar o novo horizonte que havia sido aberto a partir do triunfo da revolução bolchevique na Rússia, em 1917, o entusiasmo que inspirava o novo regime e o crescimento dos partidos comunistas em toda a Europa. Também, claro, o auge do fascismo e do nacional-socialismo, com numerosas variantes nacionais praticamente em todo o continente, desde a Falange Espanhola até a Ação Francesa ou a *British Union of Fascists* de Oswald Mosley. Nos Estados Unidos, Sinclair Lewis advertia sobre a ameaça em *Não vai acontecer aqui* (1935).

Resumindo, nos anos 1930 os sistemas parlamentares estavam, no geral, em decadência, ofereciam a imagem de algo antiquado, ineficiente, estagnado. Os direitos individuais também são suspeitos, como produto de um individualismo pouco solidário, burguês, do século passado, que fica muito embaçado diante do entusiasmo que inspiram as manifestações de massas, a ideia nacional ou as fantasias sobre a raça, o destino histórico dos povos – ou do proletariado. Nessas horas baixas do liberalismo, um grupo de intelectuais, acadêmicos, políticos, consideram a necessidade de renová-lo, dar nova vida, conscientes de que em alguns aspectos terá que ser outro diferente.

É importante levar em conta essa origem para entender a visão quase apocalíptica de muitos dos textos clássicos do neoliberalismo. Literalmente, naqueles anos, eles se encontram enfrentando o fim do mundo: para onde se olhe existem apenas ideologias coletivistas, partidos de massas, militância nacional, étnica, governos que desconfiam do mercado e um liberalismo reduzido, acabado, com uma identidade embaçada, partidário sobretudo de reformas sociais.

É possível colocar uma data concreta na certidão de nascimento. Entre 26 e 30 de agosto de 1938, convocada por Louis Rougier, reuniu-se em Paris uma conferência internacional motivada pela publicação da versão francesa do livro de Walter Lippmann *The Good Society* [A boa sociedade] (1937). Participaram 84 pessoas. Entre os participantes, os franceses Jacques Rueff, Louis Boudin, Raymond Aron, Ernest Mercier; os alemães Wilhelm Röpke, Alexander Rüstow; também Friedrich Hayek e Ludwig von Mises, austríacos, o espanhol José Castillejos, os estadunidenses Bruce Hopper e Walter Lippmann. Na reunião, que será conhecida posteriormente como o Colóquio Lippmann, buscava-se estabelecer uma nova agenda para o liberalismo. O motivo básico não admitia dúvidas, tratava-se da defesa do mercado, do mecanismo de preços como única forma eficiente de organização da economia, e a única compatível com a liberdade individual, mas também, com a mesma energia, se tratava da defesa do Estado de Direito: leis estáveis, princípios gerais, inalteráveis, e um sistema representativo. Nas conclusões também se admitia, como parte de uma solução de compromisso, que podia ser necessário, embora de modo transitório, algum sistema de previdência social com financiamento público.

Nas sessões foi proposta, e aceita, a ideia de criar um Centro Internacional de Estudos para a Renovação do Liberalismo. Não chegou a ser formado, porque no ano seguinte a nova guerra começou, e durante algum tempo não houve recursos ou ânimo para isso. Foi discutido também em 1938 o nome que o movimento poderia adotar. Rueff propôs "liberalismo de esquerda", Boudin sugeriu "individualismo", Rougier preferia "liberalismo positivo", finalmente, seguindo a proposta de Rüstow, optou-se por "neoliberalismo", para deixar claro que não se tratava do liberalismo clássico, manchesteriano, mas tampouco do Novo Liberalismo de Hobhouse e Hill Green. O nome, além disso, era simples, direto.

O acordo básico, ponto de partida para a renovação do liberalismo, era a restauração do mercado. Além disso, os participantes do colóquio estavam de acordo na necessidade urgente de combater o "coletivismo", e quase todos denunciaram os riscos das políticas de reativação econômica mediante obras públicas e gestão monetária. Mas também houve diferenças entre eles, que são interessantes. A mais importante, a que opunha os austríacos, Hayek e Mises, de um liberalismo muito mais intransigente, que não admitia concessões, aos mais moderados, Rüstow e principalmente Lippmann, que viam com maior simpatia os ensaios de Roosevelt e o gasto social.

A partir de então, já veremos, a escola austríaca será dominante no movimento neoliberal, sobretudo pela energia de Hayek e a monumental ambição de sua obra. Apesar disso, em Paris em 1938 domina o ponto de vista de Lippmann, especialmente a ideia básica em *The Good Society*, que entusiasma Louis Rougier. Vale a pena fazer um resumo.

Em poucas palavras, Lippmann vem dizer que o regime liberal não é espontâneo, mas produto de uma ordem legal que pressupõe a intervenção deliberada do Estado. A expressão *laissez-faire*, deixar fazer, foi durante muito tempo um slogan mais ou menos atrativo, mas não poderia servir como programa político: imaginar que o mercado é uma instituição natural, que surge espontaneamente, e que só precisa que o Estado se afaste, é ingênuo, dogmático e, por isso, perigoso. O mercado é um fato histórico, é produzido. E depende de um extenso sistema de leis, normas, instituições: direitos de propriedade, patentes, legislação sobre contratos, sobre falência, sobre o status das associações profissionais, os ofícios, as empresas, legislação trabalhista, financeira, bancária. Nada disso é natural. Além disso, não basta que essas leis tenham sido criadas em algum momento. A ordem não é definitiva. Uma economia liberal precisa se adaptar permanentemente à mudança, precisa restaurar sempre as condições da concorrência, que a inércia social tende a destruir.

A ideia pode parecer hoje muito simples, quase um lugar-comum. Em seu momento serviu para que a intenção de renovar o liberalismo, mediante a recuperação do mercado, cristalizasse em um programa político concreto.

Outro argumento de Lippmann é interessante. O propósito fundamental da lei em um sistema liberal é evitar a arbitrariedade, estabilizar as expectativas sobre o comportamento de todos. Isso significa que a lei tem que oferecer um marco geral de normas para ordenar as relações, um conjunto de direitos recíprocos, mas não pode ditar nenhuma conduta específica nem pode dizer nada sobre os propósitos de ninguém, nem sobre o que cada um considera valioso. O direito estabelece o marco da liberdade, nada mais, nada menos.

Não é fácil ver a princípio as implicações, porque parece algo muito óbvio. A dificuldade está em distinguir uma coisa da outra. Vejamos. Os extremos estão claros: o direito pode legitimamente estabelecer a liberdade de expressão, a liberdade de trabalho, a liberdade de trânsito, por exemplo, sem que isso afete a ideia do que cada pessoa faz de sua vida, ou o que quer fazer com ela; por outro lado, não pode estabelecer que suas propriedades sejam tiradas deste ou daquele indivíduo de forma concreta, para entregá-las a outros, não pode exigir que ninguém se dedique a uma profissão em particular, nem decidir o que fazer com o dinheiro que possui. Dito de outro modo, o Estado pode enunciar princípios, mas não dar ordens. O problema é que a maioria das leis e regulamentos estão em uma zona cinzenta. Não são princípios gerais, mas tampouco instruções de tipo militar, nem decisões confiscatórias. Boa parte das batalhas do neoliberalismo tem a ver com esse tipo de assunto: a ideia de que a educação seja obrigatória, por exemplo, ou que seja financiada com recursos públicos, ou que impostos sejam cobrados, e mais para quem ganha mais, e que sejam empregados para aliviar a pobreza.

A partir daquele momento, serão dedicados volumes inteiros para analisar a diferença entre a ordem aceitável, em que um conjunto de princípios permite a ação livre, espontânea de todos, e a ordem tirânica, em que se impõem obrigações inadmissíveis para uma sociedade livre. Naquele momento, com o fascismo ocupando o centro da cena na Europa, a oposição parece transparente, necessária e até fácil de estabelecer.

Resumindo, nesse primeiro momento, os neoliberais se identificam por uma nova maneira de entender a relação entre mercado e Estado, entre política e economia. Em primeiro lugar, afirmam que o Estado precisa gerar as condições para a existência e o bom funcionamento do mercado, quer dizer, que não é preciso reduzi-lo, ou eliminá-lo, mas dar outra orientação a ele. Em segundo lugar, ao contrário dos liberais clássicos, dão prioridade à liberdade econômica sobre a liberdade política, veem na impessoalidade do mercado, onde cada um decide por sua conta, a melhor garantia da liberdade e do bem-estar. Sobre a democracia, sobre os direitos políticos, têm mais dúvidas, mas estão convencidos de que o caminho para a liberdade começa no mercado.

Claro, as ideias não são inteiramente novas, embora seja uma novidade o programa em si. O temor de que a espontaneidade social, a liberdade individual seja subjugada pelo Estado é parte do espírito do tempo. Está, sem ir mais longe, em *A rebelião das massas* (1929), de Ortega y Gasset, por exemplo. E é confirmado naqueles anos pelas notícias de todos os dias na União Soviética, na Itália, na Alemanha. Ou nos Estados Unidos para os mais apreensivos.

Antecedentes: o mercado segundo Ludwig von Mises

Quero fazer umas observações sobre um livro um pouco anterior, importante como antecedente, e como modelo também de muito do que viria depois. Trata-se de *Socialismo*, de Ludwig von Mises, publicado originalmente em 1922, na Áustria. Demorou para ser traduzido ao inglês, e em circular muito, mas é uma das raízes intelectuais do neoliberalismo. É um livro volumoso, reiterativo, retórico, cuja argumentação é quase sempre superficial, no geral irrelevante, mas que importa porque apresenta duas ou três ideias básicas do programa neoliberal (e porque o próprio Mises é uma das figuras notáveis, dos fundadores).

O livro é apresentado como uma crítica científica do socialismo. Quer demonstrar que é impossível colocá-lo em prática. O problema (lembre-se que é um livro escrito em 1922) é que não se baseou na análise empírica de nenhum regime socialista. Não tem outro exemplo histórico além da nascente União Soviética que, desde 1918, estava imersa na guerra civil. De modo que, apesar da reiterada, insistente, ostentosa proclamação de seu caráter científico e empírico, é um texto fundamentalmente especulativo. Mises expõe sua ideia do que seria uma sociedade socialista, que inclui coisas tão improváveis como a supressão do casamento, e demonstra que essa ordem seria impossível. Os exemplos aos que se refere de passagem como aproximações ao que seria o socialismo são o Egito dos faraós, o império dos Incas e o estado dos jesuítas no Paraguai. Ou seja, como crítica do socialismo não tem muito interesse, na verdade.

Mas há outras coisas no livro. Para começar, a convicção de que os velhos princípios liberais precisam ser revisados em sua totalidade, para oferecer um novo fundamento sociológico, político, econômico, para a doutrina liberal. Também a afirmação de um utilitarismo radical, que permite a Mises dizer que qualquer forma de cooperação social precisa derivar de um reconhecimento racional de sua utilidade e só será legítima se os indivíduos que contribuem para ela virem seus interesses refletidos. Em assuntos mais concretos, também há uma crítica intransigente do gasto social como uma forma de "dissipação do capital", que contribui para o aumento do consumo das massas em detrimento do capital existente – e sacrifica, portanto, o futuro a favor do presente. É difícil encontrar, no século XX, uma formulação mais nítida dessa ideia.

Na verdade, Mises antecipa um motivo retórico que será fundamental no trajeto do neoliberalismo quando classifica todas as medidas de proteção legal do trabalho como recursos do "destrucionismo". Segundo sua argumentação, a limitação da jornada de trabalho afeta o rendimento da economia; a proibição do trabalho infantil prejudica principalmente as famílias trabalhadoras, que terminam privadas dessa possível renda; os seguros contra acidentes e doenças trabalhistas contribuem para o aumento das duas coisas, acidentes e doenças; o seguro-desemprego produz desemprego; e a previdência social, em qualquer uma de suas formas, debilita a vontade e corrompe a moral dos trabalhadores. Chama a atenção a dureza da linguagem, mas naquele momento, na Viena de entreguerras, é o tom habitual do debate político.

A maior violência verbal de *Socialismo* está reservada aos sindicatos. Isso também aponta um caminho. O argumento se baseia na ideia de que os sindicatos têm privilégios ilimitados, que possuem a permissão de obter tudo que quiserem às custas do resto da população. De modo que sua própria existência é incompatível com qualquer sistema de organização social – entre outras coisas, porque seu meio de ação específico, a greve, não é nada mais que terrorismo.

Em Mises também existe um traço populista que aparecerá depois entre os recursos retóricos mais eficazes do neoliberalismo. Em seu caso, deriva especificamente de uma confusão entre mercado e democracia, que vem do fato de que nos dois casos as pessoas escolhem algo. A ordem social capitalista, diz Mises, deveria ser chamada democracia econômica, já que o poder dos empresários depende do voto dos consumidores, que são soberanos, assim como na política, de modo que a riqueza é sempre resultado de um plebiscito: são os consumidores que deixam os ricos pobres e os pobres ricos, como fazem com deputados, prefeitos, chefes de Estado. Não é colocado o fato de que nessa democracia econômica o direito ao voto dependa da riqueza. A ameaça real, para Mises, é o Estado, que pretende interferir com a vontade dos consumidores através de leis, regulamentos, proibições. As pessoas sabem o que querem: "quem é o professor X para se atribuir o privilégio de descartar a decisão dos consumidores?".

Tudo isso, os argumentos, o tom, as metáforas, tudo aparecerá de novo e com muita frequência, já veremos. Parecerá cada vez mais sólido, indiscutível. Mas, talvez o mais importante do livro seja a conceitualização do mercado, que serve como recurso para criticar o socialismo. O socialismo é impossível, diz Mises, porque pretende eliminar o sistema de preços, e sem preços não é possível organizar a vida econômica, porque não é possível saber o que as pessoas querem, o que precisam, o que valorizam, o que é possível produzir. O preço é um sinal que incorpora automaticamente todas essas informações, e por isso serve para orientar a economia – nisso reside sua utilidade. A mudança é fundamental: o mercado não é mais definido como um sistema de circulação de bens, mas como mecanismo para processar informações. Novamente, uma ideia bastante simples, mas que tem consequências incalculáveis.

Von Mises não terá muita presença no movimento neoliberal das décadas seguintes. Entre outras coisas, porque acha a maioria de seus partidários muito fracos, transigentes demais com o coletivismo. E ele vai ficar de lado.

O sinal de alarme: Caminho da servidão

A inciativa depois do Colóquio Lippmann corresponde a outro austríaco: Friedrich Hayek. É, sem dúvida, a maior figura da constelação neoliberal, a de maior influência. Durante a Segunda Guerra Mundial, exilado no Reino Unido, escreve o livro que será referência durante o resto do século: *Caminho da servidão*. Foi publicado em 1944.

O argumento pode ser resumido em uma frase: todo movimento em direção ao socialismo, ou à planificação da economia, por mais moderado que quiser ser, ameaça levar ao totalitarismo, no final. No prefácio da edição de 1976, tentou modular um pouco mais a ideia, mas nos anos 1940 não tentava atenuar nada. Hayek escreve no Reino Unido, durante a guerra contra a Alemanha, e escreve como exilado, com um espírito quase apocalíptico. Segundo via as coisas, a Inglaterra corria o risco iminente de repetir o destino da Alemanha: abandonamos, ele dizia, a liberdade econômica, sem a qual nunca existiu a liberdade pessoal, nem política, e substituímos o mecanismo anônimo do mercado pela direção coletiva e consciente da economia. E esse é o caminho da servidão, já que a planificação econômica conduz inevitavelmente à ditadura.

É muito característico de sua maneira de argumentar propor alternativas simples, absolutas, sem meio-termo: liberdade ou ditadura, ordem espontânea ou artificial, organismo ou organização. Não é somente um recurso retórico. Ou em todo caso, como recurso retórico tem também implicações – conceituais e políticas. Em algum momento de *Caminho da servidão*, quase como se quisesse dizer que é melhor prevenir que remediar, diz que os extremos lógicos, ou seja, o controle absoluto por parte do Estado ou o império absoluto do mercado, não são possíveis – mas argumenta a todo momento como se fossem. Não é um assunto menor. Publicado o livro, Keynes escreveu a Hayek para apontar o problema e sua importância: já que os extremos lógicos são impossíveis, só Estado ou só mercado, é necessário traçar a fronteira em algum lugar, entre concorrência e planificação, e isso é um problema eminentemente prático. Não uma diferença intransponível.

A objeção não afetou Hayek. Porque sua argumentação básica depende da alternativa maniqueísta, que deve ser levada a sério assim, tudo ou nada. Repete várias vezes no livro que não há opções além da ordem governada pela disciplina impessoal do mercado ou a dirigida pela vontade de uns poucos indivíduos. Vai um pouco além em alguns momentos, para tornar a disjuntiva mais dramática: "concorrência e direção centralizada são métodos incompatíveis, e são pobres, insuficientes se aplicados de modo parcial, incompleto, de modo que a mistura dos dois será sempre pior do que se houvesse confiado em qualquer um deles". É claro que não se trata de uma estratégia retórica para tornar mais urgente a escolha, para tornar mais vexatória a ideia de uma economia mista. Não deixa de ter um ar de argumento falacioso, mais ou menos frequente nos textos de Hayek.

De resto, no central, o livro já apresenta em esquema os dois grandes argumentos que compõem sua obra. Em primeiro lugar, como em Mises, a ideia de que o sistema de preços em uma economia livre permite processar uma quantidade enorme de informação, impossível para uma cabeça humana. E que, por isso, a concorrência é o único método capaz de coordenar a conduta das pessoas sem recorrer à coação, e é o único que permite o funcionamento eficaz da economia. Em segundo lugar, como em Lippmann, o tema do direito. Em uma sociedade livre o Estado tem que estabelecer as regras gerais, obrigatórias para todos, e que permitem as escolhas livres de cada um. Mas nunca pode se envolver para regular assuntos concretos, nem decidir a redistribuição dos recursos, nem favorecer de nenhuma maneira grupos sociais específicos por meio de leis particulares, sob o risco de degenerar em tirania.

Caminho da servidão é um livro de guerra. Pensado e escrito assim. Se isso for levado em conta, entende-se a ênfase nas virtudes inglesas como expressão última da civilização: independência, confiança em si mesmo, iniciativa individual, responsabilidade, tolerância, desconfiança em relação ao poder. E entende-se também que o coletivismo, como ameaça catastrófica, iminente, apareça como uma doença tipicamente alemã, construída por puro ódio dos valores do Ocidente – que depois produz aquelas formas simétricas da opressão que são o fascismo e o comunismo. O inimigo, claro, é a Alemanha.

Nos trinta anos seguintes, Hayek vai elaborar muito essas ideias, mas no fundamental seu pensamento está concluído e completo aí. Inclusive nos detalhes bem concretos, que terão relevância muitos anos depois, como sua desconfiança em relação à democracia: muitas vezes, diz, existiu mais liberdade cultural e espiritual sob um regime autocrático do que sob algumas democracias. A afirmação acaba sendo um pouco estranha no contexto, mas é uma peça necessária para o programa neoliberal.

Ao mesmo tempo, durante a guerra, e em constante correspondência com Hayek, Karl Popper escreveu outro livro de propaganda filosófica, de igual importância: *A sociedade aberta e seus inimigos* (1945). Era, em suas palavras, sua contribuição ao esforço bélico – uma derivação das ideias que havia apresentado no seminário de Hayek na London School of Economics, em 1936, com o título de "Miséria do historicismo", para denunciar as pretensões científicas do marxismo. Ao contrário do livro de Hayek, incisivo e concentrado, de energia quase panfletária, o de Popper é um longo argumento contra a planificação com mais de oitocentas páginas, que usa principalmente da história das ideias, começando com Heráclito. Com um ritmo lento, com cadência de professor, vai apontando os inimigos da Sociedade Aberta: Platão, Hegel, Marx, unidos por um utopismo revolucionário comum, que gostaria de mudar a sociedade de cima abaixo, a partir de um projeto racional. O livro vai ter um enorme sucesso. A noção de Sociedade Aberta é confusa, até mesmo ambígua, mas também por isso mesmo é atrativa. E será usada, dali em diante, com muita frequência. Os argumentos de Popper, por outro lado, longamente elaborados a partir de velhos livros de filosofia, não encontram maior ressonância.

A fundação da Sociedade Mont Pèlerin

Nos meses e anos seguintes, terminada a Segunda Guerra Mundial, toma forma rapidamente o novo inimigo do mundo livre: a União Soviética. Apesar disso, nesses primeiros tempos, nos anos da vitória, a obra de Hayek não inspira muito interesse. Nem a de Popper. Durante sua campanha eleitoral em junho de 1945, Churchill havia usado a linha de argumentação de *Caminho da servidão*: a política socialista odeia a ideia britânica de liberdade e está inseparavelmente vinculada ao totalitarismo, porque sempre precisará de "algum tipo de Gestapo" para controlar a sociedade. O eleitorado inglês não queria ouvir isso. Em poucos meses foi promulgada a nova lei de educação e foram criados o Serviço Nacional de Saúde, um sistema de pensões e o seguro-desemprego. Depois de seis anos de guerra, depois de ter pedido a milhões que se sacrificassem pela pátria, era impossível sustentar o Estado com impostos ao consumo majoritário, ou suprimir o gasto social.

Algo parecido acontecia no resto dos países centrais: Estados Unidos, França, Holanda, Alemanha. Na periferia foram os anos da descolonização, o desenvolvimentismo. E estava, além disso, a União Soviética, não apenas como ameaça militar, mas como alternativa ideológica, como modelo de industrialização acelerada para os países periféricos, e estava a pressão dos partidos comunistas, especialmente na França e na Itália. De modo que, sob a sombra do "socialismo real", na maior parte do mundo começaram três décadas do que, para abreviar de maneira um tanto inexata, podemos chamar de "consenso keynesiano": educação e saúde públicas, altos impostos sobre a renda, regulamentação dos mercados, controle de câmbios, subsídios à produção, seguro-desemprego. Os neoliberais ficaram à margem da discussão pública.

À margem, mas bastante ativos. Especialmente Hayek, que insistiu no projeto de um centro para a reconstrução do liberalismo como se havia discutido no Colóquio Lippmann. Finalmente conseguiu o dinheiro, convencendo um grupo de acadêmicos e empresários. Mas o projeto já era bem diferente: em sua organização, em seus membros, e sobretudo em seu financiamento e em sua intenção, era outra coisa. Muito mais político, mais estadunidense, mais empresarial, e com uma ambição muito mais concreta também.

A reunião que serviu como ponto de partida para o novo projeto foi realizada no Hotel du Parc, de Mont Pèlerin, em frente ao Lago Léman, na Suíça, de 1 a 10 de abril de 1947. O objetivo tinha sido anunciado por Hayek de modo transparente. Tratava-se de "cultivar certos padrões comuns de julgamento e de moral" e "desenvolver uma filosofia da liberdade que ofereça uma alternativa às ideias dominantes". Não era, nunca seria, uma organização plural, nem um centro acadêmico, mas um grupo político com um programa de longo prazo que não admitia dúvidas. Novamente, Hayek explica isso muito bem: "devemos recrutar e treinar um exército de lutadores pela liberdade, e trabalhar para formar e guiar a opinião pública".

Trinta e oito convidados participaram dessa primeira reunião em Mont Pèlerin. O grupo era muito diferente do que havia ido a Paris nove anos antes. A seleção havia seguido critérios ideológicos bastante estreitos, tinha muito mais importância a delegação dos Estados Unidos, e o projeto contava desde o princípio com o financiamento empresarial, do suíço Albert Hunold no começo, e dali em diante também do empresariado estadunidense mais contrário ao *New Deal* do presidente Roosevelt, de Antony Fisher e Harold Luhnow do Volker Fund. A declaração de intenções que encerrou a reunião do Hotel du Parc começava com um tom dramático: "Os valores centrais da civilização estão em perigo"; e apontava como causas o predomínio de uma interpretação da história que nega que haja "padrões morais absolutos" e teorias que colocam em dúvida o império da lei, cuja influência era acentuada pela decadência da fé na propriedade privada e no mercado.

Em contraste com esse tom, foi escolhido como nome para o grupo algo absolutamente anódino, Sociedade Mont Pèlerin (contra o proposto por Hayek, mais explícito e com maiores ambições intelectuais, Sociedade Acton-Tocqueville). Com esse nome foi registrado formalmente em Illinois no dia 6 de novembro de 1947, com Friedrich Hayek como presidente, e Walter Eucken (Alemanha), Jacques Rueff (França), Frank Knight (Estados Unidos), John Jewkes (Reino Unido) e William Rappard (Suíça) como vice-presidentes. Continuou sendo sempre, até o presente, uma organização exclusiva, de ortodoxia ideológica vigiada, e também manteve até o momento o mesmo perfil, deliberadamente discreto.

Nada disso é por acaso. O projeto de Hayek consistia em reunir uma elite de pensadores afins, cuidadosamente escolhidos, e mantê-la distante dos holofotes – para não atrair muita atenção. Essa elite, a Sociedade Mont Pèlerin, devia ser o coração de uma estrutura muito mais ampla, que incluiria faculdades e departamentos acadêmicos em várias universidades, como a escola de economia da Universidade de Chicago, para começar, e em um círculo exterior, por assim dizer, muito mais visível, um extenso sistema de centros de estudos, centros de documentação e análise, empresas de assessoria, fundações, dedicados a difundir as ideias neoliberais.

O propósito a longo prazo era influenciar o eleitorado, especialmente nos países centrais, nos Estados Unidos e Europa Ocidental. O procedimento era um pouco estranho para um movimento liberal, mas não tem nenhum mistério: tratava-se de apresentar às pessoas as ideias corretas. Para isso era necessário, segundo a expressão de George Stigler, capturar a imaginação das elites decisivas, mediante a elaboração de doutrinas, argumentos, programas políticos e econômicos nos quais essas elites pudessem ver representado seu interesse. A seguir, era preciso dirigir-se àqueles que formam a opinião, aos que Hayek chamava, com uma fórmula memorável, os "vendedores de ideias de segunda mão", quer dizer, intelectuais, jornalistas, locutores, professores, escritores, agitadores, líderes políticos.

Para isso deviam servir as fundações, os centros de estudos. Mas sem que fosse notória a intenção de difundir um sistema de ideias determinado, para evitar que suas análises e recomendações de política fossem questionadas. Hayek estava bastante apreensivo sobre isso, mas a preocupação estava presente na declaração inicial da Sociedade Mont Pèlerin: "este grupo não pretende difundir propaganda, não quer estabelecer nenhuma ortodoxia, não se alinha com nenhum partido". Alguns dos centros de estudo se dedicam a um tema específico, outros se ocupam de assuntos de interesse geral. Seu vínculo com a Sociedade Mont Pèlerin é sempre indireto e discreto.

Menciono alguns deles, para ter uma ideia do conjunto. Entre os primeiros está a Foundation for Economic Education, de Leonard E. Read nos Estados Unidos, criada em 1946 e financiada por Harold Luhnow, através do Volker Fund; também o Institute of Economic Affairs, do Reino Unido, fundado por Antony Fisher em 1955, e dirigido depois por Ralph Harris e Arthur Seldon. Nas décadas posteriores muitos outros foram criados. Nos Estados Unidos, a Heritage Foundation, por exemplo, criada em 1973 com dinheiro do empresário cervejeiro Joseph Coors; o Cato Institute, de 1977, financiado inicialmente pelo petroleiro Charles Koch; o Manhattan Institute, de 1978, patrocinado também por Anthony Fisher. No Reino Unido, o Council for Policy Studies, de Sir Kenneth Joseph, e o Adam Smith Institute, criado em 1978. Na América Latina, entre outros, o Centro de Estudios Económico-Sociales, da Guatemala, fundado em 1959, ou o Instituto Libertad y Democracia, de Hernando de Soto, no Peru.

Em 1981, o incansável Antony Fisher criou a Atlas Economic Research Foundation para apoiar grupos afins à Sociedade Mont Pèlerin que quisessem criar centros de estudos em seus países. Atualmente conta com mais de 300 organizações associadas na Europa e Estados Unidos, cerca de 80 na América Latina, 50 na Ásia, mais de 20 na África: o Centro de Estudios Públicos do Chile, o Centro de Investigación para el Desarrollo A. C. do México, a Fundación Hayek Colombia, a Fundación Federalismo y Libertad da Argentina, e outros quase 500 centros e fundações que são, na verdade, outras tantas experiências de como mudar a opinião pública, segundo diz o texto de sua apresentação.

Em seu momento de maior expansão, no final dos anos 1980, a Sociedade Mont Pèlerin chegou a ter cerca de 800 membros, quase a metade estadunidense. Os sócios se reúnem em uma conferência a cada dois anos. Em grande parte, são os empresários que a sustentam que desde o princípio vigiam a ortodoxia dos convidados (Harold Luhnow e

Jasper Crane cuidaram disso nos primeiros anos). E as margens vão se tornando cada vez mais estreitas, conforme o projeto vai se consolidando. Em 1958, por exemplo, enquanto se preparava a primeira reunião da sociedade em território estadunidense, em Princeton, Crane escrevia insistentemente a Hayek para pedir que não houvesse concessões no programa e que houvesse uma grande preocupação para evitar que nas sessões pudesse haver alguma crítica ao livre mercado. Aparentemente, temia que o alemão Wilhelm Röpke, um dos arquitetos da "economia social de mercado", pudesse semear dúvidas no auditório. Chovia sobre o molhado. O próprio Crane havia escrito uma furiosa carta a Hayek em 1949 porque em uma conferência sobre problemas trabalhistas Frank Knight, economista de Chicago, havia falado da concentração da riqueza nos Estados Unidos – uma ideia absurda, segundo Crane, tirada diretamente de Marx (inaceitável para os patrocinadores da sociedade, nem precisa dizer).

Para a definição mais exigente, mais estreita, o neoliberalismo está aí, na obra dessa pouca centena de pensadores que desde meados dos anos 1940 se reúnem na Sociedade Mont Pèlerin. Entre seus membros mais conhecidos: Hayek, Röpke, Jewkes, Popper, Milton Friedman, Bruno Leoni, Maurice Allais, George Stigler, James Buchanan, Antonio Martino, Gary Becker, Bertrand de Jouvenel, Deepak Lal, Kenneth Minogue, Václav Klaus. Desde o início compartilham uma postura filosófica, a favor da liberdade individual, mas também ideias muito mais concretas, por exemplo, uma desconfiança muito pronunciada com relação ao público: serviços públicos, bens públicos, funcionários públicos, como forças avançadas do socialismo. E compartilham também em termos gerais um programa político cujo eixo é a defesa do mercado, mas com a convicção de que é necessário o poder do Estado para criá-lo.

Nesse sentido, e vamos ressaltar por um momento, em seu conteúdo propriamente político, o neoliberalismo é uma teoria sobre a maneira de transformar o Estado para garantir o funcionamento do mercado – e além disso, para expandir a lógica do mercado e criar novos mercados. Voltaremos a isso mais detalhadamente. Para completar o panorama desse primeiro momento convém nos determos em dois temas. Primeiro, a função que cumpre a ignorância no pensamento de Hayek, que vai ser crucial para o programa neoliberal. E segundo, a versão alemã do neoliberalismo, dos anos 1940 e 50, que é certamente a variante mais original.

Hayek: a ideia da ordem espontânea

O pensamento de Hayek, exposto abundantemente em várias milhares de páginas, é no fundo bastante compacto, e seus temas estão sempre perto dos de *Caminho da servidão*. Em certas ocasiões termina sendo talvez não confuso, mas desconcertante, não pelas ideias, que costumam ser bem claras, mas por seu estilo, que é sistematicamente polêmico: está sempre fazendo uma alegação na metade de uma discussão. Isso é o melhor, o mais interessante, também o mais frágil de sua obra. Mas vejamos com mais detalhe seu argumento central.

O mercado é eficiente, mais eficiente que qualquer alternativa imaginável, porque pode processar uma quantidade de informação que seria incontrolável de outro modo. Já vimos isso. O mercado oferece uma forma singular de conhecimento, sem reflexão: automático. Um conhecimento total, que soma o que em conjunto sabem todos, mas que ninguém sabe. Aqueles que vêm comprar ou vender algo podem aproveitar o conhecimento que existe – disperso, semiconsciente, parcial – porque este se manifesta no preço que estão dispostos a aceitar. Ou seja, o mercado permite saber o que não se poderia saber de nenhum outro modo.

A partir daí, o argumento se desenvolve com facilidade. A defesa da liberdade individual, diz Hayek, descansa fundamentalmente no reconhecimento de nossa inevitável ignorância. Inevitável e radical. Não podemos saber qual será a maneira mais eficiente de usar os recursos nem a que dedicar nosso trabalho, porque não sabemos o que quer o próximo, o que ele precisa nem o que valoriza, não sabemos quanto custa produzir algo, transportá-lo, não sabemos se uma descoberta, uma ideia, um serviço será útil no final. Não sabemos nada. Corrijo: quase nada. Cada um sabe um pouco, sabe aquilo que lhe diz respeito diretamente. Sabe quanto custa produzir o que produz, o quanto está disposto a pagar por uma coisa ou outra, entende de alguns ofícios, nada mais. Ninguém pode reunir esse conhecimento disperso, isso que cada um sabe por sua conta. Só o mercado, e só porque funciona de maneira automática, sem pensar, e ajusta mecanicamente os desejos, as necessidades, os interesses e os recursos de todos, de modo que, quando compram e vendem livremente, sobe o preço do que é mais estimado, o que é mais escasso ou mais difícil de produzir, e cai o que não é valorizado. Ou seja, o mercado realmente sabe mais do que qualquer um. Possui uma sabedoria particular, inalcançável de outra maneira, que se expressa no sistema de preços, e é o guia mais eficaz para a alocação de recursos: para investir no que falta, no que mais tem valor.

A disjuntiva é simples e rigorosa: submeter-se às forças incontroláveis e aparentemente irracionais do mercado e ao movimento dos preços, ou então submeter-se ao poder, igualmente incontrolável, arbitrário, de outros homens. A diferença é que o mercado permite uma alocação eficiente dos recursos, e a direção autoritária, não. Tentar definir o interesse público, o que na realidade convém à sociedade em seu conjunto, tentar corrigir o mercado, orientá-lo, é cometer a fatal arrogância do totalitarismo – daqueles que pretendem saber o que não se pode saber. E a tentativa está condenada ao fracasso.

O argumento foi repetido infinitas vezes. A ignorância é um problema se tentarmos colocar ordem, organizar deliberadamente a vida social. Mas se permitimos que o mecanismo impessoal do mercado opere sem travas, a ignorância não será um obstáculo. Ao contrário, chega a ser uma virtude: se cada pessoa se ocupar somente de sua parte e seguir seus interesses, comprar e vender livremente, sem perguntar nada, o resultado sempre será melhor. Todos nos ajustaremos com mais facilidade, e sem equívocos.

Mas a ideia pode se generalizar, e nisso está o que tem de mais atrativo. Não se refere somente ao mercado em sentido restrito, às mercadorias que são compradas e vendidas. Em qualquer outro campo acontece o mesmo. Ninguém sabe nada, ninguém pode saber o que é melhor, mais valioso: que programa de estudos, que projeto de pesquisa, quais carreiras universitárias, que forma de cuidar do meio ambiente ou não cuidar, que meio de transporte; mas a acumulação espontânea, mecânica daquilo que todos sabemos, cada um separadamente, produz uma forma superior de conhecimento: é a sabedoria inconsciente das multidões (*the wisdom of the crowds*). E por isso, em qualquer terreno, na educação ou na saúde, ou onde for, é melhor confiar na sabedoria superior do mercado. Ninguém sabe, por exemplo, que tipo de conhecimento será mais útil, mais apreciado, que linha de pesquisa terminará sendo mais frutífera: não é possível saber; o modo mais eficiente de resolver o problema consiste em deixar nas mãos do mercado, e que a oferta e a demanda se encontrem.

Essa é a ideia que serve como base dos argumentos a favor da privatização, ou da mercantilização da educação, da saúde, dos serviços públicos. Não impor nossa ignorância. Não decidir autoritariamente nada: nem preços, nem recursos, nem padrões. Que seja o mercado.

A ideia já estava, mais ou menos elaborada, na obra de Mises. Conduz a um dos temas mais interessantes do pensamento de Hayek, também dos mais polêmicos. O argumento técnico sobre os preços como sistema de informação é ampliado, transformado, convertido em um argumento geral sobre as decisões coletivas, e finalmente em um argumento sobre a ordem, a natureza, a evolução e as sociedades humanas, em que o mercado vem a ser só um caso específico de uma classe maior, a das ordens espontâneas.

A explicação pode ser enunciada em termos bastante simples. Existem dois tipos de ordens: criadas e espontâneas. As ordens criadas, artificiais, são produto de um design humano consciente, deliberado, são sempre simples, concretas, e obedecem a um propósito específico. Assim, por exemplo, uma fábrica ou uma escola, um exército. As ordens espontâneas, por outro lado, são produto inesperado da interação, não têm nenhum design, não foram pensadas de antemão, não obedecem a nenhum propósito, simplesmente são resultado da coordenação espontânea dos indivíduos – assim como acontece no mercado.

Hayek não diz que as ordens espontâneas sejam naturais. Mas diz que não são artificiais, no sentido de que não foram criadas por ninguém, quer dizer, não correspondem a nenhuma vontade concreta. Não foram pensadas. Para explicá-las, apresenta como exemplo a formação de cristais ou de compostos orgânicos, menciona experimentos com ímãs e limaduras de ferro, mas também diz que em suas formas mais elaboradas tais ordens obedecem à lógica da sobrevivência no processo evolutivo. As normas das sociedades complexas, diz, que estabelecem uma coordenação consciente, "se impuseram porque permitiram que os grupos humanos que decidiram adotá-las prevalecessem sobre os demais, e tornaram possível a sobrevivência de um número maior de indivíduos".

A superioridade das ordens espontâneas, o mercado por exemplo, é explicada pela biologia. É um fato natural. Em qualquer caso, é a única maneira de produzir sistemas complexos, porque é a única maneira de processar a quantidade de informação necessária para isso. Não é possível imaginar um argumento mais enfático. A natureza impõe a ordem do mercado, porque é objetivamente superior. O problema é que não acontece assim na prática, o mercado não se estabelece de maneira direta, definitiva, sendo necessário raciocinar e explicar, e trabalhar deliberadamente para impô-lo.

Para garantir, o argumento sobre a eficácia costuma ser complementado com um argumento moral. As organizações, quer dizer, as ordens artificiais dependem sempre da coerção, porque precisam obrigar as pessoas a fazer determinadas coisas, a se comportar de um modo ou de outro, a obedecer. Enquanto as ordens espontâneas repousam sobre normas de caráter geral que permitem decisões livres.

Vale a pena insistir um pouco em alguns problemas que derivam do argumento, porque indicam alguns dos temas básicos de discussão entre os neoliberais.

O primeiro: se não há um propósito, nenhuma finalidade deliberada, consciente, susceptível de ser raciocinada, então não fica claro o que significa que uma ordem seja "eficiente". Porque a eficiência é um termo relativo. O mercado coordena condutas, se reproduz como ordem, aloca recursos de uma maneira ou outra, mas nada diz que isso seja necessariamente bom, ou desejável. E realmente, essa ordem, embora seja eficaz nesses termos, embora possa ser quase natural, ou natural, produz desempregados, produz pobres, produz fome – e é difícil sustentar que seja eficiente em termos humanos uma ordem na qual exista gente que morre de fome quando sobra comida. Sabemos que Hayek diria que qualquer outra ordem produziria mais pobreza, mais fome. Mas essa é somente uma hipótese contrafática.

Paradoxalmente, o argumento moral, que é mais fraco conceitualmente, resiste um pouco mais: a ordem espontânea é preferível porque não precisa da coerção, embora gere alguns resultados indesejáveis. O ruim é que para chegar a isso Hayek precisa ajustar a definição de tal maneira que só se pode falar de coerção quando uma conduta é forçada sob a mira de uma arma. Todo o resto, até morrer de fome, são decisões livres.

O segundo problema é muito mais interessante. As ordens espontâneas, a do mercado em particular, que é a que interessa a Hayek, foram produzidas muito obviamente através de intervenções concretas da autoridade política. Todo o projeto neoliberal baseia-se nessa ideia. O mercado não é natural nem espontâneo, nem sequer muito velho. Precisa, para funcionar como conhecemos, da proibição da escravidão, para começar. E isso aconteceu há algumas décadas, pouco mais de um século. Precisa de muitas outras leis, instituições, autoridades. Ou seja, a ordem espontânea do mercado foi criada também, embora sua evolução seja fortuita, embora não implique uma disciplina mecânica nem instruções concretas.

Mas o inverso também é certo, e abre uma perspectiva ainda mais sugestiva. As ordens artificiais também evoluíram de maneira espontânea, permitem ajustes inesperados, aleatórios. Nenhuma organização, por mais estrita que for, funciona sempre e totalmente através de ordens explícitas. Sempre há margens para enfrentar as contingências, para assimilar novos fatos e para acomodar os indivíduos concretos, com seus interesses e seus costumes, e até suas manias. Inclusive no deslocamento de um exército, que é o modelo mais rigoroso de ordem artificial (disso estão feitos todos os livros de guerra, de Céline a Joseph Heller ou Vassili Grossman). Suponho que é claro, e não precisa de maiores explicações: uma escola ou uma empresa, como qualquer organização, tem seu regulamento, tem uma hierarquia, um horário, mas na prática gera todo tipo de regras informais, hábitos, rotinas que ninguém pensou nem impôs conscientemente. É parte da experiência de qualquer um. Bem, me interessa sublinhar um ponto: o Estado, em seu funcionamento, em sua configuração concreta, é produto de uma evolução espontânea tanto quanto o mercado. Claro, imagina-se um Estado sobre o papel quando se redige uma constituição e se escrevem leis, e regulamentos, e se estabelece uma hierarquia administrativa; mas a forma concreta desse Estado é o produto de um processo histórico cheio de acidentes, inércias, valores entendidos, conflitos, decisões individuais.

O Estado mexicano não está na constituição, nem o mercado mexicano está na natureza. Os dois foram criados, os dois são produtos impensados, aleatórios, até certo ponto.

Quer dizer, a oposição entre ordens artificiais e ordens espontâneas pode ter certo valor heurístico, em algum nível, mas não permite sustentar um argumento geral contra a intervenção do Estado na economia. Supõe-se que o mercado funciona com essa naturalidade impessoal e automática, que espontaneamente coordena decisões livres, mas sob a condição de que todos cumpram a lei – não é uma condição menor. Por outro lado, a lei não exige que ninguém fabrique remédios, ou cereais ou brinquedos, mas coloca condições e diz como devem ser fabricados, como devem ser distribuídos, apresentados e anunciados. Dito de outro modo, a ordem espontânea só funciona sustentada pelo artifício do Estado.

Sem dúvida, Hayek faz a tentativa mais ambiciosa de explicar a superioridade da ordem do mercado e dos riscos envolvidos em sua regulamentação. Em suas principais obras, *A constituição da liberdade* (1960) e *Direito, legislação e liberdade* (1973), desenvolve extensivamente a explicação biológica, ou quase biológica, para ancorar o argumento na evolução da espécie. Isso ainda é interessante, embora suas hipóteses sobre a eficácia evolutiva das normas, como recurso de sobrevivência, sejam puramente especulativas e pouco verossímeis.

Uma versão alemã: o ordoliberalismo

Para evitar mal-entendidos, não é preciso insistir que o neoliberalismo não é um sistema único de ideias, uniforme. Além de alguns poucos princípios básicos: a convicção de que o Estado é necessário, a preferência pelo privado, a prioridade das liberdades econômicas e algumas outras coisas, no resto há ideias bem diferentes. Entre os membros mais famosos da Sociedade Mont Pèlerin, os dois ganhadores do Prêmio Nobel de Economia Gary Becker e Ronald Coase têm ideias diametralmente opostas sobre o método da economia, por exemplo, assim como Wilhelm Röpke e Milton Friedman julgam de modo muito distinto o problema dos monopólios.

O primeiro grande laboratório das ideias neoliberais, quer dizer, do emprego do Estado de maneira sistemática para produzir mercados, para impulsionar a concorrência, foi a Alemanha nos anos do pós-guerra. O contexto era absolutamente singular, assim também foi o programa. A Alemanha era um caso único. Vinha da experiência catastrófica da República de Weimar, do nazismo, da experiência da guerra total, e da devastação, da derrota e da divisão política. A reconstrução, tal como foi proposta em 1945, exigia colocar o mercado para funcionar, sem dúvida, mas também reconstruir o Estado de direito, a civilidade, recuperar mínimos absolutos de convivência – e de lealdade institucional.

As ideias impostas nos primeiros governos do pós-guerra foram as de um grupo de acadêmicos que se identificavam com o que se chamaria de "ordoliberalismo" (*ordnungspolitik*). Embora o nome tenha sido criado nos anos 1950, as ideias já tinham começado a circular vinte anos antes, tendo como referência a Escola de Friburgo, de Walter Eucken e Franz Böhm. Vários dos "ordoliberais" participaram do Colóquio Lippmann, e muitos também seriam membros da Sociedade Mont Pèlerin. Entre os mais conhecidos: Alexander Rüstow, Wilhelm Röpke, Alfred Müller-Armack, Ludwig Erhard, Leonhard Miksch, Constantin von Dietze, Hans Ilau.

A novidade do ordoliberalismo é explicada pela história da Alemanha, resumida muito graficamente na expressão que, pelo visto, improvisou Müller-Armack para dar um nome à política: "economia social de mercado". O adjetivo indica todas as preocupações dos governos alemães do pós-guerra, além do mercado.

Alguns dos ordoliberais, como Miksch e Müller-Armack, tinham colaborado como economistas na elaboração das políticas expansivas do nazismo. No geral, todos eles tinham sido muito críticos do parlamentarismo durante a República de Weimar, mas eram na época partidários de uma confusa terceira via, contrária ao coletivismo. No pós-guerra se propuseram a restaurar, e proteger, a economia de mercado, nisso eram liberais, mas também manter o equilíbrio, a harmonia social, formas elementares de civilidade, tolerância, coesão, mecanismos para eliminar conflitos e favorecer a integração social. Os motivos são óbvios. E por isso, em sua obra e em seu programa, há normalmente uma mistura de observações econômicas, sociologia e especulação metafísica, e uma ansiedade existencial que não há em outras partes. É algo tipicamente alemão, do pós-guerra.

O diagnóstico é bastante característico: na origem dos males daquele presente, dos anos 1940, viam em primeiro lugar uma crise espiritual, uma perda do sentido da transcendência, que ocasionava a progressiva desintegração da sociedade. É o argumento que expõe de forma brilhante Alfred Müller-Armack em O *século sem deus* (a síntese de uma monumental sociologia das religiões, de 1948). Em segundo lugar, em termos mais práticos, viam uma crise de desenvolvimento da sociedade de massas: desajustes no modo de vida, conflitos, tensões normativas, alienação, produto da industrialização e da vida urbana. E finalmente, uma crise que era resultado do gigantismo das sociedades modernas, de Estados, empresas e burocracias, que terminava anulando os indivíduos.

O caso é único, não é necessário insistir nisso. O resultado é que a crítica cultural dos ordoliberais tem um fundo claramente antimoderno. De maneira mais ou menos explícita imaginam, e propõem, a restauração de uma ordem natural, hierárquica, harmoniosa, mirando a transcendência, contra a desordem da sociedade de massas. E isso exige, para começar, um sistema de proteção da classe trabalhadora, um Estado de bem-estar suficiente para reduzir os conflitos. Também exige, e será um dos traços distintivos do ordoliberalismo, uma política muito ativa de combate aos monopólios, a favor da pequena empresa. Claro, o ideal de uma sociedade de pequenos produtores, harmoniosamente integrada, já era arcaico naquele momento, mas a política era absolutamente real – e tinha consequências.

As preocupações espirituais, a idealização da sociedade tradicional, a ênfase na proteção dos trabalhadores, quer dizer, tudo que carrega o adjetivo na "economia social de mercado" separa os neoliberais alemães de todos os outros, sobretudo de seus colegas estadunidenses, agressivamente individualistas, partidários entusiastas do progresso, e não tão hostis com os monopólios. O contraste diz muito sobre o significado da Segunda Guerra Mundial.

Os primeiros passos

A Sociedade Mont Pèlerin continuou se reunindo com regularidade: em Seelisberg, Suíça (1949), Bloemendaal, Holanda (1950), Beauvallon, França (1951), novamente em Seelisberg (1953), Veneza (1954), Berlim (1956), e assim por diante, sem interrupção, até as reuniões de Sidney (2010), Praga (2012) e Hong Kong (2014). O centro de gravidade logo mudou para os Estados Unidos, especialmente a Universidade de Chicago.

Henry Simon, que se dedicava basicamente à economia teórica, foi quem preparou as primeiras propostas para formar um instituto de economia em Chicago. Recomendou para isso a contratação de Lippmann, Arnold Plant, Lionel Robbins, Frank Knight, Jacob Viner, Friedrich Lutz, George Stigler, Milton Friedman, Friedrich Hayek, Karl Brandt, Wilber Katz, Garfield Cox e Aaron Director, que terminou sendo o encarregado de dirigi-lo. As negociações com a universidade não foram fáceis. Hayek havia conseguido financiamento empresarial para o projeto, com a ajuda novamente de Harold Luhnow, do Volker Fund., mas os empresários não estavam interessados em financiar as especulações do liberalismo "clássico" nem da economia puramente acadêmica, como a de Simon, queriam contribuir ao desenvolvimento de um liberalismo "economicamente orientado", que respaldasse os interesses das grandes empresas. E a Universidade, por seu lado, resistia a dar postos permanentes a todos e ceder o controle de seu departamento de economia. Mas isso é parte da pequena história.

Não deixa de interessar, como algo curioso, que Hayek não tenha nunca conseguido uma vaga permanente na Universidade de Chicago, depois de lutar por isso durante décadas. Em seus escritos explicou mais de uma vez que os pesquisadores deviam ter um posto garantido, fora do mercado, por razões similares às que justificam a estabilidade dos juízes: não em benefício próprio, mas porque "servem melhor ao interesse público" se estão protegidos contra toda pressão exterior. E se queixava por isso em seus últimos anos de que estava forçado a fazer tudo por dinheiro.

Os "Chicago boys" são parte do folclore político latino-americano dos anos 1970, não sem motivos. A escola de Friedman, Stigler, Becker, Posner, foi durante décadas a coluna vertebral do projeto neoliberal. E teve orgulhosos discípulos no mundo todo – no Chile, para começar.

A partir desse eixo acadêmico cresceu a rede de fundações e centros de estudo dedicados a preparar propostas concretas, em todos os campos. Eram anos de expansão econômica, de ascenso do estado de bem-estar, anos e décadas de sucesso das políticas de desenvolvimento, e não havia muita margem para as recomendações neoliberais. O mais interessante, nesse contexto, é que as fundações afins à Sociedade Mont Pèlerin mantiveram o radicalismo de Hayek ou Mises contra tudo e todos, que pareciam estar fora de lugar, mas que foi certamente o principal motivo do sucesso nos anos 1970.

O programa foi bem explicado por Arthur Seldon, do Institute for Economic Affairs: trata-se de realizar a análise sem objeções e chegar às últimas consequências, sem importar que pareçam politicamente impossíveis de realizar, ou que estejam contra a sensibilidade da maioria, quer dizer, se trata de pensar o impensável: desafiar o sentido comum.

A estratégia acabou tendo sucesso – um sucesso esmagador. Não totalmente estranho. Por um lado, permitia que seus intelectuais se separassem da discussão cotidiana, na qual eram propostos pequenos ajustes, reformas de detalhes que nunca significavam muita coisa. E, por outro lado, permitia que exibissem receitas radicais, impossíveis, de ar claramente utópico: distribuir os impostos em dinheiro, acabar com as escolas, permitir a emissão privada de dinheiro, qualquer coisa. Sem o lastre da responsabilidade política, administrativa, sem levar em conta a realidade nem arcar com as consequências de suas ideias, podiam exibir uma lógica avassaladora, sem concessões. Isso deu a muitos deles o perfil de rebeldes, insurgentes contra a ordem estabelecida, que seria crucial para a vitória cultural nos anos 1970.

O neoliberalismo dos anos 1950 e 60 conservava as marcas de sua origem. Era um ideário para o fim dos tempos, apocalíptico. Não atraíam muito enquanto as coisas iam bem, e havia emprego, bem-estar, desenvolvimento. Chegaria o momento deles.

2. ECONOMIA: A GRANDE CIÊNCIA

Antes de entrar na matéria, e falar de economia, vale a pena lembrar que o neoliberalismo não é só um programa econômico, mas uma visão completa do mundo, uma ideia da natureza humana, da ordem social, uma ideia da justiça. E uma ideia também do que é o conhecimento científico. Pois bem, para essa ideia do homem e da justiça, e do mundo, a teoria econômica é especialmente importante por muitas razões. Para começar porque a liberdade, segundo entendida na linguagem neoliberal, é inseparável do mercado. Dito de forma mais precisa, a liberdade política tem como condição indispensável a liberdade econômica, que inclui acima de tudo os direitos de propriedade e de troca. Não só isso. A economia importa também porque o mercado oferece a solução, a melhor solução em qualquer caso, para os problemas sociais. Mais ainda: é o modelo da ordem em geral, da ordem da natureza também, do processo da evolução. Ou seja, a economia é realmente a grande ciência.

A economia neoclássica: uma ideia da ciência

O neoliberalismo não é só economia. Mas há uma ideia da economia do programa neoliberal indispensável, importantíssima. Vamos continuar com os esclarecimentos. O neoliberalismo não se identifica inteiramente com a economia neoclássica – cujo programa domina amplamente na comunidade acadêmica. Há partidários do programa de pesquisa neoclássico que são aberta, clara, explicitamente contrários à política neoliberal; sem ir mais longe, entre os mais conhecidos, Paul Krugman, por exemplo. Por outro lado, há também neoliberais membros da Sociedade Mont Pèlerin, como Ronald Coase, que apresentam sérias objeções ao programa acadêmico da economia neoclássica.

Cada coisa em seu lugar: não são iguais. Apesar disso, existem coincidências, há afinidades que não podem ser ignoradas, porque são significativas. O método da economia neoclássica, alguns dos pressupostos mais elementares em que se apoia, sua maneira de argumentar, suas hipóteses, foram especialmente úteis para explicar e justificar as posturas neoliberais. Anoto dois assuntos muito óbvios. Primeiro, a ideia da ciência: uma ideia estreita e doutrinária, que tem como modelo a física do século XIX. E segundo, a ideia do mercado como mecanismo autorregulado, que de maneira automática mantém o equilíbrio, ou o recupera. Vale a pena ir mais devagar e olhar tudo com mais atenção.

Para o programa de pesquisa da economia neoclássica é fundamental a ideia da ciência. A ideia de que a economia é uma ciência, e a ideia de que a ciência oferece explicações objetivas, inquestionáveis, verdadeiras, demonstradas. O modelo é a física – a física da primeira metade do século XIX, na verdade. Nas páginas iniciais de seu manual de economia, no qual estudaram seus primeiros cursos os economistas das últimas três gerações, Paul Samuelson é categórico: a economia é como a física; trata dos fatos, organiza-os formalmente e os explica mediante fórmulas matemáticas, assim como a física. A afirmação é muito discutível, mas a aspiração está clara.

Para a economia, para essa versão da economia, interessa mais do que tudo tomar distância das outras ciências sociais – da sociologia, com certeza, e da psicologia, além da antropologia e da história – que sempre parecem aproximativas, impressionistas, fortuitas, pouco objetivas e por isso pouco científicas. Para o projeto neoliberal é especialmente atrativa essa ideia da ciência e da economia, porque permite tratar o mercado como se fosse um mecanismo natural, movido por forças impessoais. Mas sobretudo porque coloca suas explicações fora de discussão, com a solidez das verdades científicas.

Só mais umas linhas, para esclarecer o que importa. Desde o século XIX houve a ambição de imitar a física, que parece a ciência por antonomásia, limpa de preconceitos, interesses, crenças. O exemplo perfeito é a Lei da Gravitação Universal. Os físicos não são tão claros, nem sequer nesse caso. Poincaré demonstrou há muito tempo que a famosa lei poderia ser provada se se tratasse apenas de dois corpos no espaço, a Terra e o Sol, digamos, mas que com a presença de um terceiro corpo – a lua, ou Vênus, por exemplo – é impossível resolver as equações. Ou seja, a fórmula se refere a um modelo muito simplificado do universo. Mas essa é outra história.

Na tentativa de imitar a física, o que fizeram os economistas do século XIX foi copiar as equações e identificar as transações econômicas com as transferências de energia em um campo fechado. O resultado era um modelo no qual o tempo não tinha importância, porque o equilíbrio sempre se restabelecia, de maneira automática – e a utilidade se conservava, como se conservava a energia. A física mudou a partir da enunciação da segunda lei da termodinâmica, que obriga a pensar um tempo irreversível, que tem direção. A economia manteve o modelo antigo.

Mas não é preciso insistir nessa discussão por enquanto. Boa parte do esforço dos economistas nos últimos cem anos foi dedicada a elaborar explicações que não dependem do contexto. Quer dizer, dedicados a procurar fórmulas de validade universal, que não dependem de estar no México, na Indonésia ou na Noruega. Porque assumem que é isso que a ciência deve fazer (uma ideia antiquada, ingênua, mas que ainda é popular). O resto das ciências sociais recorreu o caminho no sentido inverso, com a intenção de integrar cada vez mais dados do contexto.

Para falar brevemente, os pensadores europeus do século XVIII falavam com naturalidade dos seres humanos, das instituições ou leis que convinham ao ser humano, das motivações dos seres humanos, em geral, como se as diferenças entre uns e outros fossem insignificantes – apenas graus de maturação entre selvagens, persas e franceses. Os sociólogos, os antropólogos desconfiam cada vez mais desse tipo de explicações. Tentam incorporar a história, por exemplo, porque não é irrelevante que algo tenha acontecido antes ou depois da Segunda Guerra Mundial, antes ou depois da Revolução Soviética. E tentam incorporar também o espaço, a linguagem, a cultura, porque não é irrelevante que um fenômeno aconteça na França, no Afeganistão ou nos Camarões.

O resultado é que quase todas as ciências sociais, incluindo alguns economistas, tentam oferecer explicações mais ricas em termos de contexto, quer dizer, tentam explicar o singular. A economia neoclássica vai exatamente no sentido inverso – tenta suprimir o contexto e explicar os fenômenos econômicos como se fossem mecânicos, de lógica inalterável, como os fenômenos físicos (da física do século XIX). E, nesse modo de raciocinar, o programa neoliberal encontrou um apoio considerável, porque tem a mesma ambição, ou parecida, de estabelecer verdades de validade universal.

A economia, modelo para armar

Todo o anterior significa que a economia neoclássica não trabalha a partir de fatos, mas de modelos. E isso tem consequências de longo alcance. Vejamos. Na prática, os fatos econômicos são irremediavelmente concretos. Produção, consumo, crise, inflação, acontecem sempre em um país determinado, em um momento determinado, entre atores concretos, sendo que cada um tem seus motivos, sua história. Para elaborar explicações de alcance universal é preciso fazer abstração de todos esses dados concretos e pensar não neste mercado, mas em qualquer mercado, não nesta fábrica, mas em qualquer fábrica. Quer dizer, são necessários modelos.

O procedimento depende da postulação de uma série de hipóteses, puramente formais. Por exemplo: vamos supor que exista a concorrência perfeita, vamos supor que estão concorrendo indivíduos igualmente informados, vamos supor que decidem com inteira liberdade, vamos supor que sejam perfeitamente racionais... A partir daí, são construídos mercados imaginários, que servem de base para todo tipo de exercícios matemáticos. Podem ser mais ou menos úteis, mais ou menos reveladores, mas não são descrições da realidade – nem aproximações a uma descrição da realidade.

Segundo a expressão de Deirdre McCloskey, o que fazem os economistas (estamos falando dos partidários do programa neoclássico) é imaginar "economias de brinquedo", que servem para fazer especulações mediante exercícios de lógica matemática. Imaginemos uma economia em que há um único comprador, imaginemos uma economia em que a informação seja perfeita e uniforme, imaginemos uma economia em que há somente dois tipos de bens. O problema é que nesses exercícios tudo depende das hipóteses adotadas. Um conjunto diferente de hipóteses ofereceria resultados inteiramente diferentes – que poderiam ser igualmente irreais, claro. As afirmações, os teoremas, as fórmulas, têm pouco a ver com o mundo real.

Por exemplo, pode-se afirmar o seguinte: se todos os atores possuem informação perfeita, todos a mesma informação, e se todos são egoístas, calculistas, racionais, entendendo que racional significa isso ou aquilo, e os atores antecipam a taxa de inflação, então a política monetária será irrelevante, porque seus efeitos serão cancelados pelas expectativas do conjunto. É inquestionável. Agora, alguém poderia argumentar algo inteiramente diferente, até o contrário, apenas tirando ou colocando uma das hipóteses – por exemplo, vamos supor que os atores têm memória, ou vamos supor que não têm. Ou que a informação não é completa.

O modelo básico, a partir do qual são elaborados todos os demais na economia neoclássica, supõe que no mercado competem indivíduos racionais, que possuem toda a informação relevante, têm uma hierarquia de preferências clara, ordenada, inalterável, e supõe que a oferta e a demanda se encontram no ponto ótimo, de modo que a economia se encontra em equilíbrio. A partir daí, o trabalho dos economistas consiste em imaginar "imperfeições", quer dizer, relaxar alguma das hipóteses, mudar as equações e ver o que acontece. Como é lógico, já que são operações puramente especulativas, podem ser imaginadas ou inventadas todas as imperfeições que se quiser, à medida para justificar a conclusão que se quiser.

A economia teórica do programa neoclássico é nesse sentido uma variante das matemáticas puras, um exercício formal. Seu mérito e seu interesse residem nisso (embora seja uma matemática um pouco antiquada). O problema é que com frequência, nos livros como nas recomendações de política, inadvertidamente apaga-se a diferença entre o mundo idealizado dos modelos, que obedece a uma lógica perfeita, e o mundo real da economia, na qual as coisas acontecem de uma forma muito diferente. Aqui é onde a economia neoclássica presta um serviço importante ao programa neoliberal, porque permite naturalizar, dar um aspecto inquestionável às recomendações práticas de política econômica. Como se se tratasse de fórmulas de física.

Um exemplo, para economizar explicações. Normalmente, para se referir aos movimentos de alta e baixa, de inflação e deflação, que afetam todas as economias, fala-se em "ciclos". E há várias teorias para explicá-los, em geral pela interferência de algum fator externo. A expressão é imprecisa, mas muito reveladora. Os ciclos são produzidos de maneira periódica, com um ritmo conhecido. Não é o caso das crises econômicas, não seguem nenhuma pauta. A insistência em falar de "ciclos", como diz Philip Ball, revela o desejo de impor alguma ordem no caos – ou ao menos dar a entender que essa ordem existe e que poderia ser conhecida.

Apesar das críticas, algumas devastadoras, o modelo neoclássico se consolidou como programa dominante nas escolas de economia, por boas e más razões. O controle do sistema de reconhecimento acadêmico, das revistas de prestígio, dos departamentos de economia nas universidades, do Prêmio Nobel, tudo contribui para fechar as fronteiras da disciplina e consolidar a ortodoxia. O resultado é que há menos discussões de método, menos discussões teóricas de fundo, menos diversidade na economia acadêmica que nas outras disciplinas – de ciências sociais ou ciências naturais, claro. E isso costuma ser tomado como indício de uma maior maturidade. Na prática, significa que os profissionais da economia são aqueles que se dedicam a esses exercícios matemáticos com economias de brinquedo. As críticas podem ser descartadas, porque pode ser dado como certo que são produto da ignorância.

É chamativo, certamente, que havendo essa uniformidade teórica e metodológica existam desacordos sérios, sobre assuntos de muita entidade e bem estudados, por exemplo, sobre as causas da Grande Depressão de 1929. Mas essa discussão nos levaria muito longe. Voltemos ao argumento.

Para qualquer um que não pertença ao mundo da economia acadêmica é evidente que os modelos são irreais e que por isso terminam sendo bastante duvidosos. Um empresário, por exemplo, sabe que a produção é uma atividade muito complexa, cuja trama inclui uma geografia e uma história, redes de relações pessoais, sistemas normativos, instituições, cultura e uma incerteza impossível de eliminar, e sabe, portanto, que a ideia de que isso possa ser "otimizado" através de uma combinação de fatores susceptíveis de cálculo é uma fantasia. Apesar disso, é o estilo dominante em quase todos os departamentos de economia.

A defesa mais conhecida do método da economia neoclássica, e uma defesa categórica, é a de Milton Friedman. Seu argumento é o seguinte: na economia, como em qualquer outro ramo do conhecimento, não importa os pressupostos, mas os resultados. Hipóteses importantes, significativas, podem se apoiar em pressupostos muito distantes da realidade: na verdade, como regra geral, quanto mais significativa for uma teoria, quanto maior seu alcance, menos realistas serão os pressupostos em que se apoia, já que as hipóteses realmente importantes são as que explicam muito a partir de muito pouco – a Lei da Gravitação Universal, por exemplo. O que importa não é se os pressupostos são realistas, se estão ajustados à realidade empírica de qualquer fenômeno, mas se permitem formular previsões corretas.

Claro, se fosse julgada a partir do acerto de suas previsões, a economia acadêmica das últimas décadas se sairia bastante mal. Para começar, não ter visto a chegada de uma das maiores crises financeiras da história, talvez a maior de todas, é uma marca difícil de ignorar. É só um caso entre muitos. Se o critério de cientificidade, ou de relevância, fosse a capacidade de previsão, a economia dificilmente sobreviveria como disciplina.

Mas a explicação de Friedman tem outros problemas. O mais importante: que as abstrações da economia são bem diferentes das feitas pelas ciências naturais. A abstração "mamífero", por exemplo, remete a uma série de traços que possuem igualmente as vacas, os seres humanos e as baleias, quer dizer, que indicam uma semelhança ou uma familiaridade bastante remota, mas são absolutamente reais – as vacas, as pessoas, as baleias, os cachorros e os esquilos realmente possuem esses traços semelhantes. A abstração "gramínea" remete a características que mais de 10.000 espécies de plantas possuem em comum, como o trigo, o arroz, a cevada, o sorgo, que ninguém confundiria na prática, e que é importante não confundir; a abstração omite muitos traços concretos dos objetos aos quais se refere e que estão bem à vista para qualquer um, mas não é irreal: toda gramínea tem um caule cilíndrico ou elíptico, folhas dispostas alternadamente com bainha, lígula e limbo, espigas reunidas em inflorescências etc. A abstração não é irreal, em nenhum sentido. Por outro lado, as características dos mercados nos modelos da economia neoclássica não estão presentes em nenhum mercado concreto. A ideia de um agente com informação perfeita sobre o mercado é irreal. A ideia da concorrência perfeita é irreal. Em um caso, o das gramíneas ou dos mamíferos, estamos diante de abstrações elaboradas a partir de traços básicos presentes nos fatos, no outro caso, o da economia, trata-se basicamente de invenções.

Por outro lado, um modelo formal, imaginado a partir de sinais, definições, fórmulas algébricas, não é uma teoria. Não explica o mundo, porque não está se referindo ao mundo. É uma exibição de operações lógicas, só isso.

Não é preciso insistir mais. A marca característica da economia acadêmica, em sua versão neoclássica, é essa separação da realidade. Que carrega com orgulho, é verdade, o fato de não estar contaminada pela contingência da realidade empírica.

A peça fundamental do pensamento econômico, também do programa neoliberal, é o mercado. Ninguém precisa que isso seja explicado duas vezes. Porque todos sabemos o que é o mercado, sabemos o que quer dizer que o mercado determina os preços, por exemplo, ou que distribui recursos, ou que premia ou castiga. Por isso é curioso que não exista uma definição concreta de mercado, que não se desmantele em uma série de matizes, ressalvas, exceções, adjetivos. É porque o mercado são muitas coisas.

Em seu sentido original, o mercado era um espaço físico, normalmente uma praça, um edifício público, onde se reuniam os comerciantes para oferecer suas mercadorias. Os compradores podiam ir de uma barraca à outra, comparar preços, qualidades e decidir suas compras no momento, a partir dessa informação – e de sua relação com os vendedores. É algo muito fácil de entender. Em todos os outros casos, a palavra mercado é empregada por analogia. Não existe esse espaço delimitado, no qual efetivamente concorrem uns e outros, compradores e vendedores, não existe essa possibilidade de comparar instantaneamente preços, mas supõe-se que a compra e venda do que for – petróleo, derivados financeiros, divisas – funciona em geral como funcionava a praça do mercado. E se assumimos que as transações formam um conjunto, temos um mercado.

A abstração é útil, e faz muito sentido, mas também contribui para anuviar algumas coisas. Para começar, cada um desses "mercados" tem suas peculiaridades, obedece a um conjunto de regras diferentes, está regido por leis distintas e tem um modo próprio de funcionar. O mercado de automóveis, o mercado de seguros de vida, o mercado de valores ou o do petróleo são muito diferentes entre si. Segundo o que nos interessa, podemos enfatizar o que têm em comum, que os assemelha ao antigo mercado, ou o que os diferencia, que também é importante e real. A nuance tem interesse sobretudo para ler com precaução o que for dito sobre "o mercado".

Em sua retórica, em suas explicações, os neoliberais oscilam entre duas imagens bem diferentes: o mercado como produto e o mercado como fato natural. Sabem, é parte fundamental do programa, que os mercados são produzidos de um modo deliberado e que precisam do Estado e de todo tipo de leis, condições. Mas na prática se referem ao mercado como se fosse um fato único, sempre igual a si mesmo e que produz sempre os mesmos resultados. Insensivelmente, são adotados os pressupostos do modelo neoclássico mais elementar: indivíduos racionais, informação perfeita, concorrência, e são atribuídos a essa entidade única, "o mercado" – tão universal, sempre tão igual como as gramíneas ou os mamíferos.

Se a história for levada a sério, quer dizer, se for adicionado algo de contexto, o fenômeno do mercado, dos mercados, acaba sendo muito mais interessante. A explicação mais conhecida, convincente, é a de Karl Polanyi, em um livro extraordinário de 1944, *A grande transformação*. O caminho para o livre mercado foi aberto, e foi mantido aberto, através de um aumento enorme da intervenção centralmente organizada, para vencer a resistência social, quer dizer, todo livre mercado é um fato político. E como tal, claro, improvável e conflitivo. Nenhum mercado se autorregula. Nem produz suas próprias regras ou pode garantir que sejam cumpridas, nem existe por sua conta como mercado. Todos estão imersos na sociedade, são fatos sociais, regulados não apenas por leis, mas por vários tipos de normas, formais e informais; para dizer em uma frase, sempre há uma economia moral, um conjunto de regras, com frequência implícitas, que estabelecem como os atores devem se comportar no mercado (o propósito de dar autonomia completa à economia, e de subordinar o resto das relações sociais às relações de mercado, é um propósito utópico – impossível na realidade – e perigoso).

Vista assim a economia, pensada nesses termos, abre-se um panorama de reflexão inesgotável. Que pode incluir fórmulas algébricas, ou não. O programa neoclássico escolheu outra via, em busca de outro tipo de explicação. E as implicações de que os mercados são construções políticas raramente são levantadas como uma questão econômica.

Ignorar a história é uma estratégia razoável para construir modelos. Eliminar os detalhes que tornam cada mercado absolutamente único. O problema é que o modelo elaborado dessa forma tende a ser confundido com a realidade. Qualquer mercado concreto é tomado como cópia daquele quimérico "mercado", arquétipo de todos eles, e cujo funcionamento é supostamente universal e inalterável. Algo mais. Em geral, assume-se que o mercado oferece a melhor solução, se não for a única, e em todo caso a mais eficiente para qualquer tipo de intercâmbio. E é verdade, ou pelo menos é verossímil nos termos do modelo – com exceção de que é um modelo. Quer dizer, para imaginá-lo é preciso ignorar todos os acidentes históricos, culturais e geográficos, que tornam impossível o funcionamento do modelo de mercado. Nos fatos, é evidente que sempre existem desigualdades de riqueza, poder, informação, é evidente que a fabricação, a distribuição, têm consequências indesejadas, e que há muitos motivos para a desconfiança. Ou seja, o mercado é uma solução incompleta, não muito eficiente, e deixa muitas coisas pendentes. Em teoria, seria melhor que nada disse existisse – mas existe.

A linguagem da economia: eficiência, equilíbrio, otimização

Ainda há outro problema que me interessa sublinhar. Os economistas, como os profissionais de qualquer outra disciplina, usam termos técnicos que costumam ser metáforas mais ou menos elaboradas, assim a "atração" dos corpos, também a "flutuação" da moeda e muitas outras coisas. Outras vezes, são palavras de uso corrente, às quais se dá um sentido particular, técnico. Por exemplo, demanda efetiva, equilíbrio financeiro. Em si mesmo, isso não tem nada de especial. O ruim é que os termos podem confundir quem não tem o conhecimento especializado, precisamente porque pertencem à linguagem de todos os dias. E isso permite que formulações acadêmicas relativamente inócuas terminem tendo um uso ideológico bastante discutível. Um exemplo típico é a ideia da eficiência do mercado. Vejamos. Para o sentido comum seria eficiente um mercado que distribuísse bem, de maneira mais ou menos equitativa ou justa, e não poderia ser eficiente se produzisse sistematicamente miséria ou desemprego (o desemprego, sem ir mais longe, parece claramente um desperdício de recursos). Para a definição acadêmica esses resultados são irrelevantes. O mercado é eficiente porque processa corretamente a informação, atribui os preços correspondentes, favorece a correta distribuição de recursos segundo a demanda efetiva etc. Quer dizer, porque leva o pão a quem mais paga por ele, não a quem tem fome. Em outras palavras, o mercado é eficiente por definição, porque funciona como mercado. Nada mais.

Imagino que não é preciso uma explicação mais longa. O problema não está na teoria econômica, mas na linguagem usada para explicá-la no espaço público. No entanto, às vezes a confusão parece deliberada.

O outro suporte do pensamento econômico, na tradição neoclássica, é a ideia de que a economia está em equilíbrio em qualquer momento determinado e tende a sempre voltar ao equilíbrio, quando submetida a qualquer alteração. A ideia é aparentemente simples, um complemento da noção de eficiência. É indispensável para a disciplina porque todas as equações dependem dela. A explicação básica não apresenta maiores problemas: dado que para cada produto haverá uma determinada demanda, haverá um preço em que oferta e demanda se encontram, quer dizer, um preço no qual vendedor e comprador vão se colocar de acordo. Nesse preço, oferta e demanda estão em equilíbrio: nem um pagaria mais, nem o outro aceitaria menos. Mas devemos levar em conta que se trata de uma ideia puramente teórica, consequência do modelo. Serve para resolver equações, mas não se refere a nenhum fenômeno observável, a nada que aconteça na realidade.

É muito mais problemática a generalização, ou seja, a ideia de que isso que vale teoricamente para um único bem, com um único comprador e um vendedor, vale também para o conjunto de bens e o conjunto dos atores econômicos. Porque carece de fundamento. A ideia, já dissemos, é que a economia inteira está em equilíbrio, e volta a ele, não importa o que aconteça. Mas não há nenhum tipo de informação que permita sustentar o argumento. Não há nenhum caso histórico, de nenhuma economia concreta que esteja em equilíbrio dessa forma, nem saberíamos como demonstrar algo assim nem qual informação seria necessária. O exercício teórico do preço de equilíbrio do pão, ou da manteiga, pode acabar sendo mais ou menos verossímil, a formulação geral parece uma *petitio principii*.

Antes de continuar, dois pequenos problemas. Primeiro, por mais precauções que se queira tomar, a expressão "equilíbrio" tem conotações positivas, e com essa intenção é empregada com frequência. Tecnicamente não há motivo para essa avaliação, porque é somente um fato: o preço de equilíbrio do milho poderia ser inacessível para muita gente, que sofreria com a fome, e não deixaria de ser um preço de equilíbrio – o que não é nem bom nem mau. O problema é que no modelo o ponto de equilíbrio indica o resultado mais eficiente (no sentido técnico da palavra). E isso reitera o acento normativo. Em segundo lugar, o postulado de equilíbrio é empregado para explicar e justificar recomendações concretas, em especial para recomendar que o Estado deve se abster de interferir no sistema de preços – subsídios, salários mínimos, gasto público – porque isso afeta a eficiência do mercado. E aqui as complicações são maiores. Porque nesse caso é conferido um valor normativo à expressão, que não é mais um puro tecnicismo.

O texto que serve como referência para sustentar a tese do equilíbrio geral é um artigo de Kenneth Arrow e Gerard Debreu, de 1954. Não chegam a demonstrar que uma economia concreta esteja em equilíbrio ou possa estar, nem qual força a leva de volta a esse ponto. Só afirmam que esse ponto de equilíbrio pode existir, se for assumido um conjunto de pressupostos. Se todos os atores são racionais, as preferências de todos são fixas, transitivas, completas, se há concorrência perfeita, e uma única operação geral em que todas as mercadorias são vendidas simultaneamente, como em um grande leilão, nesse caso, entre o infinito número de pontos imagináveis de um modelo multidimensional no qual se cruzasse o infinito número de curvas de oferta e demanda, poderia existir um no qual coincidissem oferta e demanda agregadas – de modo que nesse arranjo de preços todos estariam conformes. Quer dizer, sob tais pressupostos pode existir o equilíbrio. Mas é somente uma possibilidade matemática.

O pressuposto do grande leilão pode parecer absurdo. É o recurso necessário para eliminar o tempo do modelo, porque de outro modo seria impossível sequer formular as equações. Todas as operações de compra e venda devem ser realizadas no mesmo instante para que uma não afete a outra e não mudem nem preferências ou preços.

As matemáticas do modelo são mais ou menos complicadas, derivadas da topologia. Mas não têm nada a ver com a realidade.

Ainda há outro problema geral resultante da confusão entre a linguagem técnica e o sentido comum. Esse ponto de equilíbrio, puramente teórico antes e depois do teorema Arrow-Debreu, é o que se chama um "ótimo", ou um "ótimo de Pareto" (referência ao economista e sociólogo italiano Vilfredo Pareto). É o ponto em que toda demanda encontra sua oferta, de modo que ninguém vai pagar mais nem ninguém vai vender por menos, de modo que ninguém poderia aspirar a melhorar sua situação, a não ser que prejudicasse o outro. Ou seja, não há outra distribuição de recursos que seja melhor para todos. Claro que esse "ótimo" não tem nada a ver com o que o sentido comum chama ótimo – não é bom nem justo, nem sequer razoável. E por isso a palavra termina sendo enganadora. Não indica o melhor bem-estar possível, mas o resultado que supostamente é estável dadas as restrições.

Na linguagem da economia é relativamente frequente que se fale de ótimos, inclusive de "otimizar". Dos textos de economia o termo passou logo para a imprensa e a linguagem política. Supõe-se que o mercado permite otimizar o uso de recursos. Não está claro em que consiste esse ótimo, mas não implica uma avaliação moral – é um conceito técnico. O problema, de novo, é a ressonância normativa, que é inevitável. Para entender o efeito do uso da expressão, podemos fazer o seguinte exercício. Se falamos de obter um resultado "melhor" para um indivíduo ou uma economia, sempre será possível perguntar: melhor em que termos, melhor para que ou para quem, melhor em que sentido; e é claro que se trata de um julgamento, uma avaliação, que não pode deixar de ter conotações morais. Não acontece o mesmo com a "otimização". Aparentemente é um termo técnico, de significado muito restrito, neutro, e por trás é uma avaliação categórica, que não admite discussão.

Esse ótimo, pois, não é ótimo no sentido normal da palavra. Nem é factível, por outro lado. Na conversa pública os matizes frequentemente acabam perdidos.

Ninguém tem dificuldades em admitir que os pressupostos a partir dos quais são construídos o modelo de equilíbrio geral da economia são impossíveis – além do que o resultado mais eficiente, o ótimo, não tem por que ser desejável em nenhum sentido. No entanto, essa imagem do mercado tem um valor ideológico. Não é somente um recurso formal imaginado para enquadrar um sistema de equações, mas a peça-chave de um discurso político. Não uma construção lógica, mas um propósito prático, um objetivo – e isso já é muito mais discutível.

Insisto: ninguém tem problemas para aceitar que as condições do modelo são impossíveis. Mas supõe-se, argumenta-se, que a melhor solução possível será sempre a que mais se aproxime do modelo. Em outras palavras, sabemos que não existe concorrência perfeita, sabemos que não existe informação completa, nem livre circulação da mão de obra, não existem muitas das coisas que pressupõe o modelo ideal de mercado. Mas isso apenas diz que este mundo é imperfeito. A melhor opção acessível será aquela que mais se aproximar do ideal, e cumprir pelo menos com algumas das condições, até onde isso for possível. Será uma concorrência tão perfeita quanto possível, e será o melhor. Parece sensato; não é.

Nos anos 1950, Richard Lipsey e Kelvin Lancaster formularam a crítica mais incisiva a esse raciocínio de sentido comum, que parece óbvio. E dela seria possível derivar um programa de pesquisa apaixonante, para descartar as soluções simples. É o que ficou conhecido como a "teoria da segunda melhor opção" (*The Second Best Theory*). Resumindo, diz o seguinte. Em um modelo econômico, para obter um ótimo de Pareto devem ser cumpridas simultaneamente toda uma série de condições (informação perfeita, concorrência perfeita etc.). Então, se é impossível cumprir qualquer uma dessas condições, então todas as outras, embora pudessem ser mantidas, não seriam mais desejáveis. Na verdade, se relaxamos qualquer um dos pressupostos, o número de soluções possíveis é infinito – e não há nenhum motivo para pensar que o resultado mais próximo ao "ótimo" dependa de manter os outros pressupostos inalterados. Ao contrário, o provável é que seja preciso modificar todas as outras condições também. Sempre será necessário calibrar as condições, e suas consequências. Ou seja, procurar a segunda melhor opção, que nunca é óbvia.

Mas, claro, isso significa uma matemática muito mais vacilante, incerta, mais próxima ao mundo real. É possível imaginar soluções, equilíbrios, relaxando um dos pressupostos. O problema é que na prática é preciso relaxar todos. E não há motivo para pensar que um mercado apenas um pouco menos que perfeito seja o mais desejável – não nos termos da economia.

O problema da agregação

A esta altura, não é exagerado repetir que o neoliberalismo não equivale à economia neoclássica. Mas há afinidades importantes entre os dois. Sobretudo porque o programa neoliberal adota os modelos técnicos da economia neoclássica insistindo em sua possível força normativa. Quer dizer, pressupõe-se mercados eficientes, em equilíbrio, que produzem sempre o melhor resultado possível, por cuja razão sempre será preferível deixá-lo funcionar sem travas. Se fosse necessário resumir, penso em uma fórmula um pouco injusta, mas que certamente é bem clara: em boa medida, neste âmbito, o neoliberalismo é a economia neoclássica convertida em ideologia.

A alternativa para os modelos da economia neoclássica foi durante muito tempo uma versão da macroeconomia que era, em termos gerais, keynesiana. Não é preciso uma explicação detalhada. Era uma maneira de explicar a economia cujo ponto de partida era a ideia de que no sistema econômico há propriedades emergentes, que são resultado da interação do conjunto e escapam da análise dos casos individuais. A inflação, por exemplo, não é resultado da decisão de nenhum indivíduo concreto, mas consequência imprevista das decisões agregadas de todos.

A partir dos anos 1970 se impôs definitivamente na maioria das universidades o que se chamou de macroeconomia de microfundamentos, que supõe que não existe nenhuma diferença substantiva entre o comportamento dos agentes individuais e o funcionamento geral da economia, de modo que uma coisa pode ser derivada da outra – na verdade, uma coisa deve ser derivada da outra. Em lugar de tomar como ponto de partida os fenômenos agregados, toma-se como ponto de partido o modelo de conduta individual. É a maneira pela qual a economia é pensada na maioria das universidades. Não a única, certamente, mas falaremos disso mais à frente.

O problema básico dessa macroeconomia é sempre a agregação, quer dizer, passar da análise da conduta de um indivíduo à análise da economia como conjunto (de outro modo, o problema é apresentado quando é feita uma analogia entre renda, gasto, endividamento de um lar, a dona de casa que economiza ou que gasta além da conta, e um Estado). Não tem uma solução fácil. Destaco apenas dois detalhes.

A primeira peça para a construção dos modelos na economia neoclássica é a curva de demanda. Em sua forma mais simples, supõe que uma pessoa vai comprar maior quantidade de um bem quanto mais baixo for o preço, e vice-versa – se assumimos que as preferências são constantes, completas, que o bem é infinitamente divisível etc. Na forma gráfica que costuma ser empregada, isso significa que a curva de demanda é decrescente, quer dizer, se inclina da esquerda para a direita, de cima para baixo: se no eixo vertical está o preço, e no horizontal a quantidade demandada, haverá menos demanda se o preço estiver mais alto, à esquerda e acima no gráfico, e mais demanda se o preço for menor, à direita e abaixo no gráfico. Parece lógico, é muito fácil de entender.

O problema, como sempre, são os pressupostos. Ou seja, se isso for assim, ou aproximadamente, apenas em alguns casos, para alguns bens. No caso de objetos de luxo, por exemplo, que são perfeitamente dispensáveis, o preço pode reduzir a demanda muito mais drasticamente do que se forem bens indispensáveis: a curva de demanda do pão é muito diferente da curva de demanda dos relógios de pulso ou das gravatas. Mas também pode acontecer que o preço represente um critério de distinção para determinados grupos sociais, de modo que um aumento não afete a demanda. Por outro lado, haverá bens cujo consumo tenha necessariamente um limite, o pão por exemplo, e haverá outros para os quais a demanda pode ser ilimitada: os livros, por exemplo. Resumindo, tudo se complica quando são analisados mais de um bem, mais de um consumidor, e muito mais quando se trata da economia inteira. Na verdade, a curva de demanda agregada para a economia em seu conjunto poderia ter qualquer forma.

Não é nada novo para os economistas. Hugo Sonnenschein, Rolf Mantel e Gerard Debreu demonstraram – nos anos 1970 – que a agregação no modelo de equilíbrio geral é impossível, porque a curva de demanda pode ter, na verdade, qualquer forma. Não há motivo para supor que seja continuamente descendente como a curva nos modelos de microeconomia. E, portanto, não pode existir um ponto de equilíbrio único. Foram imaginadas várias alternativas para sustentar a macroeconomia de microfundamentos. Todas são problemáticas.

A solução mais simples e a mais útil foi imaginar um "agente representativo". Estabelece-se como pressuposto um único indivíduo, ou um único lar ou empresa, ao qual se atribuem as características-padrão de racionalidade, orientação maximizadora, preferências contínuas e estáveis etc., e se pressupõe que a economia em seu conjunto vai se comportar da mesma maneira. O resultado da operação é óbvio. Se há um único agente, e um único bem, haverá claramente um único ponto de equilíbrio. E se for assumido que todos os outros agentes se comportam da mesma maneira, o modelo de economia individual será idêntico ao da economia agregada. Portanto, a microeconomia é idêntica à macroeconomia.

Imagino que pode ser entendido: o agente representativo não é uma elaboração empírica, não é produto de uma reconstrução de condutas médias, nem de pautas habituais, mas uma fabricação inteiramente imaginária a partir dos traços que o modelo supõe. Ou seja, é uma representação do tipo de conduta necessária para que as equações possam ser resolvidas.

E novamente surgem problemas quando a elaboração técnica cruza com o sentido comum. Na economia acadêmica, o agente representativo serve como suporte para alguns exercícios matemáticos; na discussão de medidas concretas de política econômica, serve para modular alguns movimentos da economia real. Um exemplo: uma taxa de desemprego de 10% em um modelo assim pode ser representada como uma redução de 10% da renda de um agente representativo, quer dizer, nada muito sério; no mundo real isso significa que 10% da população não tem nenhuma renda – o que é algo muito diferente.

A discussão dos problemas da teoria econômica poderia ser interminável. Não é preciso aprofundar mais. Só é preciso deixar dito que esse modo particular de pensamento econômico, baseado em modelos formais, é a base da maior parte das propostas concretas do programa neoliberal, e isso não ocorre por acaso.

Antes de mudar de tema, talvez seja importante apontar que as tentativas recentes de aplicar as novas técnicas de análise da física na economia vão precisamente no sentido contrário ao modelo neoclássico. Olham movimentos agregados e flutuações mais ou menos improváveis. E sobretudo olham um mundo que é radicalmente instável. A mais conhecida é a tentativa de estudar o mercado financeiro como se seu comportamento fosse análogo ao dos materiais capazes de se reorganizar constantemente em estado crítico; o exemplo que usa Philip Ball, bastante gráfico, é o de um monte de areia, no qual a todo momento pode ser produzida uma avalanche, menor ou maior, mas que nunca se estabiliza de maneira definitiva. Depois de cada avalanche, volta a estar em estado crítico. Claro, imagino que se trata de um enfoque inteiramente diferente, que não precisa supor que a economia está em equilíbrio e não precisa da racionalidade dos atores individuais. Só me interessa para deixar claro que existem outras maneiras de estudar a economia – e outros modelos da física, mais atualizados.

A seguir, aprofundo em três temas concretos que têm importância especial para a história do neoliberalismo: a curva de Phillips, a teoria da "escolha pública" e a discussão em torno ao teorema de Coase.

Desemprego e inflação, a curva de Phillips

Em 1958, o neozelandês William Phillips publicou um artigo no qual analisava as correspondências entre emprego e inflação no Reino Unido, ao longo do século anterior. Estabelecia uma correlação estatística bastante fácil de entender, que é a seguinte. Quando o desemprego é baixo, os salários tendem a subir mais rapidamente: a mão de obra é escassa, portanto, seu preço aumenta; e como os salários têm um impacto importante sobre os custos da produção e sobre os preços, o aumento dos salários significa um aumento de preços, quer dizer, um aumento da inflação. Ou seja, quando diminui o desemprego, sobe a inflação. Inversamente, quanto mais alto o desemprego, menor será a taxa de incremento salarial, como consequência seguramente a inflação também será menor.

Não era nada muito inovador em termos de teoria econômica, embora a documentação empírica fosse interessante. Mas admitia leituras muito atraentes. Paul Samuelson e Robert Solow propuseram uma interpretação formal do que, daí em diante seria conhecido como "curva de Phillips" – e é isso que nos interessa. A ideia é fácil de explicar. A história mostra uma correlação positiva entre emprego e inflação, quer dizer, maiores níveis de emprego implicam maiores taxas de inflação. Se o vínculo for estável, não importa se um extremo ou outro da equação for modificado. Portanto, na prática isso significa que se pode influenciar o emprego a partir da taxa de inflação (ou seja, é possível reduzir o desemprego se aceitarmos que a inflação aumente).

A explicação era muito atrativa. Dizia que era possível controlar algo tão grave como o desemprego através da política monetária. E que era possível inclusive um ajuste bastante fino, escolher o nível de inflação necessário para mover a taxa de emprego uns pontos acima ou abaixo. Os assessores de muitos governos adotaram a ideia com entusiasmo nos anos 1960.

A crise dos anos 1970 demonstrou que essa interpretação da descoberta de Phillips estava errada. A correlação não era estável, não funcionava nos dois sentidos. Ao contrário, podia acontecer que a inflação aumentasse sem que isso tivesse um efeito apreciável sobre o emprego. Aconteceu em quase todos os países centrais, e em boa parte do mundo, enquanto durou o impacto da crise do petróleo. Foi chamada de "estagflação": algo raramente visto, e que a teoria não contemplava, estancamento com inflação. O resultado foi o descrédito geral das políticas que tentavam governar a economia a partir da gestão da demanda agregada.

Para nossa história tem interesse especial a crítica de Milton Friedman, elaborada no final dos anos 1960, e fundamental para sua fama posterior. Além disso, é uma das peças básicas da estratégia neoliberal. Vale a pena fazer um resumo.

A ideia original de Phillips, quer dizer, que existe uma relação mais ou menos constante entre o desemprego e o nível salarial, é razoável, está bem fundada – teórica e empiricamente. Mas é um erro interpretar essa correlação como um vínculo causal, que permite influenciar o emprego a partir da política monetária. A ideia é irresistível para os políticos, mas não tem fundamento. Em um primeiro momento, diz Friedman, um crescimento inesperado da demanda agregada, produto de uma expansão da oferta monetária, pode produzir nos agentes econômicos a ilusão de que a economia cresce e, portanto, pode induzir as empresas a contratar mais trabalhadores para produzir mais. E assim, na verdade, a inflação pode ter um impacto sobre o emprego.

Mas esse efeito é transitório. Se o aumento dos preços continuar como consequência do aumento do dinheiro circulante, os agentes aprendem a descontar seu efeito, e ajustam suas percepções e conduta. Sabem que não existe um crescimento real da economia. De modo que sobem os preços, mas não aumenta a produção, nem o emprego. Na formulação gráfica da curva de Phillips isso significa que a economia não se move na mesma linha em direção a um novo equilíbrio com inflação mais alta e mais emprego, mas a linha inteira se desloca, de maneira que o novo equilíbrio seja uma inflação mais alta, mas com o mesmo nível de desemprego. Na verdade, a situação pode ser ainda pior, já que o "ruído" derivado de uma inflação instável pode ser traduzido em destruição de emprego.

Em resumo, a intervenção do governo para gerar emprego mediante a política monetária é, no melhor dos casos, inútil e, no pior, contraproducente. Porque finalmente a economia se moverá até se estabilizar em sua "taxa natural de desemprego".

A expressão é importante. Friedman não tem uma explicação muito clara dessa taxa natural de desemprego nem de como pode ser calculada, nem sequer uma definição precisa (nem uma justificativa para chamá-la de "natural"). Diz que não é uma constante numérica, mas um dado que se desprende dos fatores reais: é o nível de desemprego consistente com as forças reais e com uma adequada percepção da economia. Nesse momento, quando se naturaliza o desemprego como algo definitivo, que não podemos nem calcular nem definir, mas é irremediável, o argumento acadêmico se transforma em um argumento ideológico.

A explicação de Friedman também é importante porque é um dos suportes da retórica neoliberal. Em especial, da ideia de que a política econômica é inoperante. A intuição básica, ou seja, que os atores antecipam as decisões do governo e assim neutralizam seu efeito, está no coração da teoria das expectativas racionais, que tem uma longa trajetória, por isso convém nos determos um pouco nisso.

A teoria tem várias versões. Em geral, são reformulações do modelo de Friedman, de expectativas adaptativas. Sua versão mais forte, a de John F. Muth, por exemplo, supõe que todos os participantes têm claro um modelo completo e exato da economia, de modo que suas expectativas são racionais porque coincidem com as previsões do modelo econômico relevante em cada caso. É uma suposição um tanto surpreendente, não mais do que outras. E serve para confirmar a tese de Friedman: a política econômica é irrelevante, não serve para nada.

No final dos anos 1970, Robert Barro contribuiu com uma elaboração bastante audaz, para dizer basicamente que a dívida pública tem um efeito recessivo. É interessante, sobretudo como sintoma. Toma como ponto de partida uma ideia de David Ricardo, do começo do século XIX. Ricardo afirma que quando os governos pedem dinheiro emprestado para financiar uma guerra, por exemplo, os súditos sabem que no futuro terão que pagar mais impostos para cobrir essa dívida, de modo que o racional para eles é economizar para esse futuro. O resultado é que se o governo contrai dívidas a economia terminará se contraindo, já que as pessoas gastarão menos.

Ricardo sabia que na prática não é assim, que as pessoas não calculam dessa forma seus impostos, nem fazem esse tipo de economia antecipando o que terão que pagar no futuro. Barro afirma que sim. Argumenta que os indivíduos realmente antecipam o nível futuro de impostos a partir do endividamento do governo e decidem quais serão seus gastos e poupança em função disso. Portanto, a dívida pública se traduz em um aumento da poupança privada e uma redução do consumo – quer dizer, não há maneira de estimular a economia com emissão de dívida.

Não há nenhuma informação empírica para sustentar as ideias de Barro, que tampouco foram muito populares. O que importa é que sua obra é adicionada ao conjunto que aponta que é impossível que a intervenção pública melhore o desempenho da economia em algum sentido. Outras versões, como a de Thomas Sargent e Robert Lucas, também dos anos 1970, tentaram generalizar a tese da inoperância da política econômica, indo além da "equivalência ricardiana" de Barro. Sargent e Lucas dizem que os agentes econômicos aprendem a distinguir entre uma mudança nas preferências (que significa um aumento real da demanda, que favorece o produto dele) e uma mudança na massa monetária, um aumento do volume de dinheiro em circulação, que não tem outro significado, e assim cancelam na prática o efeito da política monetária. Os pressupostos são, como de costume, muito exigentes, para que os agentes possam antecipar com exatidão o nível de inflação futura, para ajustar suas decisões. Mas há sobretudo o problema de que a política monetária afeta o comportamento da economia: não importa o que diga a teoria, não é irrelevante.

A Teoria da Escolha Pública

A Teoria da Escolha Pública oferece material importante para o conjunto de argumentos neoliberais, e convém olhar com algum cuidado para ela. Sua origem está na obra de James M. Buchanan, membro da Sociedade Mont Pèlerin, Prêmio Nobel de Economia, fundador do que é conhecido como a "Escola da Virgínia". A ideia central parece quase sentido comum. Os políticos, os funcionários, são como qualquer outra pessoa: indivíduos racionais tentando maximizar sua utilidade. Não há motivos para supor que tenham outro objetivo, estão mirando mais alto, nem nenhuma generosidade especial.

A ideia não é totalmente nova. Algo muito parecido havia dito Jeremy Bentham em seu *The Book of Fallacies* (1824): "O que o homem mais virtuoso pode fazer é tentar que o interesse público coincida com a maior frequência possível com seus interesses privados". Não é, na verdade, mais que a aplicação consequente da ontologia plana do utilitarismo. Levada ao pé da letra, como faz Buchanan, tem consequências importantes.

Em primeiro lugar, a teoria oferece uma nova maneira de olhar e explicar os fenômenos políticos, a legislação, a burocracia, o funcionamento do Estado, mediante o método da economia. Por hipótese, o que fazem os funcionários é maximizar sua utilidade, quer dizer, procuram o maior rendimento pessoal possível, nesses termos é preciso entender tudo que fazem. Consequentemente, acaba sendo obrigatório desconfiar daqueles que invocam o interesse público, o bem público, ou a ética do serviço público. Não existe tal coisa. E em todo caso, essa não é a verdadeira motivação daqueles que a proclamam. Ou seja, a ideia do interesse público é um engano, para começar.

Agora, sendo indivíduos racionais, egoístas, como todos, os funcionários do Estado se distinguem dos demais agentes econômicos pelo fato de terem à sua disposição o poder público. De modo que tentam maximizar sua utilidade mediante o uso dos recursos públicos: leis, autorizações, licenças, contratos, impostos, gastos. Por esse motivo os políticos querem sempre ter mais dinheiro, mais orçamento, aumentar a presença do Estado, os subsídios, multiplicar as regras, os requisitos, condições e padrões, as formas de intervenção. E procuram distribuir os benefícios com fins eleitorais, para assegurar sua permanência no cargo. Isso quer dizer que a política produz inevitavelmente rendimentos e condutas rentistas, ou seja, situações nas quais alguém obtém uma vantagem artificial por lei, ou por alocação do orçamento – assim os profissionais de qualquer ofício protegido, os fabricantes de bens sujeitos a normas, ou subsidiados, ou os que recebem contratos públicos.

Adicionalmente, em um sistema democrático, no qual os políticos dependem dos votos, sempre existe a tentação de aumentar os gastos sem aumentar os impostos. E daí vem o déficit público, a propensão ao endividamento.

Mas há algo mais. O meio característico da política, que a distingue de qualquer outra forma de troca, é a coerção. E isso acrescenta um ar sinistro a toda intervenção do Estado. A conclusão de tudo isso não é difícil de imaginar. Se não existe o interesse público, mas somente o particular de políticos e funcionários, é preciso desconfiar sempre do Estado, limitar ao máximo seus recursos, começando pelos impostos, o dinheiro público e a capacidade de endividamento.

Por outro lado, em qualquer atividade, inclusive nas que parecem legítimas como atividades do Estado, sempre será preferível substituir a coerção pelo intercâmbio voluntário, ou seja, substituir o Estado pelo mercado. Quanto à função pública propriamente dita, a que é impossível eliminar, ou substituir pelo mercado, o único sensato é contar com que exista uma clara, transparente motivação econômica para os funcionários. Não assumir que existam nem a vocação, nem a responsabilidade, nem a ética do serviço público, porque é duvidoso que nada disso seja real. Em alguma ocasião Buchanan admite que existam outros motivos em alguns funcionários, além do dinheiro: nesse caso, serão fanáticos, muito mais perigosos.

A perspectiva da Escolha Pública oferece uma crítica geral do Estado, um argumento básico que serve para desacreditar qualquer atividade pública. Além disso, amplia o campo da economia e contribui para naturalizar a ideia do *homo oeconomicus* como definição realista e suficiente do gênero humano. Ao suprimir a noção de interesse público, por improvável, toda política se torna suspeita, negócio de políticos que se aproveitam do Estado para parasitar seus concidadãos. Ao identificar Estado com coerção, transforma o mercado em uma alternativa sempre preferível: a dicotomia funciona como as de Hayek, é uma simplificação drástica, de branco e negro, que incorpora um julgamento moral nas definições, desde o começo, de maneira que a conclusão é inquestionável.

O problema é que não é fácil combater o Estado, continua Buchanan, porque os políticos contam sempre com a cumplicidade de uma parte da sociedade. Todos que se aproveitam de uma renda têm interesse em mantê-la. E aqueles que aspiram a uma querem que o Estado aumente seu poder e sua ingerência. Por esse motivo os Estados modernos crescem descontroladamente. Claro, uma das formas mais óbvias de conservar esse apoio é o gasto social, cujas consequências são sempre deletérias. Buchanan explica sua crítica mediante o "dilema do bom samaritano". A caridade (ou o gasto social) pode ter efeitos diversos, pode ajudar a melhorar a situação dos necessitados, ou pode gerar um sistema de dependência que vai transformá-los em incapazes de ganhar a vida sozinhos: ou seja, a ajuda do bom samaritano (do Estado de bem-estar) pode terminar sendo contraproducente. Mas gera um poderoso incentivo para manter os gastos públicos. Por uma coisa e pela outra, é melhor evitá-lo.

A solução que Buchanan imagina é um arranjo constitucional. Consiste em limitar o Estado por lei, e colocar as decisões de gasto, arrecadação e endividamento fora do jogo político.

O estranho caso do Teorema de Coase

É mais complicada a discussão do Teorema de Coase. Também acaba sendo muito reveladora. A matéria está em um artigo publicado por Ronald Coase em 1960, com o título: "The Problem of Social Cost" [O problema do custo social]. É um texto longo, de quase setenta páginas, relativamente difícil de ler, como são em geral os textos de Coase, que são eruditos, maliciosos, matizados, de escrita elegante e incisiva. É um dos artigos mais citados na história da economia e, sem dúvida, o texto econômico mais mencionado por juristas e estudiosos do direito. Seu argumento costuma ser resumido na ideia de que o mercado pode oferecer soluções, melhor que a legislação, para resolver o problema das consequências negativas involuntárias, derivadas da atividade econômica. Por isso ele é muito utilizado na discussão dos problemas de contaminação ambiental, por exemplo. É um pouco mais complicado que isso, mas tem certo gracejo.

O Teorema de Coase, na verdade, não foi formulado por Coase, como costuma acontecer nesses casos, mas por George Stigler, que foi quem lhe deu o nome. Na versão que circula habitualmente diz aproximadamente assim (e já irá esclarecer o que termina sendo obscuro): na ausência de custos de transação, em situações de concorrência perfeita e informação completa, a alocação de recursos através da negociação entre as partes será mais eficiente a que mais contribuir para incrementar o bem-estar social, com independência da distribuição original de direitos. Ou seja, o mercado pode resolver, através dessa negociação entre particulares, o problema das consequências nocivas da atividade econômica, e melhor do que faria a lei.

Em várias ocasiões, e na conferência que ditou ao receber o Prêmio Nobel, para começar, Coase foi absolutamente claro, enfático: seu artigo não pretendia apoiar essa ideia. Não era a conclusão que ele tirava da análise que apresentava em seu texto. Na verdade, não estava de acordo com o Teorema de Coase – pensava quase o exato oposto. A confusão é notável, merece ser vista com detalhe.

Ronald Coase, um economista inglês, neoliberal explícito, membro da Sociedade Mont Pèlerin, foi sempre muito crítico da evolução do pensamento econômico nas universidades anglo-saxônicas e do que havia se imposto como método dominante. A economia, disse uma vez, se transformou basicamente no estudo da escolha, e se divorciou progressivamente de seu objeto próprio, para fazer especulações cada vez mais abstratas sobre improváveis sujeitos que maximizam utilidade. O resultado é que os economistas terminam não sabendo nada concreto sobre o que, supostamente, é o objeto de estudo deles. O consumidor dos modelos não é um ser humano, mas um conjunto consistente de preferências; as empresas são pacotes de curvas de oferta e demanda; e a troca acontece sem que seja preciso nenhuma estrutura institucional. Quer dizer, os economistas se encontram com consumidores sem humanidade, empresas sem organização e troca sem mercados. A própria ideia da maximização é desnecessária, injustificada ("não há motivo para assumir que a maioria dos seres humanos está emprenhada em maximizar nada, exceto a infelicidade"), e a utilidade é um ente quimérico, como era o éter para a antiga física.

Toda a produção acadêmica de Ronald Coase, dos anos 1930 em diante, está dedicada a criticar essa maneira de pensar a economia: precisamente a que tem sua apoteose no Teorema de Coase.

Vamos por partes. Há um primeiro artigo importante dele, escrito em 1937: "A natureza da empresa" (*The Nature of the Firm*). É uma tentativa de explicar como, e por quê, se formam os modernos consórcios empresariais, nos quais uma mesma organização se encarrega de tarefas bem diferentes e produz por exemplo vários dos insumos que precisa usar em sua produção. Para a teoria econômica convencional isso teria que ser um problema, porque teoricamente é irracional: supostamente o mercado oferece a solução mais eficiente e mais rentável, o melhor preço do que for. Quer dizer, o melhor para qualquer empresa teria que ser a descentralização absoluta, comprar no mercado ou contratar individualmente tudo que fosse necessário, e não se encarregar de produzir por conta própria. Não é assim porque as transações têm um custo. Para realizar uma operação é preciso saber quem oferece o que queremos comprar, com que qualidade, é preciso anunciar que queremos adquirir e em que termos, também negociar, escrever um contrato, verificar que o acordo seja cumprido. Ou seja, as operações de mercado têm um custo. E por isso pode compensar para uma empresa se responsabilizar diretamente da produção de qualquer coisa, desde que os custos disso sejam menores dos que implicam as operações no mercado.

Esses são os custos da transação. E isso explica, segundo Coase, por que a economia real não obedece às regras como assumem os livros didáticos. Isso explica por que é preciso um complicado aparato legislativo para produzir qualquer mercado e garantir as transações. A informação é difícil de conseguir, sempre é assimétrica, as partes não são iguais, há infinitas possibilidades de fraude. De modo que o aconselhável, quando se trata de entender, é deixar o quadro-negro e olhar como é a economia no mundo real.

"O problema do custo social", já dissemos, refere-se às consequências colaterais adversas de algumas atividades produtivas: a fumaça de uma fábrica, o ruído de uma oficina mecânica. Mais concretamente, refere-se às consequências prejudiciais para outras atividades produtivas – embora amplie a análise a outros campos, como o ócio ou a higiene.

O ponto de partida é muito simples. O direito a desenvolver uma atividade qualquer afeta as atividades que outros podem realizar: porque se faz barulho, se produz lixo, se gera tráfego, o que for.

A argumentação se complica daí para a frente. Se os direitos pudessem ser negociados pelos particulares, sempre comprados e vendidos em pacotes, seriam finalmente adquiridos por quem mais os valorizasse. De modo que se alguém valorizasse muito sua tranquilidade, por exemplo, compraria do seu vizinho o direito de instalar uma oficina mecânica – ou seja, pagaria para que não abrisse uma. Ao contrário, se a oficina fosse muito valiosa para o dono do terreno, poderia comprar dos seus vizinhos o direito a ter tranquilidade naquele lugar, para que em último caso pudessem se mudar. E assim as possíveis consequências negativas de qualquer atividade terminariam se ajustando de modo a terminar sendo mais vantajoso para o bem-estar coletivo.

Para esclarecer o argumento, Coase propõe um exemplo simples, um exercício teórico, com uma economia de brinquedo, o caso de um pecuarista que, ao aumentar o volume de seu rebanho, provoca danos aos cultivos de um agricultor vizinho. Se o pecuarista fosse legalmente responsável por esses danos, teria que pagar uma compensação equivalente ao prejuízo causado e seria obrigado a incorporar esse pagamento a seus custos de produção: ou seja, aumentar seu rebanho terminaria sendo mais caro. A alternativa seria reduzir o número de cabeças, claro. Em termos muito básicos, ter mais doze vacas implica um custo adicional de dez pesos, que é preciso pagar pelos danos ocasionados. Por outro lado, se não fosse legalmente responsável pelos danos e não fosse obrigado a repará-los, seria o agricultor quem poderia pensar em evitá-los pagando para que reduzisse o número de seus animais – quer dizer, pagando para que não exercesse seu direito de ter um rebanho maior. Para o agricultor esse acordo compensaria se, incluído esse pagamento entre seus custos, saísse ganhando ao vender a colheita. O interessante é a posição em que fica o pecuarista: pode reduzir seu rebanho e receber o pagamento, ou manter o número de animais e deixar de receber; de modo que esse dinheiro se transforma em um dos custos de manter seu nível de produção. Outra vez: ter doze vacas a mais implica um custo de dez pesos.

Resumindo, o exemplo diz que o custo do dano será assumido por quem obtiver maiores vantagens como consequência. E diz que o custo é o mesmo, independentemente da distribuição dos direitos, ou seja, finalmente dá na mesma se o pecuarista tem direito a aumentar o número de animais de qualquer jeito, ou se o agricultor tem direito a ser compensado: esse aumento de produção pecuária tem esse valor, medido em danos sobre as alfaces do vizinho.

Mas o exemplo diz também que nessas circunstâncias o mercado poderia encontrar a solução mais eficiente, porque no fundo não importam os direitos, mas o valor. Essa é a ideia que se generalizou, como corolário do Teorema de Coase, e é uma das bandeiras do movimento neoliberal. No entanto, não é o que Coase pretendia demonstrar. Depois do exemplo do pecuarista coloca outro, sobre ferrovias, outro sobre um médico e uma oficina mecânica, outro sobre poluição do ar, e sempre insiste que "na ausência de custos de transação" o direito não influenciaria a alocação de recursos.

Agora, a suposição de que não há custos de transação, diz Coase, é absolutamente irreal. E por isso a solução ótima seria muito difícil de alcançar através do mercado. Os exemplos dessas economias de brinquedo, do pecuarista e do agricultor, do médico e do mecânico, servem para mostrar que a solução desse tipo de problemas não passa por alocar a culpa a um ou a outro, e responsabilizar um ou outro pelo prejuízo, porque o dano acontece pelas atividades das duas partes conjuntamente, quer dizer, de que convivam alfaces ao lado das vacas, ou um consultório ao lado de uma oficina – o que importa em qualquer caso é determinar o valor. E dedica as outras duas terceiras partes de seu artigo a essa discussão.

Pode-se estar de acordo ou não com a tese de Coase, mas seu argumento é muito claro. Explicitamente diz que é preciso levar em conta os custos de transação para estudar o mundo real (onde as relações são assimétricas, a informação incompleta etc.). E isso, no caso dos danos a terceiros, significa imaginar arranjos institucionais concretos que ajudem a resolver o problema que não irá se resolver mediante a negociação privada dos particulares.

Segundo Coase, a análise econômica moderna se refere no geral a um mundo sem custos de transação, quer dizer, a um mundo que não existe. E por isso os economistas não entendem realmente os problemas com os quais lidam. Outra vez, sua recomendação é muito simples e muito direta: largar o quadro-negro.

O fato de que tenha sido a outra leitura do Teorema de Coase que se impôs é muito revelador, porque se atribui a ele exatamente o contrário do que quis dizer. Significa que, no fundo, a demonstração não importa. A ideia de que o mercado resolve os problemas, e que o direito e o Estado são irrelevantes, parece convincente por motivos ideológicos, porque confirma o que se queria afirmar de antemão. Por outro lado, é claro que o primeiro terço do texto de Coase é útil porque essas economias de brinquedo, com um par de fazendeiros, permitem argumentos categóricos, sem as ambiguidades, nem os matizes exigidos pelo trabalho empírico.

Coda, sobre os monopólios

Imagino que o estranho caso do Teorema de Coase sirva para economizar explicações. Alguns dos pressupostos centrais dos modelos da economia neoclássica (concorrência perfeita, equilíbrio, eficiência) têm afinidades óbvias com o programa neoliberal, com sua ideia da superioridade absoluta do mercado. E o método típico da economia neoclássica, especulativo, puramente teórico, de jogos matemáticos, serve perfeitamente para um desvio ideológico – basta esquecer os pressupostos, assumir que esses mercados imaginários são uma cópia dos mercados reais.

Antes de passar para outra coisa, quero chamar a atenção sobre um último assunto: a atitude dos economistas neoliberais, de alguns deles para ser justo, em relação aos monopólios. De entrada, pareceria lógico que, sendo o mercado fundamental para assegurar uma alocação eficiente dos recursos, seria necessário proteger a concorrência e impedir a formação de monopólios. Não é assim.

A formulação mais conhecida é novamente de Milton Friedman. Segundo ele, o suposto poder dos monopólios, sua capacidade de fixar preços, foi exagerado. Na prática, diz Friedman, os monopolistas terão que oferecer seus produtos a preços competitivos, porque se os elevassem muito outras empresas veriam uma oportunidade, entrariam no mercado, e o monopólio desapareceria. Quer dizer que, existindo o mercado, enquanto o governo não intervir, nem a legislação, os monopólios são irrelevantes. Oferecerão seus produtos com o mesmo preço e com a mesma qualidade, como se houvesse livre concorrência. Para todo efeito prático, pode-se pensar que o mercado funciona como se houvesse concorrência

Por outro lado, continua Friedman, se o mercado produziu uma concentração assim, será porque é o resultado mais eficiente. Sancionar as empresas monopolistas, obrigá-las a reduzir seu tamanho, vender parte de seus ativos, significa castigar aqueles que tiveram mais sucesso e souberam aproveitar as economias de escala. Para resumir em uma frase, o livre mercado funciona inclusive quando não é livre mercado. Em todo caso, um monopólio privado sempre será preferível a um monopólio público, ou a uma regulamentação pública sobre monopólios.

Richard Posner, da Universidade de Chicago, falando do ponto de vista dos juízes, que precisam resolver casos de monopólio, acentuou a tese de Friedman com algo que não deixa de ser original. O aumento da riqueza da economia em seu conjunto significa um aumento do bem-estar. Se a eficiência ganha com a concentração monopolista, mais riqueza é produzida, e portanto aumenta o bem-estar geral. E isso é o que deve preocupar os juízes, que mais riqueza seja produzida, e não que os consumidores possam escolher entre três, quatro ou mais empresas.

Os argumentos são bastante enganadores nos dois casos. Mas sobretudo me interessa sublinhar que no mundo real, onde existe o que Coase chamava "custos de transação", seriam indefensáveis. Fazem sentido, e são convincentes, só no mundo abstrato da economia neoclássica.

Insisto somente em um ponto, para fechar. A linguagem dessa economia já é de uso corrente no espaço público, em todos os lugares. Tanto que muitos dos pressupostos mais problemáticos são dados como certos: equilíbrio, eficiência, racionalidade, maximização. É um indicador, e não é trivial. Para resumi-lo em uma frase, diria que o mercado se transformou na metáfora básica para interpretar a vida humana, e essa é uma das chaves desse novo mundo.

3. O MOMENTO DECISIVO: OS ANOS 1970

O programa neoliberal vai desenhando seus traços gerais no final dos anos 1930, princípios dos 1940, e sempre vai conservar algo de apocalíptico, de fim do mundo, daquela época. Seu momento de maior vitalidade intelectual está nos anos 1950 e nos 1960, quando Hayek, Friedman, Bruno Leoni, Buchanan, Gary Becker escrevem suas obras fundamentais, quando a Alemanha ensaia a "economia social de mercado". Apesar disso, durante todo esse tempo é praticamente marginal no espaço público. Exceto na Alemanha, que precisa reconstruir tudo, de cima abaixo, a obsessão antiestatal do neoliberalismo parece coisa de outro tempo. A situação muda rapidamente nos anos 1970.

Novo anúncio do fim do mundo

No longo pós-guerra europeu, a partir de 1945, nos países centrais, foi construído um Estado de bem-estar generoso, eficiente, que permitia para a maioria um nível de vida inimaginável alguns poucos anos antes. O regime fiscal e o acesso ao consumo massivo produziram, além disso, uma maior igualdade material. Resumindo, o modelo keynesiano funcionava: mercados regulados, tributação progressiva, intervenção estatal, contratos coletivos, previdência social, políticas anticíclicas. A educação e os sistemas de saúde pública cresceram, foi criado o seguro-desemprego, os salários aumentaram, sem que nenhuma das sociedades europeias desembocasse no inferno totalitário que Hayek havia previsto em *Caminho da servidão*. Ou seja, a ameaça não era crível, e tirando algumas universidades, alguns centros de estudo, ninguém prestava muita atenção.

Por outro lado, na periferia o desenvolvimentismo dominava de modo absoluto, em qualquer uma de suas versões. Em todos os lados, dominava a ideia de que o Estado deveria promover o desenvolvimento, combater a pobreza. Claro, para isso influenciou o clima da Guerra Fria. A União Soviética de Stalin havia dado um exemplo de industrialização acelerada e massiva que era muito atraente para os líderes do Terceiro Mundo; e sua política exterior aproveitava, além disso, o ímpeto do movimento de descolonização. A alternativa era muito real. Depois da Revolução Chinesa (1950), a Guerra da Coreia (1950-1953) e da Crise de Suez (1956), estava claro para quase todos que era preciso encontrar uma opção intermediária que permitisse acelerar o crescimento nos países pobres, alguma forma de redistribuição de renda, mas que não significasse a incorporação à órbita soviética. A liderança de Nasser no Egito, de Nehru na Índia, de Sukarno na Indonésia, Nyerere na Tanzânia e também a do marechal Tito na Iugoslávia obedeceram a esse impulso. Em todos os lugares, com mais ou menos sucesso, tratava-se de impulsionar o desenvolvimento através de uma combinação de protecionismo, empresas públicas, investimento em infraestrutura, estímulos fiscais, subsídios ao consumo, gasto social; em todos os lugares a economia crescia, o consumo aumentava, a alfabetização e os índices de escolaridade cresciam rapidamente. Ou seja, o modelo funcionava também na periferia: a economia mista, com um poderoso setor público, produzia crescimento, bem-estar, estabilidade social.

A situação muda, quase da noite para o dia, nos anos 1970. É produzida então a virada decisiva.

A imagem da década é bastante confusa. Sobretudo em comparação com a que temos dos 1960: rebeldia juvenil, música de rock, drogas, proibido proibir, peçamos o impossível, e também a dos 1980, marcados pela forte personalidade de Margaret Thatcher e Ronald Reagan, Gorbachev, o áspero amanhecer do neoliberalismo. Em comparação, digo, os anos 1970 ficam um pouco desbotados. E, no entanto, são os anos em que acontece a grande mudança.

Em contraste com as duas ou três décadas anteriores, de relativa estabilidade social e crescimento econômico, de uma rebeldia mais ou menos festiva, os 1970 são anos amargos, de instabilidade, desemprego e crise econômica, anos de greves, manifestações violentas, empobrecimento generalizado, anos de terrorismo, de exasperação social, de tensão. A segurança, o ânimo confiante e otimista do pós-guerra desaparecem – e surge um novo mundo.

Vale a pena tentar um olhar panorâmico. Os anos 1970 são, sem dúvida, os piores para os Estados Unidos em quase todos os campos, e esse declínio da potência hegemônica marca a década, lhe dá um ar muito característico – o de uma decadência misturada com esperanças ambíguas, tentativas frustradas. Para começar, em 1971, o governo de Nixon decide suspender a paridade do dólar com o ouro, que até então havia estado em 35 dólares a onça e era a âncora do sistema monetário internacional. O peso da dívida, o crescente gasto militar, os compromissos financeiros que implicavam a Guerra Fria e a enorme emissão de dólares para pagar por tudo isso fazem com que seja impossível manter a taxa de câmbio: não há ouro suficiente na reserva norte-americana para respaldar o papel-moeda. A medida tem consequências de todo tipo, abre um novo jogo na economia internacional, mas sem dúvida significa um golpe considerável para a imagem dos Estados Unidos. A partir de então todas as moedas começam a flutuar, se não se atrelam diretamente ao dólar, e o conjunto do sistema monetário entra em um período de instabilidade. O dólar continua sendo a moeda de referência, sem concorrência nenhuma até a criação do euro, mas os termos são muito diferentes.

Mais grave para sua imagem, para seu prestígio internacional como líder do mundo livre, e para a ideia que o público estadunidense possui de seu próprio país, é a situação no Vietnã, que não deixa de piorar, a passos largos. Em 1970, Nixon havia ordenado a invasão do Camboja, em uma tentativa desesperada de cortar as fontes de abastecimento da guerrilha vietnamita. As consequências foram piores. Alguns anos depois, em 1975, o exército dos Estados Unidos precisa reconhecer o pior desastre de sua história. A imprensa do mundo todo reproduz as imagens da dramática retirada de Saigon, com a guerra perdida. A seguir, o governo de Nixon assina uma paz já irrelevante com o Vietnã do Norte e se retira também do Camboja, deixando o país nas mãos dos *khmer* vermelhos, de Pol Pot.

Mas o pior é o que acontece na frente interna. Os Papéis do Pentágono, difundidos por Daniel Ellsberg, demonstram que o governo federal esteve enganando o público, a imprensa, o Congresso, sistematicamente por uma década, e que os presidentes Kennedy, Johnson, Nixon tinham mentido publicamente sobre o custo da guerra, sobre a magnitude do compromisso dos Estados Unidos, sobre o volume de tropas enviadas e sua missão no Vietnã (Hannah Arendt escreveu por esse motivo um dramático ensaio sobre a mentira na política: uma das melhores coisas de sua obra). Além disso, houve Watergate. Os detalhes são conhecidos. O presidente usou os recursos do Estado para espionar seus adversários, mentiu sobre isso, ocultou ou destruiu informações para encobrir os delitos. O caso provoca finalmente a renúncia do presidente Nixon, mas o dano para o prestígio do Estado, do sistema político, é muito mais grave, com consequências muito maiores.

Na Europa também são anos de tensão, acentuada a partir da crise do petróleo de 1973. O primeiro-ministro britânico, Edward Heath, acaba sendo obrigado a declarar o estado de emergência quatro vezes entre 1970 e 1974: na Grã-Bretanha há um milhão de desempregados, uma inflação de 14% e a isso é preciso somar o terrorismo do Exército Republicano Irlandês (IRA). Na Itália atuam as Brigadas Vermelhas (BR), na Alemanha a Fração do Exército Vermelho (RAF) de Andreas Baader e Ulrike Meinhof, na Espanha estão o ETA e a FRAP.

Enquanto isso, na periferia, uma das peças-chave do desenvolvimentismo, o modelo de industrialização por substituição de importações, entrou em crise. A UNCTAD e a CEPAL denunciam a deterioração dos termos de troca, que condena os países pobres ao subdesenvolvimento, pois dependem da exportação de matérias-primas. As circunstâncias pioram com a crise global dos anos 1970. No meio da turbulência, consequência dela também, parece existir um movimento geral para a esquerda: estão começando os triunfos da guerrilha comunista no Vietnã e no Camboja; na África, a lenta e dramática descolonização de Angola e Moçambique termina com a formação de governos de aberta simpatia com a União Soviética; na América Latina temos o governo de Salvador Allende no Chile, o crescimento das guerrilhas na Guatemala, El Salvador, Nicarágua, o terrorismo dos Montoneros na Argentina, Tupamaros no Uruguai; no Oriente Médio a década se fecha com o triunfo da revolução islâmica no Irã.

Em menos de dez anos, o mundo se transforma completamente.

Canto de cisne: a nova ordem econômica internacional

Os movimentos desse começo dos anos 1970 alimentaram um recrudescimento da Guerra Fria em alguns lugares, uma nova compreensão em outros. Algumas mudanças foram mais silenciosas: em 1976 morreu Mao Zedong e em 1978 a China adotou as primeiras medidas de liberalização econômica. Com isso o mundo havia mudado definitivamente, embora quase não se notasse naquele momento.

O episódio decisivo é sem dúvida a guerra de Yom Kippur de 1973, a partir da qual a Organização dos Países Exportadores de Petróleo (OPEP) decide impor um embargo aos países que apoiaram Israel. A medida afeta de imediato a Holanda, Portugal, Rodésia, África do Sul e, finalmente, o conjunto dos países europeus. O petróleo, que havia se mantido a um preço em torno de 2 dólares durante os trinta anos de expansão, pula em menos de dois anos para 12 dólares por barril (e subiria mais depois da revolução do Irã). A crise energética incide sobre o consumo e a produção nos países centrais e contribui para provocar uma crise financeira de grandes proporções. Os bancos começam a receber quantidades enormes de dinheiro, petrodólares são chamados na época, que os países produtores de óleo não podem investir nem colocar em uma Europa em crise. A opção é emprestar aos países da periferia, que estão encontrando os limites do modelo de desenvolvimento.

Nesse clima tenta-se articular formalmente o que será chamado, com mais entusiasmo que sentido prático, a Nova Ordem Econômica Internacional. Não se traduziu em nada concreto. À distância, é interessante precisamente por seu fracasso, porque marca o fim de uma época. Na ideia da Nova Ordem Econômica culmina uma breve evolução ideológica, que havia começado em 1964, com a integração da Conferência das Nações Unidas sobre Comércio e Desenvolvimento (UNCTAD), produto da experiência desenvolvimentista, e das críticas das teorias da modernização. A ideia básica era muito simples: as relações econômicas entre países são desiguais, beneficiam desproporcionalmente uns em detrimento dos outros.

Nas universidades, nesses anos, há formulações mais ou menos radicais da mesma tese: Fernando Henrique Cardoso, André Gunder Frank, Ruy Mauro Marini. Com frequência concluem que a única solução seria adotar um regime socialista. Na opinião internacional domina uma ideia muito mais moderada e, mesmo assim, diametralmente oposta ao que seria o sentido comum dez anos mais tarde. Em 1974, a Assembleia Geral das Nações Unidas adota a resolução 3.201, que pede o estabelecimento de uma Nova Ordem Econômica Internacional – é a maré alta do poder da OPEP, o fim da Guerra do Vietnã.

No esboço, há cinco linhas principais. Primeiro, procurar uma estabilização dos preços dos bens exportados pelos países periféricos, para deter a deterioração histórica dos termos de troca. Impor um sistema de tarifas preferenciais para os países em desenvolvimento, especialmente os mais pobres. Adotar mecanismos que favoreçam a transferência efetiva de tecnologia para países em desenvolvimento. Renegociar a dívida externa dos países mais pobres. Melhorar os mecanismos de proteção comercial para acelerar a industrialização.

A visão que orienta a ideia da Nova Ordem Econômica Internacional pressupõe que há uma responsabilidade compartilhada da comunidade internacional na promoção do desenvolvimento e que interessa a todos acabar com a pobreza. Supõe que os instrumentos políticos são eficazes para isso e que os países mais pobres devem ser favorecidos sistematicamente: no comércio, investimentos, créditos, recursos tecnológicos. Com esse espírito, foi formado o Grupo de Pessoas Eminentes, em 1974, para elaborar um código de regulamentação das multinacionais a fim de facilitar a transferência de tecnologia, promover o reinvestimento dos lucros nos países em que são gerados e limitar a repatriação de lucros. E com esse espírito também foi criada, em 1977, a Comissão Brandt, para o estudo das relações Norte-Sul. A Comissão elaborou um primeiro relatório no qual recomendava revisar os termos de troca, regulamentar as empresas multinacionais, reorganizar o sistema monetário internacional e reduzir os subsídios agrícolas dos países centrais.

Não é preciso insistir muito nisso para vermos que as ideias, todas, são antípodas do programa neoliberal. Nunca foram vistas com simpatia pelos governos dos países centrais, que votaram contra todas as resoluções apresentadas com esse propósito, em qualquer fórum. Mas era a linguagem habitual dos organismos multilaterais nos anos 1970. Tudo isso teve um final abrupto na Cúpula Norte-Sul de Cancún, em 1981.

O fim do keynesianismo

Os anos 1970 transcorrem nesse clima de instabilidade: protestos, greves, recessão econômica, violência, terrorismo. E o keynesianismo das três décadas anteriores é rapidamente desacreditado.

Convém explicar um pouco. O pensamento de Keynes é complexo, matizado, cheio de ressalvas e precauções. Suas recomendações de política eram geralmente prudentes, limitadas, cheias de reservas. Entre suas notas características está a convicção de que a análise econômica não pode prescindir de considerações morais (uma frase, sobre as reparações exigidas à Alemanha no Tratado de Versalhes: "Reduzir a Alemanha à servidão durante uma geração, degradar a vida de milhões e privar uma nação inteira de toda felicidade deveria ser detestável por si só, mesmo se isso nos enriquecesse"). Também a convicção de que na economia há incerteza, e não apenas riscos: quer dizer, que há algo fundamental, impossível de calcular.

O consenso keynesiano das décadas de 1950 e 1960 tinha o propósito central de proteger a maioria das flutuações mais fortes do mercado. Isso mediante uma rede de proteção, gastos sociais, bens públicos, começando pela saúde, e uma política anticíclica para manter o nível de emprego. Tudo se tornou complicado, duvidoso, quando a crise dos anos 1970 começou a piorar. Não era mais possível manter o emprego, nem a rede de proteção. Não havia dinheiro suficiente, e as medidas usadas durante tanto tempo não funcionavam mais. A administração da demanda agregada mediante a expansão monetária começou a ser contraproducente: crescia a inflação, caíam os salários reais, a moeda era desvalorizada, começava uma espiral de aumento de preços e salários e a economia continuava estancada de todos os modos.

Simplesmente o modelo parou de funcionar. A reação não foi produto de uma elaboração conceitual, isso viria depois, mas do pragmatismo mais comum: era preciso fazer algo, e logo.

O programa neoliberal tinha uma alternativa pronta com o brilho do novo, elaborada em algumas universidades, fundações, centros de estudo, patrocinada por algumas figuras de renome. Seu ponto de partida era uma crítica às políticas keynesianas, pensada desde os anos 1930 – a velha batalha de Hayek, de Mises. E oferecia um horizonte radicalmente diferente: um programa econômico completo, com outras bases, uma crítica muito incisiva da ordem institucional, das inércias e das consequências imprevistas, deletérias, do Estado de bem-estar, além de uma explicação geral da crise que parecia se enquadrar bem com os fatos. Mas, além disso, havia uma afinidade do neoliberalismo com o espírito radical, rebelde, dos anos 1970, que o tornará especialmente atraente. Talvez seja a peça-chave para entender o que vem depois.

De São Francisco a Cuernavaca, Sibéria e Paris

A crítica do Estado e da burocracia é possivelmente o motivo cultural característico da década de 1970. Nela coincidem movimentos de tradições muito diferentes.

Não é uma novidade na direita empresarial, que sempre teve uma atitude bem crítica em relação a impostos, regulamentação, intervenção do Estado na economia; a estagnação dos anos 1970 só aumenta o peso, a urgência, talvez também a rispidez das acusações. E o neoliberalismo articula essa crítica, já bastante velha, em um programa intelectualmente coerente, que se resume na defesa do mercado. A novidade é que coincidem, nessa denúncia do Estado, das burocracias, da regulamentação e em defesa da liberdade, alguns dos movimentos contestadores dos anos anteriores. A intenção é diferente, claro. O propósito é diferente. Mas a coincidência é inquestionável: o Estado é o grande inimigo.

Nos países centrais: na França, Reino Unido, Estados Unidos, os movimentos de protesto da juventude nos anos 1970 têm uma forte tendência individualista. Foram explicados de muitas maneiras, não é preciso insistir muito nisso. Eram, entre outras coisas, expressões da inconformidade de uma nova geração com os estudos universitários, o acesso a um mundo de consumo inimaginável para seus pais, com infinitas possibilidades – e muitas regras. Em defesa da liberdade, os jovens dos anos 1960 percebem que o inimigo mais visível era o Estado, o governo, que se manifesta concretamente como autoridade universitária: são os professores, a disciplina da sala de aula. E depois a polícia, as leis em geral. Não é estranho.

Serve de exemplo, um entre muitos possível, Paul Goodman. Psicólogo, sociólogo, um intelectual público bastante prolífico, original, um dos referentes do movimento estudantil dos anos 1960 nos Estados Unidos. Seus livros mais conhecidos: *Growing up Absurd* [Crescendo absurdo] (1960), *The Community of Scholars* [A comunidade de acadêmicos] (1962), *The New Reformation* [A nova reforma] (1970), são basicamente uma denúncia da alienação dos jovens na sociedade industrial e uma crítica geral, demolidora, do sistema educativo. O argumento central é conhecido: qualquer máquina de educar é "antieducacional", é antinatural, detém e distorce o crescimento dos jovens e impõe a eles uma vida sem sentido. A ideia desemboca, como é lógico, com a proposta de suprimir a educação média e substituir as escolas por educação incidental, no trabalho, ou no exercício de uma profissão. Não aprender em uma classe, onde realmente não se aprende nada, mas fazendo as coisas, na prática.

A crítica de Goodman, como a dos estudantes depois, é geral, referindo-se a todo o mundo da sociedade industrial. A guerra, claro, a destruição do meio ambiente, a feiura das cidades, o vazio da vida comunitária, a má qualidade dos serviços públicos. Mas o objeto principal, o primeiro com o qual tropeçam, como representação do Sistema inteiro, é a escola, logicamente, que se transforma em modelo, arquétipo de todas as instituições.

O radicalismo tende a misturar tudo, porque tudo termina sendo igualmente condenável. A escola representa a autoridade: vertical, espúria, endurecida, e além disso imediatamente presente, em cada sala de aula. A denúncia da autoridade arbitrária e injustificada da escola desemboca diretamente na denúncia da burocracia, e para começar a burocracia pública, que é a mais visível, e na denúncia de todas as instituições, mas especialmente o Estado, que é a mais óbvia e a mais abertamente coercitiva. Goodman diz, meio brincando, que é um conservador neolítico. E defende, quando articula programaticamente, uma versão particular do anarquismo. Seu argumento é muito claro: na grande maioria dos assuntos humanos, a coerção, a direção vertical, a autoridade central, a burocracia, o planejamento, o Estado causam mais mal do que bem. A conclusão é óbvia. Goodman resiste em aceitar qualquer forma de governo não porque pense que os homens são bons, mas porque não são, e portanto não é sensato conferir a ninguém autoridade sobre o próximo (não deixa de afirmar que os indivíduos que ocupam posições de autoridade tendem a ser mais estúpidos que o resto, porque perdem o contato com a experiência comum).

É o espírito dos anos 1960, perfeitamente reconhecível. Mas em tudo isso também há um eco de Hayek, bem como de Buchanan.

Outro exemplo, que mostra muito bem a afinidade entre esse radicalismo juvenil, antiautoritário com o programa neoliberal: Ivan Illich. Entre 1960 e 1976, em Cuernavaca, no CIDOC, são publicados os cinco panfletos que constituem o mais importante de sua obra: *Alternativas, La sociedad desescolarizada, Energía y equidad, La convivencialidad* e *Némesis médica*. É um novo tipo de radicalismo, com o espírito dos anos 1960, inimigo de todas as instituições, de todas as formas de organização, regulamentação e disciplina da vida cotidiana. Em seu caso, como no de Paul Goodman, e muitos outros, o Estado termina sendo a cara mais visível, a primeira e, portanto, a mais fácil de criticar. E por isso Ivan Illich mira as instituições públicas.

Nas sociedades modernas, diz, a saúde, a educação, a criatividade se confundem com a atividade das instituições que dizem servir a esses fins. E por isso o resultado é que não existe uma educação verdadeira, nem saúde verdadeira, nem criatividade. As burocracias do bem-estar têm a ambição de criar um monopólio profissional, político e financeiro sobre a imaginação social e reivindicam o direito de estabelecer normas sobre o verdadeiro, o necessário, o viável.

A mais popular das críticas de Ivan Illich, a de maior alcance, e que teve várias elaborações posteriores, é a da escola. Sua explicação é mais ou menos a seguinte. A escola traduz o ensinamento em uma mercadoria monopolizada pelo mercado, porque consegue identificar educação com certificação. Esse monopólio beneficia basicamente os sindicatos de professores que, com razão, sempre se opõem às escolas livres, aos professores não titulados, que se tivessem permissão poderiam concorrer oferecendo educação e não apenas certificados. A escola, além do mais, se apropria do dinheiro, das pessoas e da boa vontade disponíveis para a educação, e desalenta com isso outras instituições que poderiam se encarregar de tarefas educativas. Aos olhos dele, a solução não oferece dúvidas. É necessário abrir o mercado, multiplicar as oportunidades de aprendizagem, oferecer incentivos para aqueles que estiverem qualificados compartilharem seu conhecimento – embora isso vá contra os interesses das associações profissionais e dos sindicatos.

Às vezes dá a impressão de estar lendo Hayek. É o mesmo impulso: iconoclasta, liberal, individualista, que em Ivan Illich tem tonalidades de rebeldia esquerdista, e em Hayek é inequivocadamente conservador. A coincidência é inquestionável e fundamental.

Nos Estados Unidos esse radicalismo vagamente anarquista se encontra com uma tradição libertária, à qual pertencem figuras mais ou menos extravagantes, como Alfred Jay Nock ou Frank Chodorov, inclusive Murray Rothbard e, mais tarde, Alfred Nozick. No resto do mundo, é um estilo que encontra ressonâncias na Internacional Situacionista de Guy Debord, por exemplo.

A última peça, a que faltava para que a crítica do "establishment" fosse basicamente uma crítica do Estado, sem exceções, era o descrédito definitivo da União Soviética e do projeto socialista. Também se cristalizou nos anos 1970. A decadência foi mais ou menos longa, discutida, mas a guerra cultural estava perdida desde esse momento. Na verdade, pode-se colocar uma data com exatidão: com a publicação de *Arquipélago Gulag*, de Alexander Solzhenitsyn, em 1973. Para toda uma geração de universitários, acadêmicos e intelectuais europeus, e especialmente os franceses, o livro foi decisivo. Ninguém poderia, daí em diante, defender a URSS de boa-fé, sem fazer todo tipo de exceção – o que tornava a defesa irrelevante.

O Estado de bem-estar ocidental oferecia de repente a imagem equivocada de Watergate e da Guerra do Vietnã, da CIA, dos assassinatos na prisão de Stuttgart-Stammheim, do estranho *affaire* Moro, e o Estado socialista era o Gulag: não tinha como defender. Nos países da periferia, onde o Estado podia ser identificado com a figura de Nehru, Nasser, Cárdenas, Sukarno, Perón ou Léopold Sédar Senghor, o movimento foi um pouco mais lento. Mas chegaria a todos os lados.

Incipit vita nova: outro horizonte cultural

Esse radicalismo ambíguo deixado como herança dos anos 1960, junto com o auge do neoliberalismo, contribui para configurar o que poderia ser chamado de "molde cultural" do Ocidente nas décadas seguintes. As afinidades não são triviais. A nova esquerda, como assinalou Tony Judt, abandona logo as questões clássicas da desigualdade, distribuição de renda, produção de bens públicos e se concentra em preocupações individuais: liberdade, autenticidade, os temas dos estudantes universitárias dos anos 1960 e pouco a pouco se desviam para a defesa do direito à diferença.

O traço básico desse molde cultural nos países centrais deriva de duas tendências maiores. A primeira, resultado do movimento pelos direitos civis nos Estados Unidos, resultado do feminismo também, é um movimento em direção a uma maior igualdade formal, juridicamente protegida, contra qualquer forma de discriminação por motivos de gênero, de origem étnica, religião. A segunda, sequela do entusiasmo meritocrático dos novos universitários e do progresso do programa neoliberal, é uma justificativa aberta e explícita das desigualdades, em sociedades nas quais a renda começa de novo a se concentrar. O resultado das duas coisas em conjunto é um renovado e exacerbado individualismo. E um novo eixo para o consenso ideológico, na oposição entre a igualdade de oportunidades, pela direita, e o direito à diferença, pela esquerda.

Resumindo, o neoliberalismo herda muito do espírito dos protestos juvenis, e em boa medida sua vitalidade depende disso, de que seja capaz de manter um ar contestador. Importa ter isso em mente. Seu programa é fundamentalmente conservador, inclui muitos dos temas mais clássicos da direita empresarial: livre-mercado, controle do déficit, redução do gasto social. No entanto, nos anos 1970 e 80 é um movimento de oposição, rebelde, inimigo da ordem estabelecida, um movimento de protesto contra o Estado, contra a burocracia, os sindicatos, a classe política, contra todos os parasitas do sistema do pós-guerra.

Em seu momento, a denúncia acaba sendo muito verossímil. O Estado de bem-estar é a ordem estabelecida, sem dúvida. E favorece sindicatos, funcionários, políticos. Não é preciso muito para que pareça que contra eles estão os simples indivíduos, cuja vida está permanentemente limitada, regulada, vigiada. Mas o interessante é que vai conservar esse ar juvenil e contestador nas décadas seguintes. A explicação não tem muito mistério: na medida em que o Estado não desaparece, e não vai desaparecer, nem os impostos, nem os sindicatos, nem a regulamentação da economia, nem os serviços públicos, sempre será possível estar na oposição e denunciar os vagabundos, exigir menos impostos, menos leis, menos burocratas, menos gasto.

Na linha de Hayek, de Mises, há uma inclinação muito característica de propor soluções impossíveis, extremas: eliminar o imposto sobre a renda, privatizar a cunhagem da moeda, suprimir a regulamentação de remédios, o que for. Com a consequência de que sempre há algo a ser feito, a liberalização é sempre insuficiente e o sistema estabelecido insiste em preservar privilégios, distribuir renda e favorecer seus parasitas. Os neoliberais dos anos 1990, e do novo século, são sempre jovens rebeldes nas ruas de Paris, pedindo o impossível.

A retórica aproveita um filão antipolítica que sempre está presente nas sociedades modernas e mantém uma inclinação populista que costuma ser muito eficaz. Já está presente na obra de Mises, também na de Friedman, em políticos como Margaret Thatcher. A linha de argumentação é muito simples: os burocratas reivindicam o direito de decidir como as pessoas devem viver, o que devem consumir ou como devem educar seus filhos; contra isso, a receita neoliberal é clara, óbvia, transparente, que as pessoas decidam, que os consumidores decidam, que ninguém se meta na sua vida. É um programa simples, convincente, acessível ao sentido comum de qualquer pessoa.

Vamos voltar um pouco. A crise dos anos 1970 tem muitas arestas e parece piorar sem remédio conforme a passagem do tempo. O fim do sistema monetário do pós-guerra, a desvalorização do dólar, o embargo do petróleo, a recessão na Europa. As políticas convencionais não parecem ter nenhum efeito, certamente não positivo: aumenta o déficit público enquanto persiste a estagnação e aumenta a inflação. Os protestos se intensificam em todos os lados. As imagens da década são de gente na rua, manifestações e repressão da polícia, gases lacrimogêneos, o mesmo em Londres, em Santiago do Chile, na Cidade do México, em Paris. A comissão Trilateral publica um famoso relatório para anunciar o risco de ingovernabilidade das democracias, já que os eleitores sempre pedirão mais, de maneira irresponsável, e os políticos ficarão tentados a oferecer.

Nessas circunstâncias, o neoliberalismo pode oferecer uma saída já elaborada, mais ou menos completa, que aponta culpados concretos, e medidas práticas relativamente fáceis de entender. É o momento de maior sucesso de Milton Friedman: sua crítica da gestão da Curva de Phillips explica como e por que podem aparecer simultaneamente desemprego e inflação. Pelo menos é possível começar a entender algo. Na verdade, o monetarismo estrito de Friedman teve uma vigência muito curta, só foi adotado brevemente pela primeira equipe econômica de Margaret Thatcher. Dali em diante, o controle da inflação será feito através da determinação das taxas de juros, e não da massa monetária. Mas essa é outra história.

O sucesso de Friedman é o toque de alvorada. O programa era muito mais amplo. A ideia básica é inquestionável: as políticas keynesianas de gestão da demanda agregada produzem desemprego e inflação, déficit público, baixa produtividade, de modo que é preciso ir em sentido contrário. Isso significa controle monetário rigoroso para manter a estabilidade de preços, orçamento público equilibrado e busca sistemática das soluções de mercado, que sempre serão mais eficientes, em vez de beneficiar grupos de rentistas que se aproveitam do Estado.

As mudanças começam nesses anos. Nos Estados Unidos houve uma primeira tentativa fracassada de estabelecer um limite constitucional para o gasto público, mediante a Proposta Um, da Califórnia, com Ronald Reagan como governador. Nos anos seguintes avança, e cada vez mais rápido, a desregulamentação dos mercados de energia, telefones, aviação, do serviço postal, das taxas de juros dos cartões de crédito. O ponto de viragem foi

1979. O presidente James Carter pede a Paul Volcker, do Federal Reserve, medidas extraordinárias para controlar a inflação. Volcker decide um drástico aumento das taxas de juros – o que ficou conhecido como o "choque Volcker". Claro, o crescimento da inflação foi freado, mas também a relação entre credores e devedores terminou invertida, no mundo todo.

Em anos de baixos juros nominais e alta inflação, como foram os 1970, a taxa de juros real havia chegado a ser negativa. Altas taxas de juros com inflação baixa, por outro lado, significam maiores lucros para os credores. O aumento foi súbito: a 2%, depois para 7%, 9%, até chegar a cerca de 20% reais em 1981.

A consequência de maior alcance foi o impacto do choque sobre a dívida dos países periféricos, que havia aumentado entre outras coisas pelo esgotamento do modelo de industrialização e a urgência dos bancos em colocar petrodólares. O resultado foi a crise global da dívida, anunciada dramaticamente pelo caso mexicano. É uma história conhecida. Nos anos seguintes, o Banco Mundial e o Fundo Monetário Internacional (FMI) participam na renegociação da dívida da maioria dos países do sul. Em todos os casos, a ajuda estava condicionada à adoção do que se chamou Programas de Ajuste Estrutural, que basicamente impunham o programa neoliberal: diminuição do gasto público, redução do déficit, controle da inflação, privatização de ativos públicos, abertura comercial.

Tudo isso teve um primeiro ensaio geral, no Chile.

Chile: terceira chamada

A história já foi contada muitas vezes, é literalmente emblemática. Mas vale a pena dar uma repassada, em dois parágrafos. O neoliberalismo não chegou ao Chile com Pinochet e não foi imposto imediatamente com o golpe de Estado que derrubou Salvador Allende, em 11 de setembro de 1973. O processo havia começado muito antes e seria concluído muito depois.

Nos anos 1950, o governo norte-americano inaugurou um programa de bolsas para favorecer a modernização dos estudos econômicos na América Latina. Como parte desse programa, em 1956 foi assinado um acordo entre a Universidade Católica do Chile e o departamento de economia da Universidade de Chicago, para promover o intercâmbio de estudantes. A Fundação Ford concedeu para isso um financiamento de 750 mil dólares, durante dez anos. Nas décadas seguintes se formaram em Chicago mais de 150 estudantes chilenos, entre eles: Patricio Ugarte, Julio Chaná, Álvaro Bardón, Carlos Massad, Jorge Cauas.

Havia no Chile, além disso, alguns membros da Sociedade Mont Pèlerin: Hernán Büchi, Carlos Cáceres, Cristián Larroulet, Sergio de Castro, José Piñera, Rolf Lüders. A partir desse grupo, com os economistas chegados de Chicago, foi articulado um programa neoliberal chileno desde os anos 1960. Como o resto do mundo, foram criadas fundações e centros de estudo para traçar políticas concretas. Agustín Edwards criou o Centro de Estudos Sociais e Econômicos no final dos anos 1960, dedicado a combater a economia mista. Mais tarde foram formados o Club de los Lunes e a Hermandad Naval, onde tomaram forma as ideias que orientariam a política econômica do governo militar dos anos 1970. Quer dizer, não foi uma improvisação em nenhum sentido.

O programa neoliberal só foi colocado em prática de modo sistemático a partir de 1975, quando os partidários mais radicais ganham influência na junta. É conhecido o programa de choque que Milton Friedman recomendou, como opção imediata: recorte do gasto público, liberalização comercial e desregulamentação do setor financeiro. A ditadura oferecia o cenário ideal para adotar medidas radicais: com sindicatos e partidos políticos proibidos, era possível colocar em prática medidas que em outras circunstâncias teriam acabado com qualquer governo.

O Chile se transformou em um laboratório, interessante para muitos economistas. Friedman visitou pessoalmente Pinochet em 1975, James Buchanan e Gordon Tullock eram convidados frequentes, o próprio Hayek esteve em 1981. Esse foi o momento de glória do neoliberalismo chileno, o do primeiro auge produzido pela liberalização – quando os responsáveis se chamavam orgulhosamente "Chicago boys" e se definiam como neoliberais. A reunião da Sociedade Mont Pèlerin em 1981 foi realizada em Viña del Mar, houve na tribuna calorosos elogios para o Chile, como modelo: culminava o "milagre chileno".

Em uma entrevista famosa publicada em *El Mercurio*, no dia 9 de abril de 1981, Friedrich Hayek explicou bem seu ponto de vista: evidentemente – disse – as ditaduras implicam riscos. Mas uma ditadura pode se autolimitar, e se ela se autolimita pode ser mais liberal em suas políticas que uma assembleia democrática que não tiver limites. A ditadura pode ser a única esperança, pode ser a melhor solução apesar de tudo.

A implicação era clara, ninguém precisava de mais explicações: era o caso do Chile. Havia sido necessário sacrificar temporariamente a democracia para consolidar a liberdade econômica. E em 1981 isso estava sendo festejado.

As coisas começaram a dar errado no ano seguinte. As empresas chilenas tinham se endividado muito a partir do plano de choque, com o dinheiro barato de meados dos anos 1970, as privatizações tinham induzido uma espiral especulativa, e a liberalização comercial havia produzido um déficit na balança de pagamentos: o aumento das taxas de juros fez com que muitas indústrias declarassem falência. Nos anos seguintes, 16 das 50 instituições financeiras do país declararam falência, o BHC e o Banco de Santiago passaram a ser administrados pelo Estado e em 1983 três bancos tinham sido liquidados, e outros cinco tinham sido nacionalizados.

Como quase todos os países periféricos, o Chile teve que recorrer a empréstimos do Banco Mundial e do FMI, que exigiram em troca o compromisso de "normalizar" a propriedade dos bancos e acelerar a privatização das empresas públicas que ainda existiam. A partir de 1983, com essa exigência, o programa neoliberal ganhou novo impulso: foram privatizadas as indústrias do açúcar, aço, química, energia, aviação e telecomunicações. Viria depois outro auge. Quer dizer, em termos gerais, uma evolução com ciclos similares aos do resto do mundo, de auges, quedas e novos ajustes.

O caso do Chile é especialmente importante para a história do neoliberalismo por vários motivos. Porque foi o primeiro caso em que o programa foi experimentado em ordem, como política geral (embora houvesse reservas, sobretudo nos primeiros anos). Porque foi imposto a partir do manual: segundo se diz, foi uma reunião de quarenta minutos de Friedman com Pinochet que finalmente tomou a decisão. E porque era uma ditadura, chegada ao poder através de um golpe especialmente sangrento – quer dizer, estava nos limites do aceitável para a opinião internacional. Nesse sentido, a declaração de Hayek é muito interessante. Explica com clareza que não há uma afinidade especial entre as ideias neoliberais e a democracia. Mas que a escolha não admite dúvidas.

Nos textos do neoliberalismo é frequente falar de democracia em sentido metafórico, para se referir ao mercado. A democracia política é outra coisa. A constituição da liberdade, segundo a expressão de Hayek, exige que sejam colocados limites ao que se pode decidir democraticamente, porque é necessário deixar o mercado fora da política. Liberdade é liberdade econômica, e é a base de tudo. O resto pode se virar, não tem tanta importância.

Um mundo novo

Volto ao meu argumento. Os anos 1970 foram a década decisiva. Aí começa a transição cultural para a ordem da sociedade neoliberal. O detonador é a crise econômica, claro, mas contribui também a inércia do espírito rebelde dos anos 1960, os novos padrões de consumo, a derrota cultural do modelo soviético e o ativismo das fundações neoliberais; em conjunto, tudo isso produz o que seria chamado de "giro civilizatório", que daria origem finalmente a uma nova sociedade, intensamente individualista, privatista, pouco solidária, mais desigual e satisfeita, conformada com essa desigualdade.

As manifestações variam de um país a outro, mas é claro que em todos os lados estava esgotado o pacto social do pós-guerra, que sustentava o Estado de bem-estar, também o espírito otimista da descolonização. A partir de então, procura-se um novo modelo econômico: desconfia-se cada vez mais dos sindicatos, dos políticos, dos serviços públicos; normaliza-se o movimento de dinheiro para os paraísos fiscais, começa uma desindustrialização geral da Europa e um declínio sustentado dos salários médios, cujo máximo histórico é alcançado em quase todos os lugares em algum momento do começo dos anos 1970, e começa um novo ciclo de concentração da renda, um aumento da desigualdade.

É impossível saber com segurança por que se impôs finalmente o modelo neoliberal, mas não faltam razões para explicar. Anoto algumas, de acordo com a interpretação de David Marquand. Em primeiro lugar, oferecia uma resposta simples, clara, inequívoca, para todos os grandes problemas, que contrastava com a confusão e a obscuridade das explicações vigentes, e oferecia, além disso, uma explicação concreta e muito verossímil dos fracassos dos anos 1960 e 70. Em segundo lugar, seu lado populista terminava sendo especialmente atrativo em tempos de crise: contra a política, contra as negociações opacas, contra os interesses criados de corporações, associações profissionais, sindicatos, propunha a simplicidade cristalina do contrato, do mercado, da decisão dos consumidores.

Adicionalmente, o programa neoliberal prometia solucionar o problema da ingovernabilidade impondo a todos a disciplina do mercado para que cada um obtivesse o que merecesse. Por último, e não é pouca coisa, o neoliberalismo tem afinidades óbvias com o novo "privatismo" da época, derivado por um lado do individualismo dos anos 1960, com sua ênfase na autenticidade, na expressão individual, e por outro, dos novos padrões de consumo e da importância do consumo para a definição da identidade.

Entre os sucessos mais notáveis, no plano propriamente ideológico, está a interpretação do significado da crise dos 1970, a que seria a versão dominante durante as décadas seguintes. A operação é muito simples, consiste em identificar em bloco a crise com o Estado de bem-estar e com algo que se chama keynesianismo. Claro, as políticas que foram ensaiadas nesses anos fracassaram na tentativa de reativar a economia, reduzir o desemprego e, claro, a interpretação mecânica do nexo da curva de Phillips ficou completamente desacreditada. O interessante é o salto lógico, a partir daí. O interessante é que o juízo se estende ao conjunto das ideias de Keynes, e outras semelhantes, à própria ideia do Estado de bem-estar (como indício, nas universidades praticamente desaparece a macroeconomia de tradição keynesiana, e a versão neoclássica da microeconomia acaba sendo identificada com a própria disciplina).

Em todos os lados, a crise fica como advertência do que não deve acontecer novamente, das políticas que não devem se repetir, porque têm consequências catastróficas. No México, a ideia costuma ser resumida com a expressão "a dúzia trágica", que compreende os governos de Luis Echeverría e José López Portillo (1970-1982), as últimas tentativas do nacionalismo revolucionário. Acontece algo parecido no mundo todo. Não apenas as medidas keynesianas em sentido estrito, mas qualquer tentativa de política anticíclica, de ampliação da demanda agregada, de geração de emprego, termina sendo imediatamente suspeita. A resposta, no automático, é que isso "já foi tentado" e que já ficou demonstrado que não funciona.

A partir de então, qualquer proposta de política mesmo minimamente heterodoxa significa voltar ao passado.

Imagino que não é difícil ver o caráter ideológico da interpretação. Não apenas porque seja uma explicação injusta, abusivamente reducionista, tanto do keynesianismo quanto da crise. Mas, sobretudo, pelo pressuposto implícito de que nada mudou fundamentalmente daquele momento até agora, porque o mercado é sempre a mesma entidade, de funcionamento inalterável. Bem: é claro que não. Na verdade, diante da urgência da crise de 2008, os governos mais liberais recorreram a políticas anticíclicas que não produziram nenhuma catástrofe. Mas essa história será contada mais à frente.

4. A OFENSIVA

Sem dúvida, o próximo é o capítulo mais conhecido da história do neoliberalismo: os anos 1980, os governos de Thatcher e Reagan, a queda do Muro de Berlim. É frequente, na verdade, que esse tempo seja tomado como símbolo, ou resumo, do movimento neoliberal em seu conjunto. É impreciso, enganador. O que pode ser chamado de grande ofensiva dos anos 1980 é, na verdade, a culminação de um processo muito longo – o que tentamos delinear nas páginas anteriores.

Essa história importa, além disso, porque permite entender as nuances, as variações dentro do que, com justiça, se chama neoliberalismo. Porque é um movimento intelectual amplo, já vimos, de várias décadas, que alcança quase todos os campos da atividade humana, e que inclui desacordos bem significativos, em assuntos de peso.

Margaret Thatcher, o projeto

Vamos começar, então, dizendo que Ronald Reagan e Margaret Thatcher, neoliberais de manual, aliados, com numerosas afinidades e uma indiscutível simpatia mútua, tinham programas de governos com diferenças que não eram triviais.

Margaret Thatcher assumiu o governo do Reino Unido, como primeira-ministra, em maio de 1979. Chegou depois de uma década longa de estancamento produtivo, alta inflação, protestos, greves, agitação sindical. Representava uma postura relativamente marginal dentro do Partido Conservador, muito mais próxima aos centros de estudos neoliberais: era assídua frequentadora do Institute for Economic Affairs, de Arthur Seldon e Anthony Fisher, e entusiasta da obra de Hayek. Coisas um pouco excêntricas nesse momento. É conhecida a história de que em uma ocasião colocou ordem em uma reunião de dirigentes partidários para definir o programa de governo batendo na mesa com um livro: estas são as ideias que quero colocar em prática. O livro era *A constituição da liberdade*, de Friedrich Hayek.

Chegou com ela ao governo um conjunto de analistas provenientes das fundações neoliberais. Não apenas alienou uma parte da classe política conservadora nesses primeiros anos, mas também a maioria dos economistas das universidades britânicas. Em 1981, um grupo de 364 economistas, encabeçado por Robert Neild e Frank Hahn, publicou uma carta aberta criticando a política de Thatcher. Resumindo, diziam que não havia nenhum fundamento para pensar que a economia se regulamentaria por si mesma e voltaria ao equilíbrio simplesmente controlando a oferta monetária (a ideia central de Friedman naqueles anos). Diziam que o programa de Thatcher aprofundaria a recessão e aumentaria ainda mais o desemprego. É interessante repassar a polêmica, trinta anos depois, e contrastar o que foi dito com a evolução da economia britânica. Em qualquer caso, os argumentos dos críticos não afetaram muito, nada na verdade, a política do governo.

O programa econômico de Thatcher incluía todos os elementos que compõem a imagem-padrão do neoliberalismo: redução de impostos, redução do gasto público, supressão de regulamentações, privatização de empresas públicas. Ou seja, segundo uma fórmula simples (também enganadora), menos Estado e mais mercado. Mas nos interessa sobretudo reforçar sua singularidade.

Em primeiro lugar, ao contrário de Ronald Reagan, Thatcher tinha como preocupação central, a primeira, o controle da inflação. Obedecia, nesse sentido, à tese monetarista de Milton Friedman. Em duas frases, Friedman argumentava que a inflação não era em última instância culpa dos sindicatos, nem dos preços do petróleo, mas da oferta monetária. Nada mais. De modo que era possível controlar a inflação somente controlando a massa monetária. Dito em termos simples, com menos dinheiro circulando, os preços e a inflação iam baixar. Era claro que essa compressão monetária provocaria desemprego (menos dinheiro, menos consumo, menos produção: menos emprego). Mas a ideia de Friedman, já vimos, era que a economia recuperaria automaticamente seu ritmo de atividade e o desemprego voltaria logo à sua "taxa natural".

O governo de Thatcher adotou a estratégia sem reservas, propôs uma rápida contração monetária, com objetivos rígidos, definidos no que se chamou Estratégia Financeira de Médio Prazo (*Medium Term Financial Strategy*). Para sustentar os propósitos da política monetária e reforçar sua credibilidade, no orçamento de 1981 propôs uma redução do déficit público de 3 bilhões de libras, equivalente a 2,5% do PIB. A redução geral do gasto nesse ano, para alcançar o objetivo de déficit, foi de 4,9% do produto.

O primeiro resultado, também se sabe, foi que o estancamento econômico continuou por mais dez anos e o desemprego se manteve entre 10% e 12%.

O segundo ingrediente do thatcherismo foi uma agressiva campanha de privatização de empresas e ativos públicos. Nesses anos foram privatizadas: *British Petroleum, British Gas, British Steel, British Aerospace, British Telecom, British Airports Authority, British Rail, Associated British Ports*, a *National Freight Corporation*, usinas de energia, de água. Muitas delas foram vendidas a preços deliberadamente reduzidos, para que os novos proprietários pudessem investir na melhoria da infraestrutura.

A decisão mais conhecida, a mais popular também, no programa de privatizações, foi uma grande venda de casas de propriedade pública. Os conselhos locais de governo tinham poderes para decidir a construção e administração de moradias de propriedade pública, vários milhões no conjunto do Reino Unido. A equipe do governo de Thatcher estava convencida de que esses órgãos eram por definição ineficientes, incapazes de atender às necessidades dos inquilinos: foi decidido por isso incluí-los no processo de planejamento, e finalmente, na Lei de Habitação de 1980, foi autorizado que comprassem sua casa, a partir de uma determinada antiguidade do contrato de aluguel. Ao redor de 250 mil casas foram adquiridas por seus inquilinos sob este esquema, e foi formada uma sólida classe de novos proprietários. Mas a medida também afetou aqueles que não eram capazes de comprar a casa que estavam alugando nas zonas residenciais e que foram obrigados a mudar para outros bairros. É um exemplo para livros didáticos sobre como usar o Estado, e os recursos públicos, para criar mercados – com um sucesso notável.

Ao contrário de Reagan nisso também, Margaret Thatcher desconfiava das instituições do poder local. O recurso de controle mais óbvio, e finalmente o mais eficaz, foi submetê-los mediante a disciplina do mercado: alinhado com o imperativo básico da privatização. A partir de 1988 tornou-se obrigatório que as autoridades locais contratassem externamente, com empresas privadas, todos os serviços possíveis. E com isso, obviamente, foi reduzida sua margem de discricionariedade.

Outro dos objetivos prioritários foi a redução do poder dos sindicatos. Era um dos temas recorrentes de Hayek, no qual era especialmente enfático: o principal obstáculo para preservar a economia de mercado, e a eficiência do mecanismo dos preços, dizia, é o monopólio sindical. Depois da experiência dos anos 1970, Thatcher não teve dúvidas. O confronto foi iniciado por uma série de iniciativas legais e explodiu finalmente em 1984, quando o *National Coal Board* decidiu fechar quatro das 174 minas de carvão do Reino Unido e demitir 20 mil dos 187 mil trabalhadores. O golpe era relativamente pequeno. Mas o conflito tinha outros referentes, outro alcance, e o sindicato declarou greve em março de 1984.

Era um desafio que, certamente, as duas partes queriam para medir forças. Algumas besteiras fizeram com que terminasse sendo mais fácil para o governo conseguir que a greve fosse declarada ilegal. Thatcher optou por ir até as últimas consequências, sem ceder nada. Não admitiu nenhuma das demandas. Ela se referia aos mineiros como o "inimigo interno", com a mesma linguagem com que havia falado antes do inimigo exterior durante a Guerra das Malvinas. Finalmente, os trabalhadores tiveram que se render, em 1985. O conflitou deixou perdas de mais de 1,5 bilhão de libras e significou o princípio do fim do sindicalismo do século XX. Naquele ano foram fechadas 25 minas de carvão, em 1992, outras 97, e as restantes foram privatizadas em 1994.

O cansaço da opinião pública, a irritação pelas greves constantes, que tinham provocado a queda de mais de um governo, permitiram que a nova legislação trabalhista fosse aprovada sem muita controvérsia. Mas o fim do velho sindicalismo também obedecia ao novo sistema produtivo. Era impossível parar a desindustrialização. A nova política não podia tornar mais rentáveis nem as minas nem as fábricas inglesas. Ou seja, era preciso uma reorganização da economia. A alternativa foi impulsionar o mercado financeiro. A grande maioria das regras e restrições que governavam o mercado financeiro da City de Londres foram suprimidas de uma vez, em 27 de outubro de 1986, no que ficou conhecido como o Big Bang. Imediatamente se transformou novamente em um dos principais centros financeiros do mundo – era outro mundo, a greve dos mineiros de carvão ficou para trás rapidamente.

Ainda há outro ponto do thatcherismo que é importante remarcar: seu programa moral.

A privatização dos ativos públicos deu renda adicional ao governo nesses primeiros anos e isso, junto com a redução do gasto público, permitiu reduzir os impostos sem ter déficit. Por isso, o problema do gasto, e dos serviços públicos, não era para Margaret Thatcher uma questão puramente econômica, de equilíbrio fiscal. Segundo sua expressão: a economia é o método, o objetivo é mudar o coração e a alma das pessoas. Não é pouco. Revela uma dimensão muito importante do neoliberalismo inglês dos anos 1980. Thatcher queria restaurar as virtudes sóbrias e exigentes do passado, de um passado vitoriano vagamente idealizado.

O espírito de empresa, a confiança em si mesmo, a autoestima, a capacidade de sacrifício, essas eram as virtudes vigorosas de outro tempo, a base de uma economia próspera, fundamento do *ethos* do pequeno proprietário: o homem prudente, bom marido, provedor, que se preocupa pelo futuro de sua família e de sua empresa, e economiza, e acumula capital.

É claro que os sindicalistas não participam desse universo moral. Tampouco aqueles que dependem da assistência pública, do gasto social, e que, segundo a linguagem neoliberal, são vencidos pela preguiça e levam uma vida cômoda, despreocupada, parasitária. Mas há uma hostilidade especial de Thatcher, de seu programa, contra os funcionários do Serviço Público, porque todo o mundo deles encontra-se no lado oposto da ordem do mercado. O Serviço Público tende a ser mais consensual do que controverso, orienta-se por regras, procedimentos e práticas habituais e não pelo desempenho; além disso, os funcionários quase não enfrentam nenhum dos imponderáveis da vida, não têm concorrência, nem temor ao fracasso, desfrutam de segurança no emprego, aposentadorias, um sistema seguro de promoção; por tudo isso, a natureza da vida humana experimentada pela maioria das pessoas, com suas mudanças e ajustes drásticos, está distante da maneira de pensar deles.

É preciso dizer que o propósito pelo qual foi criado o Serviço Público, no Reino Unido como no resto do mundo, foi precisamente este. Tratava-se de gerar as condições em que fosse possível dar prioridade ao interesse público – sem concorrência, sem incerteza sobre o emprego, sem a preocupação exclusiva com a lucratividade etc. Essa é a ideia rechaçada pelo neoliberalismo. Porque não admite que exista o interesse público, nem que os funcionários obedeçam a outras motivações, a não ser ao interesse pessoal e egoísta. Simplesmente, o sistema permite que sejam rentistas e além disso oferece um álibi a eles.

Duas frases muito conhecidas resumem muito bem a ideia de Thatcher, seu programa, e o espírito com que foi imposto: não há alternativa, a sociedade não existe. O parágrafo define o coração do programa neoliberal – com uma precisão muito característica. O parágrafo inteiro foi lido em seu funeral. É o seguinte:

> (...) muita gente pensa que se tem um problema, cabe ao governo resolvê-lo; as pessoas culpam a sociedade por seus problemas; mas a sociedade não existe (*there is no such thing as society*), existem homens e mulheres individuais, e existem famílias; os governos não podem fazer nada, a não ser através das pessoas, e as pessoas devem cuidar de si mesmas, cuidar de si mesmas primeiro.

O suporte é uma ontologia ingênua, uma simplicidade, na verdade, mas bastante eficaz, porque corresponde ao sentido comum mais básico. Efetivamente, se olharmos ao redor, não vemos a sociedade em nenhum lugar, materialmente não existe nada além de indivíduos. A fórmula naturaliza o indivíduo, a família, pela via mais rápida: são a única realidade.

A outra frase, em um registro muito parecido, é mais simples, um slogan e não muito original. Refere-se obviamente à sua política econômica:

não há alternativa (*There Is No Alternative*). Serve para destacar um traço característico do modo neoliberal: as decisões são impostas e se justificam com a autoridade indiscutível da Ciência. A alternativa é o caos (ou o descenso para o Gulag), quer dizer, é impensável, inadmissível. E o saber esotérico dos cientistas encontra a aquiescência de um público já acostumado à ideia de que é impossível imaginar sequer outra coisa. O resto é feito pelo espírito desapegado, algo irônico, típico do que se convencionou chamar de pós-modernidade: a convicção de que os grandes projetos, as grandes empresas não fazem sentido, que não existem fundamentos sólidos para nada, que não se pode confiar em nada que não seja mínimo, pessoal, imediato, fragmentário – nada que vá além da vida cotidiana.

Ronald Reagan, o impulso definitivo

Ronald Reagan não era um doutrinário. Tinha duas ou três ideias claras, muito simples, tinha também uma espécie de cegueira seletiva que permitia não ver os fatos desagradáveis, incômodos, e uma capacidade quase ilimitada para contagiar outros com seu otimismo. Sua chegada à presidência foi algo surpreendente, inclusive mais que o ascenso de Thatcher. Eram anos ruins para os Estados Unidos, já falamos disso: a derrota de Vietnã, o estabelecimento dos governos revolucionários em Angola, Moçambique, Nicarágua, Irã, a desvalorização do dólar, a difusão dos Papéis do Pentágono, Watergate. O partido republicano tinha, além disso, o obstáculo que era Richard Nixon, e estava profundamente dividido com relação a temas fundamentais. Ninguém poderia prever a reviravolta que significou a eleição de 1980.

De uma hora para outra, Reagan transformou o ânimo da sociedade estadunidense. Contagiou seu otimismo, seu espírito beligerante, sua fé nos valores americanos. E chegou à Casa Branca impulsionado por uma coalizão improvável de neoliberais, neoconservadores e nacionalistas. A poderosa imagem de Reagan, sua personalidade, contribuiu para que parecessem facetas de um mesmo fenômeno. A verdade é que as diferenças entre elas importam, e muito.

Apenas um esboço. O ramo neoliberal não precisa de maiores explicações, já estamos falando dele. É um desvio da tradição empresarial muito firme nos Estados Unidos, e seu programa podia ser imaginado facilmente: governo mínimo, redução de impostos, redução do gasto público, equilíbrio fiscal. Em sua vertente mais radical e mais teorizante está perto das posições libertárias. Friedman, por exemplo defende a despenalização das drogas. Em todo caso, é um movimento de espírito individualista, em parte herdeiro dos anos 1960.

O neoconservadorismo é outra coisa. É de origem mais intelectual, mas encontra eco sobretudo nas classes médias, na população branca urbana, em todos aqueles que se sentem ameaçados pela mudança cultural das décadas anteriores. O neoconservadorismo articula a nostalgia de um mundo passado e a transforma em um programa político. É um movimento amplo, de forte alento, produto de intelectuais como Irving Kristol, Norman Podhoretz, William Bennett, William Buckley e políticos como Newt Gingrich, mas inegavelmente tem ecos populares. Aspira sobretudo a restaurar os valores tradicionais: religião, família, trabalho. É intensa e agressivamente crítico do feminismo, das políticas de "ação afirmativa", e com o tempo também vai se opor ao ensino da teoria da evolução, dos casamentos de pessoas do mesmo sexo, da imigração.

A terceira vertente é o novo nacionalismo, um produto tardio da Guerra Fria, consequência da derrota de Vietnã. É uma reação contra o que é visto como uma nova agressividade da União Soviética, contra a tolerância do governo de James Carter, que permitiu as revoluções na Nicarágua e no Irã, uma reação contra a retórica dos Direitos Humanos e a ideia do Diálogo Norte-Sul. O programa dele é basicamente restaurar o poder estadunidense e estabelecer inequivocadamente a supremacia dos Estados Unidos. Tem afinidades com uma das vertentes do neoconservadorismo, que se distingue pela ênfase nos temas de política externa: Jeane Kirkpatrick, Donald Rumsfeld, Paul Wolfowitz.

Quando se pensa um pouco, acaba sendo evidente que as três coisas são incompatíveis. A intensa preocupação moral do neoconservadorismo é difícil de conciliar com o individualismo cínico do programa neoliberal, muito menos com seu extremo libertário. Por outro lado, a agressiva projeção global que patrocina o novo nacionalismo tampouco combina com a tentação isolacionista dos neoconservadores. Mas sobretudo a necessidade de aumentar o gasto militar, e os compromissos dos Estados Unidos no resto do mundo, indispensáveis para afirmar sua superioridade estratégica, chocam frontalmente com a necessidade de reduzir o gasto, o déficit, o endividamento, e propor orçamentos equilibrados como queria o projeto neoliberal.

Um pouco da magia de Ronald Reagan acaba se manifestando nessa união de opostos, mais ainda no fato de que não se note que são opostos, que as contradições desapareçam da consciência pública e das preocupações de todos em não mencioná-las. Reagan não vê as contradições, mas também consegue evitar que alguém as veja. É verdade que persistem na prática e vão causar problemas. Mas essa é outra história. Naqueles anos todas são facetas da personalidade avassaladora de Ronald Reagan.

Ele não se preocupava com o déficit público como Margaret Thatcher. Claro, ele queria reduzir o governo, eliminar regras e burocracia, mas sobretudo estava empenhado em reduzir os impostos. Uma decisão de consequências complicadas a longo prazo. Mas convém uma olhada de conjunto.

Sua convicção básica era que o governo era ineficiente por definição e que isso não tinha remédio. Para onde se olhasse, o governo era o problema – havia muito a se fazer para resolver isso. Para contrabalançar a arrogante distância com que os burocratas de Washington viam os problemas, Reagan propôs transferir poderes para os governos locais, que sempre estão mais próximos e respondem com dedicação às necessidades de seus clientes. Para contrabalançar a tendência da burocracia ao gasto, à regulamentação custosa, redundante, desnecessária, exigiu que todas as dependências federais empregassem métodos de análise custo-benefício para qualquer tipo de regulamentação (*Executive Order* 12.291).

Na mesma linha, sob o mesmo impulso, intensificou o processo de desregulamentação que se havia iniciado nos anos anteriores. Entre 1979 e 1982 são suprimidas as regulamentações de transporte, de ônibus, ferrovias, petróleo e telecomunicações. E é preciso insistir que Reagan não inventou nada. O grande movimento de desregulamentação dos mercados foi uma iniciativa de Carter – que entrou para a história com uma fama bem diferente.

À luz da história posterior, acaba sendo significativo o caso das instituições de poupança e empréstimo (*savings and loans*). Não são exatamente caixas econômicas, mas têm algumas semelhanças, são empresas que recebem depósitos e gerenciam créditos hipotecários, basicamente, e alguns empréstimos pessoais. Eram obrigadas, até 1980, a manter uma administração especialmente cuidadosa, conservadora. O governo de Carter decidiu eliminar as restrições, autorizá-las a operar em muitas coisas como os bancos. O resultado foi o início de um processo especulativo, de fusões, aquisições com valores inflados, operações de alto risco, créditos sem garantia suficiente e geração de práticas diretamente fraudulentas – especialmente, os truques contábeis para dissimular, entre outras coisas, o impacto do "choque Volcker" sobre sua carteira. Finalmente, foram declaradas insolventes mais de um terço das empresas de poupança e empréstimo, um total de 1.043 delas, e foi necessário um programa de resgate que custou 124 bilhões de dólares aos contribuintes.

O governo de Thatcher teve seu momento épico com a greve dos mineiros. O de Reagan, com a dos controladores aéreos. É uma história conhecida, mas talvez valha a pena lembrar. Como outras coisas no governo de Reagan, o conflito foi quase acidental, uma sequela do processo de desregulamentação.

Novamente, na origem há uma decisão do governo de Carter, a Lei de Desregulamentação da Aviação de 1978. Segundo o que se esperava, aumentou a concorrência e aumentaram consideravelmente os voos. O problema é que isso acontecia ao mesmo tempo em que se reduziam os recursos para infraestrutura dos aeroportos. Os controladores aéreos, sobrecarregados de trabalho, convocaram uma greve no verão de 1981. E novamente, ao contrário de Thatcher, Reagan não tinha nenhum interesse especial na questão sindical (ele, que havia começado sua carreira política como líder sindical). Na verdade, encarou o conflito, no começo, com um espírito relativamente conciliador, com a intenção de negociar uma saída. Em agosto, a situação mudou. O sindicato convocou a greve, o governo a declarou ilegal e imediatamente, em um único dia, demitiu 11.000 controladores, que foram substituídos por 6.000 supervisores, 2.000 trabalhadores não afiliados ao sindicato PATCA (*Professional Air Traffic Controllers Association*) e 900 controladores do exército. Para tornar mais enfático o exemplo, e que servisse de castigo, o governo proibiu a posterior contratação de qualquer um dos demitidos – era uma medida vingativa, absolutamente desnecessária, exceto como mensagem política. Foi um golpe definitivo para o sindicalismo estadunidense.

Há um detalhe interessante. Enquanto esmagava a greve dos controladores aéreos, o governo Reagan estava fazendo campanha, muito ativamente, em defesa dos trabalhadores sindicalizados de Gdansk, dirigidos por Lech Walesa. E, como em outras ocasiões, Reagan realmente não viu nenhuma contradição. A diferença é entre o Bem e o Mal, não pode ser admitida nem sequer a comparação.

Outra linha com problemas: a curva de Laffer

Mas estávamos dizendo que a verdadeira preocupação de Reagan eram os impostos, quer dizer, diminuir os impostos. A redução havia começado nos anos anteriores, como uma tentativa de reativação da economia, mas com Reagan adquire novo impulso, e sobretudo um ar quase milenarista, como peça-chave do programa econômico do que se chamaria "economia focada na oferta" (*supply-side economics*). O ponto de partida era a ideia de que o keynesianismo havia se equivocado ao tentar incidir sobre a demanda agregada mediante dinheiro, gasto, emprego público e que era necessário, em troca, focar na oferta, quer dizer, na capacidade produtiva da economia. E isso significava criar condições favoráveis para que os empresários investissem mais, produzissem mais: aumentassem a oferta.

Embora possa parecer um pouco estranha, a tese básica é de enunciação simples: se forem reduzidos os impostos das empresas e o imposto à renda das pessoas, favorecendo assim o aumento dos ganhos daqueles com rendas mais altas, a longo prazo toda a sociedade se beneficiará disso. A explicação teórica é a seguinte: Se os ricos tiverem mais renda, maiores lucros, e puderem acumular mais dinheiro, poderão investir mais, e desse modo criarão emprego, a produção aumentará, e finalmente todos sairão ganhando.

O que serve de garantia para o programa é que o ingresso do Estado também aumentará ao diminuir os impostos, porque aumentará a produção. A ideia deriva de uma argumentação hipotética representada no que é conhecida como a "curva de Laffer". É interessante.

Aparentemente, o percurso político da hipótese começa em um jantar na Universidade do Sul da Califórnia em 1974, no qual participam Jude Wanniski, Donald Rumsfeld e Dick Cheney, além do economista Arthur Laffer. Segundo Wanniski, Laffer explicou a eles a ideia e desenhou a famosa curva em um guardanapo de papel. Laffer parece duvidar que tivesse acontecido assim, porque no restaurante havia guardanapos de pano. Não é muito grave. A curva mostra que a receita do Estado pode diminuir, em vez de aumentar, quando aumentam os impostos.

Resumindo, é isto. Se a taxa fiscal é zero, o governo não tem nenhuma renda, não arrecada impostos. Logicamente, à medida que aumenta a taxa também aumentaria a receita. Pode-se imaginar graficamente essa evolução como uma curva (com a taxa fiscal no eixo horizontal e a receita do Estado no eixo vertical) que ascende de modo que o Estado tem mais ingressos quanto mais altos são os impostos (no gráfico, é uma curva que se move para cima, à direita). Até aí, tudo é óbvio. Pois bem: se a taxa fiscal chegasse a 100% e o Estado pretendesse ficar com a totalidade da receita, a atividade econômica pararia, porque ninguém teria incentivos para produzir nada. E a receita do Estado novamente seria zero. É uma possibilidade puramente teórica, mas indiscutível. O interessante vem a seguir. Por hipótese, isso significa que deve existir uma perna descendente da curva, ao longo da qual diminui a receita do Estado conforme aumenta a taxa fiscal, que há também um ponto ótimo, no qual o Estado obtém os maiores ingressos possíveis. As duas afirmações são convincentes, mas não por motivos lógicos, nem muito menos teóricos, mas sobretudo estéticos – porque permitem desenhar a curva completa, formando uma espécie de arco, uma ferradura.

Então, a ideia de Laffer, que apresentou no famoso jantar e causou tanto impacto no grupo, era que nos Estados Unidos o ponto ótimo havia sido ultrapassado e a economia já se encontrava na perna descendente da curva. Portanto, uma redução dos impostos teria que produzir um aumento nos ingressos do Estado. Era uma hipótese de atração irresistível.

O problema, segundo a expressão de John Quiggin, é que a tese de Laffer era somente meio original e só meio correta. A curva (essa forma de ferradura) era fundamentalmente correta, mas pouco original: a ideia de que uma taxa fiscal muito alta pudesse terminar sendo contraproducente já estava nas reflexões de Ibne Caldune, no século XIII. Por outro lado, a hipótese sobre os Estados Unidos era original, mas estava equivocada. Não havia nenhum fundamento para sustentar que a tributação estadunidense estivesse na perna descendente e que a arrecadação estivesse caindo à medida que se elevavam as taxas (ou que pudesse subir se fossem reduzidas).

Em qualquer caso, a curva de Laffer serviu para justificar a redução de impostos nos anos 1980. Já dissemos, mas não custa insistir: aquilo vinha de muito tempo. As taxas máximas nos Estados Unidos foram alcançadas no final dos anos 1960. O imposto sobre os ganhos de capital caiu de 49% para 28% em 1978, a taxa máxima do imposto sobre a renda havia passado de 70% nos anos 1960 a cerca de 50% em 1981 – e diminuiria ainda mais, até 35% na década seguinte. Em qualquer caso, as reformas do governo Reagan foram decisivas. Em 1986, no meio de seu segundo mandato, a estrutura de impostos diretos já tinha apenas quatro escalões, e a redução do imposto sobre a renda havia sido de 6% em média.

Então: diminuíram os impostos, mas não aumentou a receita do Estado.

Quanto à ideia de que o aumento da riqueza dos ricos vai terminar beneficiando a todos, é igualmente problemática na prática. É o que se chama "efeito de gotejamento" (*trickle-down effect*). Já vimos, supostamente se os ricos se enriquecem mais, cedo ou tarde todo o resto se beneficiará disso. A tese tem um corolário que não é trivial. Se o aumento da riqueza é desejável, então a desigualdade não apenas não é ruim, mas termina sendo positivamente desejável.

Os resultados não oferecem muito apoio. Nas décadas seguintes, em parte como consequência dos benefícios fiscais, cresceu o produto interno dos Estados Unidos, e aumentou muito a riqueza dos 10% mais ricos, e muito mais, de maneira espetacular, a do 1% superior da pirâmide. Ou seja, os ricos ficaram consideravelmente mais ricos. A renda dos 20% seguintes aumentou também, mas não tanto. E a dos 40% mais pobres da população não aumentou nada. Resumindo, o crescimento beneficiou os mais ricos, como se imaginava que iria acontecer, mas não houve nenhum tipo de gotejamento que beneficiasse a maioria. Apesar de tudo, a ideia volta sempre, é repetida por políticos, jornalistas, como se fosse um fato comprovado.

O resultado não é acidental. Tanto no caso de Reagan como no de Thatcher, o propósito da nova política econômica era restaurar altas taxas de lucro, para favorecer o crescimento. Isso implicava menores impostos, um mercado de trabalho mais flexível, redução dos custos trabalhistas e a possibilidade de "deslocalizar" a produção. E, em alguns aspectos, a política deu exatamente ou quase exatamente os resultados esperados. A economia cresceu (embora não tanto como nas décadas anteriores, entre 1945 e 1975), aumentou a taxa de lucro, foi recuperado o padrão de acumulação. Em outros aspectos, as coisas não andaram tão bem. Nem gotejamento da riqueza, nem aumento da receita fiscal.

O mundo, amplo e (não totalmente) indiferente

Há outro aspecto do reaganismo que convém destacar, para relacioná-lo com a história do resto do mundo. Ronald Reagan queria reduzir o Estado, reduzir o gasto do Estado na verdade, em quase todas as áreas, exceto na Defesa. Nunca duvidou em gastar o que fosse necessário para isso. Impulsionou projetos grandiosos como a Iniciativa de Defesa Estratégica (conhecida como iniciativa da "guerra das estrelas") e aumentou a presença dos Estados Unidos em muitos lugares. Lançou a última grande ofensiva da Guerra Fria, que incluiu a invasão de Granada e o financiamento dos "Contras" nicaraguenses, da UNITA de Jonas Savimbi em Angola, dos *muyahidin* no Afeganistão. E nunca encontrou uma oposição séria para nada disso. Como podia ser esperado, terminou seu governo com o déficit público mais alto da história até então.

Esta não é uma história geral, de modo que podemos deixar de lado detalhes que, de outra forma, são bem conhecidos. Para nosso propósito, por enquanto, só importa ressaltar a parte que desempenhou Ronald Reagan na liquidação final do projeto de uma Nova Ordem Econômica Internacional. É verdade que a ideia sobreviveu mais uns anos, teve alguns lampejos, mas não tinha espaço nenhum no mundo neoliberal – não tem. O anúncio foi feito por Reagan na Cúpula de Cancún de 1981, convocada para discutir as conclusões do Relatório Brandt sobre as relações Norte-Sul. A reunião de 22 chefes de Estado era o espaço idôneo para esclarecer tudo.

> A fome e a pobreza, disse Reagan, não vão desaparecer da noite para o dia; existem aqueles que confundem compaixão com desenvolvimento, e imaginam que uma transferência de riqueza produziria milagrosamente o bem-estar; mas não, o caminho da prosperidade só é iluminado pela liberdade econômica e os incentivos individuais.

Era uma caricatura, claro que ninguém esperava esse milagre. Mas era necessário apresentar assim, como caricatura, para que não houvesse nenhuma dúvida de que o tema não seria nem discutido. A seguir, Reagan propôs uma nova agenda, focada na abertura comercial e na criação de um clima favorável para o investimento, e aconselhou que todos abraçassem "a magia do mercado". Isso foi tudo. E realmente não era preciso nada mais.

O programa neoliberal foi imposto na periferia, em geral, graças ao poder de persuasão do Banco Mundial e do FMI. Um poder de persuasão que não era questão de retórica, imagine que se entenda. A crise do começo dos anos 1980, produto da recessão da década anterior, do endividamento, da subida das taxas de juros, chegou a quase todo o Terceiro Mundo. As duas instituições ofereceram créditos, programas de ajuda, mas sempre condicionados a assumirem um compromisso, uma carta de intenção, para adotar um conjunto de medidas econômicas, o que foi chamado de Plano de Ajuste Estrutural.

A África serve muito como exemplo. Os problemas da região eram inegáveis: estancamento, déficit comercial, pobreza, queda de renda, desequilíbrio fiscal, falta de investimentos em educação e saúde. Os diagnósticos tradicionais mencionavam a deterioração histórica dos termos de troca, a falta de infraestrutura, a escassa diversificação das economias, a má gestão dos recursos públicos. Em 1983, com a metade dos países do continente à beira do colapso, o Banco Mundial e o FMI anunciaram uma nova estratégia, um plano geral de ajuda, com recursos milionários, mas que partia de um novo diagnóstico. Em consequência, propunham uma nova via de solução, como é lógico. Resumindo, segundo a nova ideia, o estancamento era consequência da intervenção do Estado na economia. O problema dos países africanos, quase todos eles, era que tinham adotado uma estratégia de desenvolvimento equivocada, que se baseava na nacionalização de empresas, uma regulamentação excessiva das atividades econômicas, a multiplicação dos monopólios estatais e um sistema de protecionismo comercial generalizado. A alternativa oferecida como solução era a livre concorrência.

O relatório omitia o fato de que as duas instituições tinham recomendado, nas décadas anteriores, de maneira igualmente entusiasta, os programas desenvolvimentistas que agora apontavam como fatores da crise. O plano de 1983 foi chamado de: "Ajuste para o crescimento". Oferecia apoio financeiro em troca da adoção de um conjunto de medidas de política econômica: abertura dos mercados, liberalização comercial, controle da inflação, redução do déficit público, reforma da administração pública e, no geral, evitar a intervenção do Estado na economia. O modelo foi chamado de Programa de Ajuste Estrutural (PAE). Tinha, ademais, um itinerário concreto, que começava com a privatização das empresas públicas, a liquidação das que não fossem lucrativas; uma reforma tributária que tratasse melhor os investidores, especialmente os investidores estrangeiros, e que transferisse o maior peso da carga tributária aos impostos indiretos, aos impostos ao consumo, como o IVA (Imposto sobre Valor Agregado); em seguida, uma reforma administrativa que começasse a reduzir o número de funcionários; e, finalmente, a liberalização da agricultura para que pudesse ser o novo motor do desenvolvimento.

Vamos avançar um pouco na história, apenas para fechar esse tema por enquanto. Dez anos depois do início desses planos, que foram adotados praticamente por todos, a renda per capita do conjunto da África Subsaariana havia caído 2%, a dívida pública havia triplicado, o valor das exportações agrícolas centrais como café e cacau havia caído até 50%, e o investimento estrangeiro chegara a um volume insignificante, e somente para extração de petróleo e mineração. Vendo os resultados, o Banco Mundial propôs que a liberalização econômica fosse intensificada.

A verdade é que não há motivos para se surpreender. Nem do fracasso dos programas, nem de que isso não afete seus defensores. Como mostrou Ngaire Woods, com muita frequência as recomendações seguem padrões predeterminados, obedecendo a preconceitos e suposições ideológicas, e não a uma análise séria: pareceria, disse, que o Banco Mundial e o FMI "estão tentando se poupar do trabalho de investigação quando se trata de criar os programas para seus devedores mais necessitados".

Arqueologia do desenvolvimento

Os planos de ajuste estrutural foram algo relativamente novo em seus termos. Mas a ideia de desenvolvimento sobre a qual se baseavam era bastante velha. Assim como o resto do programa neoliberal, haviam sido formulados inicialmente na década de 1950. A história é pobre como história intelectual, pobre de ideias. Mas, por outro lado, termina sendo muito reveladora, joga luz sobre alguns extremos que vale a pena olhar detalhadamente.

A rigor, não existe uma teoria neoliberal do desenvolvimento, e não poderia existir (quero dizer, a definição de um conjunto específico de medidas, leis, mecanismos políticos, instituições, para favorecer o desenvolvimento). Não poderia existir porque não há nenhuma alternativa ao mercado, nenhuma mais eficaz. E o mercado é universal, inalterável, funciona sempre com a mesma lógica. O que varia, o que muda de um lugar a outro, de um tempo a outro, são os meios de obstruir e entorpecer o funcionamento do mercado – corporações, associações, sindicatos, empresas públicas. Apesar disso, era um tema muito importante na segunda metade do século XX, inevitável.

Para os membros da Sociedade Mont Pèlerin foi uma preocupação tardia, inesperada, e completamente distante para as principais figuras, que não disseram nada importante a respeito. Em 1942, por exemplo, Ludwig von Mises visitou a UNAM, no México, convidado pelo ex-diretor do Banco do México Luis Montes de Oca. Não disse nada memorável, nem a visita se refletiu em nada do que escreveu nos trinta anos seguintes. Nunca teve nada que dizer sobre o desenvolvimento. Por outro lado, está o fato óbvio de que todos os convidados do Colóquio Lippmann, como os da reunião original do Lago Léman, eram europeus e estadunidenses (incidentalmente, todos homens também). O desenvolvimento não era problema deles.

Pois bem: nos anos 1950 era impossível evitar, ou continuar evitando deveríamos dizer, a questão colonial e a realidade da miséria nos países colonizados na Ásia e África. Mas o tema era incômodo. Logicamente, os neoliberais deveriam ter sido partidários entusiastas da descolonização; afinal, como distorção do mercado haverá poucas coisas mais flagrantes que a colonização, que permite obter bens fora do mercado, mão de obra servil ou quase, mercados com uma proteção absoluta; e, além disso, aí sim, sem necessidade de acrobacias retóricas, a economia está regida pela coerção – o extremo que era, teoricamente, inaceitável para todos.

Não foi assim. Nenhum deles teve participação ativa nem se posicionou a favor da descolonização, nenhum disse praticamente nada sobre isso. Por isso é interessante olhar detidamente sobre o pouco que se falou acerca desses temas, nos anos complicados da metade do século.

O problema, claro, não é lógico, mas histórico. São os anos da Guerra Fria, e por mais que todos denunciem o caminho de servidão que empreenderam França, Reino Unido, Bélgica, ninguém quer enfraquecer sua posição internacional, nem questionar sua autoridade moral. Mas há outra coisa, muito mais interessante. Se reconhecessem que a colonização havia distorcido a economia das colônias, se reconhecessem que havia imposto coercivamente formas de produção, de organização, de troca, durante muitas décadas, às vezes séculos, não haveria outro remédio a não ser concluir que a miséria do presente também poderia ser, no fundamental, um fato político – nada natural. E haveria bons motivos para pensar que talvez algo da riqueza, do bem-estar dos países europeus poderia ter a ver com a questão colonial, de alguma maneira. E isso, até para o mais cínico, implicaria a existência de algum tipo de responsabilidade moral, obrigaria, além disso, a avaliar novamente a ideia de que o funcionamento espontâneo do mercado seria suficiente para resolver tudo.

Vejamos. Nos fatos, só de maneira tardia, inconsistente e dispersa os neoliberais se referiram ao desenvolvimento, ao problema da descolonização. Significativamente, todos afirmaram que era necessário introduzir fatores culturais para explicar a pobreza das colônias e das antigas colônias. O problema não era que o mercado não funcionava, ou que não produzisse os melhores resultados, mas que a cultura pesava sobre o comportamento dos agentes econômicos, que não eram totalmente racionais, maximizadores.

Em 1951, na reunião de Beauvallon, Frederic Benham expôs as linhas gerais da abordagem que quase todos adotariam. É o seguinte. A única recomendação possível para favorecer o desenvolvimento é deixar que o mercado atue; no caso dos países periféricos, isso significa abandonar o esforço de diversificar a economia deliberadamente, abandonar os projetos de industrialização e concentrar-se na agricultura e no aumento da produtividade da agricultura através da especialização em cultivos para exportação. Benham achava, além disso, que os projetos educativos eram de duvidosa utilidade, porque não estava claro que a educação, tirando a formação puramente técnica, fosse útil para aumentar a produtividade. Em todo caso, não tinha dúvida de que as causas do atraso, e da pobreza, eram basicamente a superpopulação e a preferência pelo ócio (já sabemos, a preguiça dos nativos).

Pouco depois, em 1953, Wilhelm Röpke insistiria nos mesmos temas. Os países em desenvolvimento devem se concentrar na produção de bens primários, agricultura e mineração, orientada para a exportação, e não insistir em desenvolver uma indústria sem futuro, que está condenada a fracassar pela falta de tradição liberal, pela falta de pontualidade e confiabilidade, pela falta de espírito empresarial e pela escassa propensão a poupar, o que produz uma falta crônica de capital.

A fórmula é repetida, com pequenas variações. Pois não conseguiram imaginar outra saída dentro do modelo. Em 1957, em plena efervescência da descolonização, no meio da guerra da Argélia, foi convocada em St. Moritz uma reunião da Sociedade Mont Pèlerin dedicada especificamente ao problema colonial e ao desenvolvimento. Nesse contexto, os palestrantes não ignoram a questão política da colonização, não dizem mais que é algo irrelevante para a economia, mas afirmam que é basicamente positivo. Para alguns, é duvidoso que faça sentido falar de coerção na questão colonial. Edmond Giscard d'Estaing (pai do futuro presidente da França) explica que é uma simplificação grosseira apresentar o colonialismo como a dominação de um país sobre outro: é um processo civilizatório, uma longa história de copenetração, no qual os povos se influenciam reciprocamente. E explica também que a especialização em bens primários não é apenas conveniente, mas justa: como os povos nômades do deserto não usam petróleo, este deve ser exportado aos países industrializados, e não há nenhum rastro de colonialismo nisso. Helmut Schoeck foi um pouco mais enfático, disse que a colonização havia levado praticamente tudo aos lugares remotos (remotos para a Europa, entende-se), havia levado a organização e o Direito, para começar. Arthur Shenfield, da London School of Economics, dizia coisas semelhantes, e insistiu em que os movimentos anticoloniais eram os agressores, contra os impérios relativamente liberais do Ocidente. Para Alexander Rüstow, o tema não admitia dúvidas: todo avanço em direção ao desenvolvimento nos países atrasados havia sido obra da colonização. Realista, afirmava que certamente a democracia seria impossível nesses lugares, por tal motivo o melhor seria patrocinar ditaduras que reconhecessem um mínimo de liberdades (as liberdades econômicas, claro).

A versão canônica, se podemos chamar assim, foi estabelecida naqueles anos por Peter Bauer. Os elementos são sempre os mesmos. Bauer coloca-os em ordem e em polêmica contraposição com as ideias vigentes (lembre-se que são os anos do desenvolvimentismo, do espírito de Bandung). Para começar, diz, a explicação ortodoxa do desenvolvimento baseia-se em uma divisão do mundo falaciosa, entre países desenvolvidos e subdesenvolvidos; a distinção é enganadora, porque sugere uma condição permanente, que não é real: não há um "ciclo da pobreza", as nações vão para cima e para baixo como as pessoas, que não são permanentemente ricas ou pobres. Em segundo lugar (continua Bauer), contra o que postula a retórica do anticolonialismo, o contato com o Ocidente foi o principal fator de progresso em todas as partes, e os países do sul estão melhor graças ao comércio com as metrópoles, inclusive se essa troca possa parecer às vezes desfavorável de acordo com algum critério. Para sustentar esta última afirmação tinha o relatório sobre as tendências do comércio internacional, de Gottfried Haberler, de 1957, que admitia a existência de uma deterioração histórica dos termos de troca, desfavorável para a periferia, mas também dizia que não havia motivos para supor que essa tendência fosse continuar de maneira indefinida no futuro.

A conclusão pode ser tirada por qualquer um. Se as economias em desenvolvimento são iguais a todas as outras, às vezes ricas e às vezes pobres, e estão nas mesmas condições, então não é preciso nenhuma receita especial. A ajuda exterior não é aconselhável nunca, claro, porque distorce o mercado e o mesmo acontece com a intervenção do Estado, qualquer que seja o propósito, porque propicia atitudes "rentistas", que são um obstáculo para o desenvolvimento. Algo mais pode ser dito: no caso dos países pobres, a legislação trabalhista e o estabelecimento de salários mínimos são especialmente nocivos, porque tiram a principal vantagem comparativa deles, que é a mão de obra barata.

Essa explicação foi um pouco larga, mas acho que era necessária para entender a lógica do programa neoliberal. Em primeiro lugar, neste terreno termina sendo especialmente claro que eliminar o contexto não é uma operação inocente, não é trivial – e favorece uma postura claramente ideológica. Por outro lado, é evidente que a democracia, inclusive a soberania popular, a soberania nacional, têm pouca importância para o programa: na verdade, a forma política parece irrelevante enquanto o livre mercado for mantido. Ou seja, a simpatia em relação ao regime de Pinochet não foi algo acidental. Finalmente, talvez o mais importante, no repertório de argumentos sobre o desenvolvimento, como em muitos outros, falta fundamento empírico ao modelo neoliberal.

O fim da história

A partir dos anos 1980 prevaleceu, como sentido comum, a ideia de que a liberdade de comércio era a única via de desenvolvimento. Em todas as regiões do planeta se multiplicaram os acordos de livre comércio. Apesar disso, não havia, até o momento, exemplo histórico de nenhum país que tivesse se desenvolvido através de um sistema de livre comércio. Os chamados "tigres asiáticos" (Coreia do Sul, Singapura, Hong Kong e Taiwan), que costumavam ser colocados como exemplo de economias de industrialização tardia bem-sucedidas, se desenvolveram com o apoio de um sólido sistema protecionista, subsídios, uma rede de empresas públicas e uma distribuição estatal do crédito. O mesmo pode ser dito, sabemos, de todos os países centrais, quer dizer, da economia dos séculos anteriores: todos se industrializaram com políticas muito diferentes das defendidas pela plataforma neoliberal e que incluem sempre subsídios, gasto público, protecionismo, engenharia reversa.

Tenho interesse em sublinhar isso porque permite ver um traço característico da vida pública das últimas décadas. A assimetria das comparações estabelecidas (entre os países centrais e periféricos, por exemplo) é possível porque o modelo se abstrai do contexto, totalmente. A discussão sobre o problema colonial expõe isso. É possível empregar o mesmo argumento, fazer as mesmas recomendações, sem importar se estamos falando da Bélgica ou do Congo, porque o mercado é uma entidade abstrata, que opera do mesmo modo em todos os casos.

Mas volto ao argumento histórico. A partir de 1980, e rapidamente, as regras de um novo sistema econômico internacional se generalizam. Elas têm dois traços básicos: livre circulação de capitais, mas não de pessoas; e rigorosa proteção dos direitos de propriedade intelectual. É um sistema que proíbe e combate ativamente a engenharia reversa e obriga os Estados a concorrer entre si para oferecer as condições mais favoráveis para o investimento. O sistema é institucionalizado com a Rodada Uruguaia do GATT, a criação da Organização Mundial do Comércio (OMC) e a adoção do que é conhecido como o "consenso de Washington", dez pontos que enunciam o mínimo denominador comum das recomendações do Banco Mundial e do FMI. São conhecidos: disciplina orçamentária, redução do gasto público, reforma fiscal, liberalização financeira, taxas de câmbio competitivas, liberalização comercial, promoção do investimento estrangeiro, privatização das empresas públicas, desregulamentação da economia e proteção efetiva dos direitos de propriedade.

A década de 1980, a de Reagan, Thatcher, Helmut Kohl, Gorbachev e Karol Wojtyla, termina com o colapso da URSS, a queda do Muro de Berlim e o descrédito geral do socialismo. Nos países que estavam na órbita soviética, na própria Rússia para começar, há em seguida um apressado e caótico processo de privatização de bens públicos, com resultados quase sempre catastróficos nos anos seguintes. Há alguns exemplos especialmente trágicos. Na própria Rússia, o que se chamou de "crise de mortalidade" dos anos 1990 (um repentino aumento de 40% na taxa de mortalidade entre 1990 e 1994).

Para nossa história, o mais importante é que a queda da URSS, e uma queda tão dramática, significa que a ameaça desapareceu e que agora, realmente, não há alternativa. A euforia desses primeiros anos no campo neoliberal é explicada muito bem no título do famoso livro de Francis Fukuyama, *O fim da história*. A ideia mais geral, a versão que se impôs como se fosse evidente, era que esse desenlace era a demonstração prática, irrefutável, da superioridade do livre mercado. Assim foi explicado, assim foi entendido (não exatamente o que dizia o livro de Fukuyama, mas o título era apelativo, e dava para aproveitar muito). Para um olhar histórico, sem urgência, podem-se incluir muitas dúvidas. Dito em uma frase, parece razoável pensar que a vitória na Guerra Fria não foi do livre mercado, que quase não conseguia se impor nos anos 1980, mas da economia mista. Quem conseguiu prosperidade e crescimento econômico durante décadas, estabilidade social e bem-estar geral, consumo de massa, educação, serviços de saúde, não foi o livre mercado, mas a economia mista.

Esse esquecimento talvez seja o sinal mais eloquente da vitória cultural do neoliberalismo nos anos 1980.

5. OUTRA IDEIA DA HUMANIDADE

Já dissemos mais de uma vez: o uso habitual do termo significa que o neoliberalismo é basicamente uma ideia econômica. Inclusive há um breve catecismo que quase qualquer um sabe de cor hoje em dia e que é puramente econômico: reduzir o déficit público, controlar a inflação, privatizar. Não faltam razões para semelhante identificação, também já dissemos, pois essa ideia da economia é central no programa neoliberal. Mas não é tudo.

O neoliberalismo é muito mais. É uma tradição intelectual de várias e complicadas ramificações, é um programa político e é também, talvez deveríamos dizer que é sobretudo um movimento cultural – e de longo alcance. Na verdade, as vitórias políticas do ideário neoliberal obedecem em boa medida a uma transformação na maneira de ver o mundo e na maneira de entender a Natureza Humana. É hora de olhar para isso mais de perto.

No princípio era o mercado

Se tivesse que resumir em uma frase o sentido da revolução neoliberal, poderia ser dito que é a redução do público em benefício do privado. Um movimento explicado pela convicção de que o público (serviço público, interesse público, bens públicos) é fundamentalmente um engano, um modo de mascarar interesses privados. Ou seja, a convicção de que a dicotomia do público e do privado oferece um prisma equivocado, enganador. Vale a pena olhar o fundo conceitual que existe nisso.

A pedra de toque é uma noção da natureza humana. Normalmente, aparece somente de maneira oblíqua, alusiva, quase sempre está implícita. Quando mencionada, geralmente se refere a fontes velhas, do século XVIII e anteriores. Adam Smith é o autor mais citado, já sabemos. E essa antiguidade contribui a dar solidez e autoridade. Pois bem, embora seja verdade que os elementos básicos não são novos, o conjunto é.

Mas vamos por partes. O mercado, a ideia do mercado seria mais correto dizer, é a peça básica do programa neoliberal. Em seus termos, o mercado é a condição indispensável da liberdade; o mercado é o mecanismo que torna possível a existência de ordens complexas; o mercado, e somente o mercado, permite que a economia funcione de maneira eficiente e, no final das contas, justa. O mercado é a alternativa – mais eficiente, mais justa, mais livre – ao Estado, à burocracia, à coerção. Certo. Sabemos tudo isso. Por outro lado, o mercado precisa ser criado e defendido, não aparece de maneira espontânea, nem se reproduz ou se mantém por seus próprios meios.

O que importa é o seguinte. Esses mercados concretos, históricos, situados, produzidos por meio da legislação (e da autoridade do Estado e da polícia), são aproximações, reflexos, transcrições do mercado como forma pura. A oscilação entre uma coisa e outra pode ser confusa, mas tem sua lógica. Normalmente é defendida uma ordem institucional, um conjunto concreto de leis, para produzir por exemplo o mercado da eletricidade, da educação, da saúde, do que seja, mas a justificativa é elaborada em termos do que O Mercado em abstrato pode conseguir, como ideia. E o mercado, esse Mercado abstrato, é tomado como um fato universal, inalterável, que permite explicar todos os mercados concretos.

O mercado ideal, platônico, para chamá-lo assim, é definido em termos muito simples, até vulgar: os homens trocam coisas. Mas é uma simplicidade enganadora, porque implica uma ideia muito particular dos seres humanos, e uma ideia particular da troca, que não tem nenhum tipo de corroboração empírica. Quer dizer, A Troca no Mercado é uma espécie de estado da natureza, tão improvável quanto os de Locke ou Rousseau, ou outro qualquer. Tenho o interesse em apontar isso porque daí deriva a ideia da natureza humana na qual se apoia o programa neoliberal.

Nesse mercado ideal, não em nenhum mercado concreto, aqueles que participam são indivíduos racionais, egoístas, perfeitamente informados que, de maneira consistente, tentam maximizar sua utilidade – seja qual for sua definição. Estabelecido isso, por definição, postula-se que essa modalidade particular, a conduta egoísta, maximizadora etc., é a forma básica da conduta em qualquer circunstância. E em seguida se afirma que nisso consiste a natureza humana (e termina-se procurando por ela na biologia, certamente, através de elaboradas especulações genéticas).

É importante reparar no caminho. Não é que a partir de uma ideia da natureza humana se chegue a entender a economia de uma certa maneira. É ao contrário: a partir de uma ideia da economia, e um modelo de mercado, é postulada uma definição da natureza humana.

Pessoas extraviadas

A ideia foi criticada com frequência, por melhores e piores razões. A seu favor não é necessário dizer mais nada, a não ser que o mercado funciona ou parece funcionar como diz o modelo. Quer dizer, que os indivíduos efetivamente se comportam ou parecem se comportar como egoístas racionais que maximizam sua utilidade. Entre os argumentos críticos, há de tudo, em três longos séculos de discussão. Para nosso propósito, o de Mary Douglas merece um destaque (está em seu livro *Missing Persons*).

O *homo oeconomicus*, tal como precisa a teoria econômica, é um ser que não tem família, nem amigos, nem história pessoal, não tem lugar em uma hierarquia, e isso significa, diz Mary Douglas, que não podemos entender realmente nem sua linguagem nem seus propósitos. Só podemos ver seu comportamento, como se se tratasse de uma máquina. Isso, colocar um ser não social no centro da análise de fenômenos sociais, inevitavelmente tem consequências. Toda uma parte da vida social, uma porção dos fatos sociais, desaparecem para nós. Vejamos. Parece óbvio que adquirir bens com o propósito de dar presentes ou oferendas, ou destruí-los em um *potlatch*, é diferente de adquiri-los para consumo pessoal. Renunciar a explicar essas diferenças é renunciar a explicar algo potencialmente significativo. E ficamos com uma "troca" pura que não significa nada.

Claro, a omissão é deliberada. A ideia é que para entender o comportamento econômico não é preciso saber nem o que sentem ou acreditam os indivíduos, basta ver sua conduta e saber (por hipótese) que é racional. E com isso, também se evita o terreno pantanoso, sempre discutível, da análise cultural. O problema é que os sentimentos não desaparecem por isso, nem as emoções ou os valores – apenas nossa capacidade de explicá-los. A operação pode terminar sendo mais ou menos útil, já falamos disso, mas não deixa de ser um artifício de fundamento bastante fraco; entenda-se: esse esquema do comportamento individual, pura racionalidade maximizadora, não corresponde a nenhuma observação psicológica. É uma inferência lógica, que obedece às necessidades da teoria.

Vejamos apenas dois ou três detalhes, para esclarecer isso. Nos modelos econômicos, a racionalidade do indivíduo maximizador inclui um mecanismo de moderação, resultado da diminuição da utilidade marginal. Isso significa que a utilidade derivada do consumo de um bem diminui com cada unidade adicional consumida: a utilidade do primeiro copo de água é maior que a do segundo, que é maior que a do terceiro, e assim sucessivamente (até não se querer mais água). Por isso não existe uma demanda ilimitada de coisas, e o mercado encontra seu equilíbrio. As pessoas não querem sempre mais, não estão dispostas a pagar sempre mais. Os preços são indicadores do ponto em que a utilidade marginal dos consumidores começa a ser decrescente – a unidade adicional não vale mais o que custa. Mas nada disso sai de uma observação concreta, nem de uma teoria completa, consistente, do comportamento humano.

A ideia da utilidade marginal e a ideia do rendimento decrescente da utilidade são produto de uma analogia biológica, ou tornam-se convincentes por uma analogia biológica. Não há motivos sólidos para explicar por que o terceiro automóvel teria uma utilidade decrescente, ou o centésimo primeiro livro, ou o seguinte par de sapatos. Exceto para as coisas consumidas fisicamente no momento, como o copo d'água, o rendimento decrescente é uma hipótese no mínimo duvidosa (e em muitos casos, indefensável). Na verdade, primeiro se desenvolveu o modelo teórico da economia como um sistema homeostático, e depois foi invocada uma psicologia particular do consumidor, sua racionalidade, que vinculasse oferta e demanda em um ponto de equilíbrio. Nem a saciedade do consumidor é verdadeira saciedade, nem suas necessidades são verdadeiras necessidades. São sempre analogias. O corpo humano, com suas necessidades biológicas, é usado como modelo da psique: assim acontece que a utilidade diminui assim como diminui a sede, e a psique é utilizada como modelo do mercado: de modo que este tem um ponto de equilíbrio, no qual não há mais demanda, como tem a utilidade, que em um momento dado chega a seu limite.

A última reviravolta consiste em generalizar esse esquema, como se fosse a estrutura final de qualquer comportamento humano. Mas voltaremos a isso em um momento.

O modelo é irreal, para começar, na ideia da maximização. Outra vez, a crítica de Ronald Coase é especialmente incisiva: não há motivo, diz, para supor que a maioria dos seres humanos estejam empenhados em maximizar nada, exceto talvez a infelicidade, e mesmo isso com um sucesso parcial. A intenção de maximizar é muito exigente, unilateral e por isso improvável. Desde o começo, a crítica mais óbvia, de todas as frentes, a essa ideia do *homo oeconomicus* como indivíduo racional que maximiza sua utilidade, a crítica mais óbvia, digo, foi que os seres humanos têm muitos objetivos, além de economizar, e objetivos que não são egoístas ou não são apenas egoístas. Ou seja, não estão sempre perguntando o preço. A resposta dada é muito simples, a esperada, e consiste em dizer que a utilidade não é medida apenas em dinheiro, que pode haver outra medida e isso não invalida o modelo.

A formulação clássica é a de Hayek, que a repetiu quase com as mesmas palavras em dois ou três de seus livros. É assim. O argumento a favor da liberdade, e da ordem espontânea do mercado, significa que os indivíduos podem perseguir seus próprios fins; mas isso não implica que serão necessariamente egoístas: também os altruístas perseguem seus próprios fins – só que em sua escala de valores as necessidades dos outros ocupam um lugar muito alto. E sua utilidade consiste em fazer o bem. Ou seja, que onde diz maximizar utilidade diz maximizar o que cada um quiser, o que cada um entender por utilidade.

A resposta é atraente, parece convincente. Terá muitas variantes, e um futuro brilhante. Se pensarmos um pouco, na prática traz mais problemas do que os resolve. Se o altruísmo cabe como variante do egoísmo, então todo o modelo ameaça se afundar. Não o modelo filosófico, geral, mas o modelo econômico em particular. É um raciocínio que já existia em La Rochefoucauld, nada muito novo. O problema é para a análise econômica. Se cada indivíduo está maximizando algo diferente, o preço importa para alguns, não para outros, muito para estes, ou só às vezes, então não há maneira de formalizar matematicamente nada, porque o preço é um indicador muito vago, e não sabemos o que indica na realidade.

É necessário saber em que consiste a utilidade que os indivíduos tentam maximizar, e que esta seja constante e geral. Por isso, por trás do gesto mais ou menos protocolar de dizer que qualquer coisa serve como utilidade, voltamos ao modelo básico do indivíduo de motivação egoísta, que quer maximizar seu próprio bem-estar, tendo o dinheiro como critério básico de medição. É perfeitamente lógico, aliás (é muito revelador, digamos de passagem, que para integrar na análise de alguma maneira as relações sociais devem ser transformadas em atributos do indivíduo sob a forma de "capital social", a metáfora permite falar na linguagem da economia, as relações sociais são possuídas, acumuladas, empregadas, como se fossem uma espécie de dinheiro – mas esse é outro tema, por enquanto).

Uma história muito longa

A teoria econômica, a versão neoclássica da teoria econômica, precisa do modelo do indivíduo racional e maximizador. Mas a retórica faz uso de uma imagem muito mais antiga, que contribui para dar credibilidade.

Insisto: os economistas raramente falam da natureza humana nesses termos. Mas os políticos, os intelectuais, os jornalistas, aqueles que defendem o programa neoliberal no espaço público costumam recorrer à ideia com bastante frequência. O tom deve ser familiar para qualquer um. Alguns com maior bagagem filosófica que outros, todos dizem em poucas palavras que os seres humanos são, por natureza, egoístas, predadores, que só se importam consigo mesmos. E que não devemos nos iludir a respeito disso.

O suposto realismo desse olhar procura muitas vezes o aval da natureza: da biologia, até da genética, o que equivale a apresentá-la como indiscutível, e sem remédio (sintomaticamente, não procuram na história, nem na antropologia).

Sabemos há muito tempo que não é assim. Esse egoísmo individualista, calculista, não existe na espécie humana como coisa zoológica (além do fato de que a espécie humana seja apenas de maneira mediata e condicionada um fato zoológico). A troca interessada, livre, entre indivíduos que procuram, cada um, seu proveito próprio, não é de forma alguma universal, na verdade é uma raridade, produto da evolução histórica da Europa. Ou seja, não há nada "natural" na natureza humana à qual estamos acostumados.

Apesar disso, a ideia resiste com um vigor notável. Segundo Marshall Sahlins, corresponde à matriz mitológica da cultura europeia – com sua origem na Grécia clássica, como corresponde. A imagem de uma humanidade egoísta, feroz, feita de indivíduos que só perseguem seus interesses, se reafirma porque aparece como um fato natural, anterior ao artifício da cultura. A ideia se repetiu durante séculos: no fundo, em sua última realidade, os homens são assim. É uma revelação, mas uma revelação que pretende ser científica. Não é o único que afirma Sahlins. Essa fantasia de uma natureza humana predatória e egoísta prevalece na Grécia em circunstâncias muito concretas, durante a Guerra do Peloponeso, quando o objetivo é justificar precisamente a depredação, o abuso, o desprezo de todo vínculo social. Como não pode ser defendido em termos morais, é apresentado como algo natural, inevitável, o fundo que todos descobriremos, se olharmos com honestidade. Todos somos iguais, e somos assim.

A ideia se repetiu de vários modos ao longo da história. Sobrevive e continua parecendo plausível precisamente por seu caráter mitológico. Porque não é produto de nenhuma descoberta científica, que seria discutível, demonstrável.

Nas últimas décadas do século XX ganhou nova força. O neoliberalismo emprestou novos argumentos. E soube aproveitá-la para dar coesão, fluidez e força persuasiva a suas propostas. A mudança cultural consiste nisso, na nova vida do mito da natureza humana egoísta, transformado no suporte de um programa de transformação social em grande escala.

Já vimos: Adam Smith é citado como referência, e os modelos da moderna ciência econômica são apresentados como prova de que os homens realmente são assim. Já falamos algo da economia, resumindo: que costuma encontrar como resultado o que havia introduzido inicialmente como suposição. Também a menção a Adam Smith é abusiva. Há uma espécie de deslizamento conceitual que não é difícil de ver, com o qual se obriga Smith a falar muito mais do que realmente disse. Na passagem famosa, e em outras mais, Adam Smith descobre que em algumas ocasiões, como no caso do padeiro ou do açougueiro, que vendem carne ou pão para ganhar dinheiro, o egoísmo pode ter consequências benéficas, ou pelo menos pode terminar sendo coletivamente útil: não é preciso confiar na boa vontade do padeiro, basta que tenha interesse em vender o pão. Daí se passa à afirmação geral de que o egoísmo é sempre benéfico, ou é útil. Não é o mesmo. E daí pula para dizer que o egoísmo é, além disso, universal. E por esse caminho, logo se chega a dizer que o egoísmo e o cálculo racional e interessado são as únicas motivações eficientes, ou as únicas relevantes para a economia. Nada disso está em Smith, nem tem origem nas ideias de Smith, que como se sabe era um moralista, preocupado com os sentimentos além do mais, e os sentimentos morais, com uma ideia da natureza humana bastante mais sofisticada.

Em um filme muito conhecido, de 1987, *Wall Street*, há um breve discurso que se tornou famoso. É um parágrafo de Michael Douglas, que explica aos acionistas de uma empresa que a avareza é boa: "a avareza é boa, a avareza está bem, a avareza funciona, a avareza captura a essência do espírito da evolução". Pode parecer mais ou menos chocante, segundo o contexto, mas resume bem um dos pontos centrais da filosofia neoliberal – incluindo a referência à evolução.

Pois então, o problema não é esse, não é que o egoísmo seja exaltado, embora isso aconteça, mas que todas as outras motivações possíveis sejam neutralizadas ou vistas como inexistentes. O problema não é aplaudir o egoísmo, mas supor que não há alternativa. Já falamos sobre isso. É uma ilusão, diz Sahlins. Mas uma ilusão que tem efeitos deletérios. Não apenas se acredita que o egoísmo seja eficaz para fazer o bem, mas que o altruísmo é ineficaz, até mesmo contraproducente. Que não há outro modo de contribuir para o bem-estar coletivo, a não ser que cada um persiga seu próprio interesse, e que há motivos para suspeitar de qualquer um que diga outra coisa.

Os bois com os quais se deve arar: o capital humano

Imagino que não é preciso continuar com isso. São as notas dominantes do sentido comum nas décadas de mudança de século, uma das chaves da ordem neoliberal.

Na produção desse sentido comum, há dois momentos: a naturalização do modelo econômico baseado no indivíduo maximizador, e a extensão desse modelo, como forma básica da conduta humana em qualquer circunstância. Nessa história tem especial importância a publicação, em 1964, do livro de Gary Becker, *Human Capital*. Não foi o primeiro a empregar a metáfora, mas seu livro contribuiu de maneira decisiva para colocá-la em voga – tanto que é difícil ver o que ela realmente é, uma metáfora, e não especialmente esclarecedora. Seu trabalho posterior consagrou um método para ampliar indefinidamente o campo de uso dos modelos econômicos. Convém olhar com detalhes porque esse giro explica bastante a vitalidade do enfoque econômico e do programa neoliberal nas décadas seguintes.

O projeto de *Human Capital* não tem mistério, trata-se de uma análise econômica da educação que faz, fundamentalmente, duas perguntas: o que significa a educação para a economia em seu conjunto, quais as consequências, e o que significa para os indivíduos, por que e para que se educam, e com quais resultados. De entrada, não há muitas novidades. Becker encontra, no geral, correlações positivas entre educação e renda, coisa não muito surpreendente. Sobre o efeito geral da educação, entra em explicações históricas com fundamentos bem frágeis. Diz, por exemplo, que os países que conseguiram um aumento sustentado da renda no último século devem isso a investimentos na educação. Então, não quer dizer que a educação não seja importante, mas que é somente um fator que faz parte de uma configuração mais complexa. Dito em termos simples, o problema é que sua explicação omite o colonialismo, a estrutura do comércio internacional, a deterioração dos termos de troca, as relações de classe e todos os outros fatores estruturais que poderiam explicar as diferenças de renda em cada país, e entre países.

A conclusão mais direta, bastante óbvia, de que os Estados que gastam com educação estão, na verdade, investindo em capital parece razoável. Mas não estão apenas investindo em capital. A redução, fixar-se apenas no possível impacto sobre a produção, traz implícito um programa educativo, uma ideia do conteúdo desejável e do propósito da educação.

A parte mais interessante do livro não é a que se refere à economia em seu conjunto, mas aos indivíduos. O argumento é o seguinte.

Para uma empresa, investir na capacitação de seus empregados equivale a investir em capital, já que isso aumentará a produtividade e, portanto, os lucros. A decisão: quanto gastar, em que tipo de capacitação, para quem, é uma decisão de investimento, quer dizer, um custo que deve ser comparado com o lucro previsível no futuro. Isso significa que o fator determinante é a rentabilidade. Haverá investimento em educação enquanto isso for lucrativo. O mesmo acontece com as pessoas. A educação custa dinheiro e tempo, além do que se deixa de ganhar enquanto a pessoa está estudando. Mas pode valer a pena, porque é um gasto de investimento em capital – na empresa que somos nós mesmos. Assim como faria uma empresa, uma pessoa racional e bem informada só investe em algo se o lucro esperado for maior que o investimento. E isso vale para a educação, que só faz sentido enquanto for estimado que será rentável.

Becker comprova sua hipótese mediante uma série de cálculos segundo os quais a rentabilidade da educação superior nos Estados Unidos é de 11%, ou seja, compensa.

Inclui especulações menores, associadas. Explica que os jovens estão normalmente mais dispostos a investir em sua educação não porque tenham maior curiosidade, nem maior capacidade de aprendizagem, não porque contem com o apoio de seus pais ou não tenham ainda responsabilidades familiares, mas fundamentalmente porque calculam que terão pela frente mais anos para lucrar com seu investimento. Explica também que os pais de família de baixa renda estariam mais dispostos a investir na educação de seus filhos se achassem que vai ser lucrativo para eles a longo prazo, mas não podem ter certeza de que eles vão devolver o investido.

Human Capital é um livro volumoso e desigual. Às vezes as hipóteses parecem racionalizações bem grosseiras, a partir de ideias preconcebidas. O importante é que implica uma maneira de olhar os indivíduos, como empresários de si mesmos, que tomam decisões de investimentos – quer dizer, uma maneira de olhar que apaga absolutamente a estrutura social. E constrói um mecanismo de legitimação da desigualdade que será muito eficaz daí em diante. Mas, além disso, implica um projeto educativo, uma maneira de entender o propósito da educação e uma maneira de avaliá-la, sem o respaldo de nenhum estudo pedagógico, psicológico ou sociológico. Não há mais nada além do cálculo hipotético da rentabilidade. O modelo permite explicar com absoluta segurança, sem saber nada, sem perguntar nada. E isso é muito atrativo.

Nas décadas seguintes, Becker se dedicou a ampliar o campo da análise (empregando sempre os mesmos recursos) para transferir o que chamou de "enfoque econômico" a todos os âmbitos imagináveis. Descobriu que era igualmente útil em todos. Devemos esclarecer, entre parênteses, que a ideia já estava em voga desde os anos 1950. De maneira mais ou menos bem-sucedida, já havia economistas, Anthony Downs e William Riker, que tentavam aplicar o método da microeconomia à política, também a outros campos. Começava a ganhar popularidade então a Teoria dos Jogos, cuja ideia básica é bastante parecida. Becker só é um pouco mais desinibido que os outros, mais aventurado e muito popular também.

Talvez seu projeto mais ambicioso seja o estudo do casamento e da família (A *Treatise on the Family*, 1981). Vou me limitar a seus argumentos sobre a escolha de um parceiro. O amor, o casamento, diz Becker, parecia resistir à análise econômica por sua própria natureza, que implica emoções, valores, tradições. Não mais: ele descobre que tudo isso são enfeites. E que as complicadas explicações de antropólogos, psicólogos e sociólogos são no mínimo desnecessárias e, em todo caso, irrelevantes. Trata-se de dinheiro, nada mais. E os modelos da microeconomia neoclássica são suficientes para explicar tudo. Inclusive o divórcio, claro.

Sua contribuição para entender as pautas das núpcias, a taxa de divórcio ou as relações de parentesco é nula. É interessante, no entanto, porque permite ver com muita clareza o mecanismo do "enfoque econômico".

Em sua formulação mais ambiciosa, que é a de Becker, o enfoque implica copiar as equações da microeconomia, assumir uma curva de oferta, outra de demanda, sujeitos que maximizam e um mercado equilibrado. O que se faz é substituir os termos, só isso, colocar outros nomes. O procedimento é o seguinte: escolhe-se ou define-se uma finalidade, um bem, um propósito que recebe o nome de "utilidade"; é construída ou imaginada uma situação na qual é preciso escolher entre várias opções; e o resultado é postulado como um mercado em equilíbrio. Depois há alguns jogos matemáticos, basicamente como enfeite.

Vejamos. No caso do casamento, Becker precisa de duas suposições gerais. Primeiro: como o casamento é uma decisão voluntária dos dois contraentes, ou de suas famílias, é possível supor que a decisão é tomada com o propósito de aumentar a utilidade, em comparação com a situação de solteirice. A voluntariedade, postulada sem maiores complicações (sem nenhuma complicação, na verdade), permite omitir todo o universo cultural em que acontece o casamento. Há indivíduos que escolhem algo. E a noção de utilidade permite projetar isso em um gráfico (para que o modelo tenha um ar de universalidade, é necessário que quase qualquer coisa possa ser contada como utilidade: prestígio, honra, o favor divino, o poder político, o que for; depois tudo é simplificado). Por hipótese, algo é maximizado. E segundo: como os indivíduos escolhem entre vários enlaces possíveis, é preciso supor que todos querem o melhor possível e, portanto, competem entre si, de modo que se pode presumir que existe um mercado de casamento. A noção de mercado foi ampliada até ser quase qualquer coisa, mas também a concorrência pelos relacionamentos não remete a nenhuma experiência humana – exceto, talvez, a de uma universidade estadunidense, em que pelo visto há uma hierarquia de popularidade mais ou menos geral. Outra vez, no lugar da complexidade cultural das relações de parentesco há o esquema de uma comédia de televisão, transformado em modelo.

O princípio é muito simples. Se em qualquer campo pode ser imaginada uma escolha, ou a construção de uma conduta como se fosse uma escolha, então cabe postular que existe algo que é a "utilidade", a ambição de maximizar e, portanto, há concorrência e mercado. Em seguida, ajusta-se tudo que for preciso.

É significativo que, para fazer seus números no exercício matemático que serve como demonstração em sua análise do casamento, Becker precisa ajustar a definição de utilidade e reduzi-la ao dinheiro. A conclusão, não muito espetacular pelos pressupostos, é que as pessoas tentam encontrar um companheiro que ajude a maximizar seu bem-estar, definido bem-estar como consumo de bens produzidos pela unidade familiar. Não abandona em nenhum momento o terreno especulativo, de modo que se encontra com a conclusão que havia posto nas premissas. Também diz que, se assumimos que qualquer um poderia mudar de parceiro se isso contribuísse para aumentar seu bem-estar, podemos assumir que o mercado está em equilíbrio em qualquer momento dado. Ou seja, ninguém quer mudar, porque as alternativas são piores. Outras descobertas parecem ainda menos interessantes: o divórcio é menos provável na medida em que exista um maior "investimento específico" nesse casamento, quer dizer, filhos; e os incentivos para o divórcio aumentam na medida em que o indivíduo se convence de que o casamento foi um erro.

A pedra filosofal

Becker se dedicou a aplicar seu enfoque em todo tipo de atividades. Ao beisebol, à imigração, ao funcionamento do Congresso, às drogas, à delinquência, ao trabalho doméstico. Suas especulações viraram artigos de imprensa para o grande público: começaram a aparecer mensalmente na revista *Business Week*, a partir de 1985. E se tornou muito popular. Entre outras coisas, porque propunha um novo tipo de jogo mental, como as palavras cruzadas, que às vezes exigiam uma notável engenhosidade. O importante é que esses jogos contribuíam para trivializar uma maneira de entender a conduta humana – havia quem levava aquilo a sério, claro.

A conclusão de seus exercícios era sempre a mesma: o mercado resolve os problemas, é a solução mais eficiente. Na maioria dos casos, a conclusão já estava nas premissas. Não há nada de estranho nisso. De fato, se imaginarmos um campo de atividade qualquer como se fosse um mercado, no qual concorrem em igualdade de condições sujeitos racionais, informados, com a intenção de maximizar sua utilidade (todos a mesma), então por definição haverá um ponto de equilíbrio em que todos obtenham o melhor resultado possível, um ótimo de Pareto. E isso não tem nada a ver com a realidade, mas, como o modelo é assim, supostamente existe esse ótimo. O exercício pode ser ilustrado, e é o que Becker faz normalmente, com informações de relatos, algumas estatísticas ou, com mais frequência, através de hipóteses contrafáticas do tipo: se houvesse concorrência entre as escolas, a qualidade da educação melhoraria.

Termina sendo um pouco monótono se olharmos as conclusões: a concorrência é a solução para o mercado de telecomunicações, para a educação, para receber pensões de divórcio, para regular a imigração. Apesar disso, os jogos podem ser muito criativos. Entre dezenas, um exemplo típico: a religião. A concorrência é boa para a religião, como para qualquer outra mercadoria, porque os grupos religiosos são obrigados a aprender a melhor maneira de satisfazer as necessidades espirituais de seus membros, coisa que não acontece quando alguma delas tem um monopólio. Becker vai um pouco além, sustenta que, na verdade, uma das razões para a separação da igreja e do Estado é obrigar as religiões a concorrer pelos fiéis – e melhorar sua oferta.

A explicação deve ser um pouco estranha para qualquer um que tiver uma crença religiosa genuína, também para os hierarcas de qualquer igreja (exceto os charlatães e televangelistas, claro). A operação é simples. Postula-se que o âmbito religioso é um mercado em que são oferecidos serviços espirituais e há concorrência pelo número de fiéis, assume-se que as igrejas são empresas que querem maximizar a quantidade de seus clientes, e se supõe que as pessoas têm entre suas preferências um conjunto de necessidades espirituais e procuram quem vai permitir maximizar sua utilidade ao satisfazê-las, quer dizer, procuram uma melhor oferta e a menos onerosa. O modelo funciona exatamente como se estivéssemos falando do mercado de sardinhas enlatadas: se há muitas empresas espirituais oferecendo suas mercadorias, tornando-as o mais atrativas possível, os clientes ficarão mais satisfeitos.

Na conferência que ditou ao receber o Prêmio Nobel de Economia, em 1992, Becker elogiou seu método. Apenas assumindo que os indivíduos são racionais, disse, que mantêm preferências constantes e tentam maximizar seu bem-estar, independente de como eles o definam, é possível explicar quase qualquer fenômeno social. As pessoas cometem delitos, por exemplo, porque o lucro esperado, descontando a possibilidade de ser pego, é maior do que a oferecida pelo trabalho legal: de onde podemos deduzir que o direito penal deve procurar o castigo marginal ótimo, para dissuadir os delinquentes sem gastar muito. As pessoas decidem se casar, ter filhos, porque ao fazerem o cálculo de custos e benefícios descobrem que aumentará seu bem-estar – ou decidem não se casar ou não ter filhos, pela mesma razão.

O modelo também explica por que é racional que as mulheres fiquem em casa, dedicadas ao trabalho doméstico. É assim. Sempre se ganha com a especialização: ganha-se em habilidades, em capacidades, em produtividade; de modo que o mais razoável em uma unidade doméstica é que o marido se especialize em determinadas atividades, ganhar dinheiro por exemplo, e a mulher em outras, como cuidar dos filhos. Ele em prover, ela em atender. A distribuição de tarefas, em igualdade de circunstâncias, é fácil de decidir, já que uma pequena discriminação em relação às mulheres no mercado de trabalho, ou uma pequena diferença nas aptidões biológicas para cuidar dos filhos, faz com que a decisão racional seja que a mulher fique em casa.

É o auge da grande ofensiva, já sem a ameaça da União Soviética (continuo com a conferência de 1992), e Becker aproveita para atacar a previdência social. Os pais investem em seus filhos, no começo investem na educação, porque esperam que estes, por sua vez, retribuam ocupando-se deles na velhice. O acordo é impecável em sua racionalidade. Talvez os pais procurem garantir essa reciprocidade deixando os filhos com culpa, ou desenvolvendo sentimentos de lealdade. E assim as famílias se mantêm unidas. Mas, se os pais têm garantidos os cuidados de sua velhice graças à previdência social, não possuem incentivos para investir em seus filhos, nem para manter esses vínculos emotivos, e todo o edifício treme. Quer dizer, a previdência social contribui para a ruptura emocional das famílias.

Becker é enfático: nenhum outro método oferece nada comparável como explicação. Refere-se à rápida difusão das teorias de "escolha racional" nesses anos, os 1980/1990, e diz que o "enfoque econômico", o dele, é a base mais promissora para uma análise unificada do campo social.

Indo na contracorrente da evolução das outras disciplinas ao longo do século, que consiste em um esforço para integrar cada vez mais elementos do contexto, as teorias de escolha racional procuram uma formalização com validade universal. São, na verdade, uma variante da economia neoclássica: exercícios de lógica. Graças a um pequeno giro conceitual, a economia se transforma em uma "teoria da escolha" e permite explicar tudo, porque tudo pode ser representado como produto do interesse individual: só é preciso ajustar as definições de interesse, utilidade e assim por diante, e a economia neoclássica se transforma em uma Teoria de Tudo.

Assim como na teoria econômica, a nova fórmula (a escolha racional) oferece a ilusão de um conhecimento científico, porque as explicações podem ser reduzidas a fórmulas algébricas que se parecem no papel com as fórmulas da física do século XIX. Mas é algo totalmente diferente. O procedimento é muito simples, já vimos mais de uma vez. As explicações não são nada mais do que o desenvolvimento de modelos lógicos, que exibem comportamentos estilizados: não têm nada a ver com comportamentos concretos, nem com situações concretas. O problema fundamental, já vimos antes também, é que os modelos dependem de uma série de suposições, definições do que é considerado em cada caso como utilidade, racionalidade, interesse e uma definição das condições sob as quais a escolha é feita: informação completa, igualdade etc. Se admitirmos esses pressupostos, o resultado do exercício só pode ser um, já que se trata de jogos de lógica. Nenhuma classe de informação empírica, nenhuma prova pode refutar as conclusões, pois em sentido estrito são tautologias.

Os resultados tiveram um interesse bastante escasso. Se os pressupostos são muito exigentes, as explicações terminam sendo totalmente irreais; mas se forem muito frouxos, então admitem qualquer resultado. Em certas ocasiões trata-se apenas de elaborações mais ou menos sofisticadas do óbvio. Mas com frequência os exercícios conduzem a conclusões absurdas.

Entre os exemplos mais conhecidos está o paradoxo da participação democrática. Indivíduos racionais, que fazem seu cálculo de custos e benefícios, e procuram maximizar sua utilidade, não têm nenhum incentivo para votar em uma eleição. Porque sabem que seu voto é insignificante, mas votar exige algum esforço, tem um custo. E, no entanto, as pessoas votam. Um fato assim óbvio representa um problema grave para a teoria, um desafio conceitual maior, que dá lugar a longas elaborações.

Acontece algo parecido com os problemas da ação coletiva. Talvez seja o mais conhecido, entre os modelos de escolha racional, sobretudo na obra de Mancur Olson (sua primeira grande contribuição, *A lógica da ação coletiva*, é de 1965). Resumindo, diz que se um grupo se organiza para gerar um bem público, de que todos podem desfrutar igualmente – um parque ou um ambiente sem contaminação, o que for –, um indivíduo racional deveria se comportar como um parasita e deixar que os outros cuidem de tudo. Mas, claro, se todos adotassem essa atitude, nenhum bem público seria criado, ninguém participaria para isso. Apesar disso, participam. Novamente, um fato clássico da ciência social, a mobilização, se transforma em um problema maiúsculo, que dá lugar a complicados desenvolvimentos, justificativas. Coloca-se um problema que só existe na teoria, porque se assume que são egoístas racionais, e em seguida se postula a existência de outros "incentivos", ajusta-se a definição de utilidade.

Não faltaram críticas. Ronald Coase, para mencionar somente um caso, encontra injustificada essa expansão da economia para as disciplinas adjacentes. É possível pensar, diz Coase, que os economistas já resolveram todos os problemas importantes em seu campo, de forma tão satisfatória que por isso estão empenhados em aplicar esse método tão bem-sucedido em outros campos. Parece mais que estão procurando outros objetos para ver se em algum deles esse método serve para alguma coisa. Se olharmos bem, não há motivos para pensar que algo tão rudimentar quanto o cálculo de custo-benefício, em um modelo formal, sirva para explicar realmente nada ou quase nada; o problema básico é que a ideia de que os indivíduos estejam sempre tentando maximizar algo (a utilidade) não tem fundamento – e é, no final, uma afirmação vazia, já que pode significar qualquer coisa. Os modelos não dizem nada relevante sobre nenhum campo de atividade, limitando-se a oferecer uma descrição esquemática de uma possibilidade ilusória.

A popularidade do enfoque nos anos 1990 obedeceu a várias razões. Não seria menor o fato de que permitia uma grande produtividade acadêmica (publicar muitos textos, entende-se), sem necessidade de investir tempo e esforço no trabalho empírico. As revistas se encheram de variações de jogos, que admitiam engenhosos desenvolvimentos matemáticos. Mas sobretudo influenciou a vitória ideológica do programa neoliberal. A absoluta superioridade do mercado convidava à aplicação da fórmula onde fosse possível. O mercado era a solução para os problemas de inflação, desemprego, estancamento, também para o fornecimento de serviços públicos: o mundo realmente funcionava assim. Não havia mais que aplicar o modelo ao resto das esferas da vida social. O postulado do indivíduo maximizador tinha que ser o ponto de partida das ciências sociais, todas. A pedra filosofal.

Mas também era um assunto prático. Essa extensão do modelo da economia neoclássica era o recurso para impor as soluções do mercado. Antes de realmente produzir o mercado da educação, da saúde, da investigação científica, é preciso ter construído esses campos como mercados, com algo para maximizar. Feito isso, só resta o problema institucional. A tarefa das ciências sociais consiste em criar instituições ou regras, para que o comportamento egoísta, racional, calculista, que supostamente é um dado elementar, possa ser canalizado em direções produtivas, vantajosas para o conjunto. Tudo está em imaginar uma unidade de medida e incluí-la em um sistema de preços. O interessante é que se as instituições forem criadas assim, como sistemas de prêmios e castigos individuais, estruturados a partir de uma unidade de medida específica, isso contribui para produzir esse tipo de conduta.

A ideia do indivíduo egoísta, maximizador, permeia a linguagem usada no espaço público e termina por dar sentido à experiência cotidiana. Os indivíduos do novo século aprenderam a modelar sua conduta e interpretar sua experiência a partir desses pressupostos. Só precisamos ver a linguagem da imprensa em qualquer parte: o realismo cínico é o modo dominante; em todo caso, não surpreende mais ninguém.

O motivo básico da retórica neoliberal é a eficiência. O mercado é o único recurso para processar informação – se o que queremos é um resultado eficiente. Mas na prática o argumento costuma vir acompanhado de uma ideia moral. O mercado forja o caráter, o mercado produz virtudes: responsabilidade, pontualidade, prudência. A explicação de Arthur Seldon, do Institute for Economic Affairs, é para poupar explicações: o dinheiro confere às pessoas o poder de escolher um bem ou serviço enquanto, ao oferecer esse mesmo serviço em espécie, nega esse poder; não só isso, os pobres que são procurados para oferecer o serviço em espécie nunca aprenderão o que é a escolha, o julgamento, o discernimento, a responsabilidade. O mercado educa na virtude, o Estado de bem-estar corrompe.

A formação do caráter, segundo as ideias em voga no século XIX, exige capacidade para suportar a dor, adiar o prazer, escolher o caminho mais difícil. A formação do caráter exige sofrimento, ter aprendido mediante o esforço, através do fracasso, com todas suas consequências. O mercado cumpre com essa função.

Insensivelmente, a afirmação dessa pedagogia moral do mercado generaliza a ideia de que no mundo há sempre quem ganha e quem perde e que é natural, é bom, produtivo, é necessário que existam aqueles que ganham e aqueles que perdem. A concorrência é uma virtude, e semente de virtudes. Os perdedores aprendem através do fracasso, na medida em que é obra dele, produto de suas decisões. Então, nesse mundo não existe fundamento algum para criticar o egoísmo, a falta de solidariedade, a ambição, porque não há alternativa, assim é a natureza.

As entidades racionais dos exercícios de Becker não precisam da moral, nem saberiam usá-la, a menos que fosse incluída como parte da função de utilidade. Mas a política precisa de um repertório um pouco mais amplo.

E o mercado ainda estava lá

Antes de continuar, vale a pena abrir um parêntese. Houve, nos últimos trinta ou quarenta anos, tentativas de formular uma moral mais solidária, equilibrada, inclusive igualitária às vezes. É muito significativo que o ponto de partida seja sempre, ou quase sempre, o cálculo egoísta, individual, como se fosse algo óbvio – como se efetivamente não houvesse alternativa. O que é ter admitido a antropologia neoliberal como premissa.

Penso, especialmente, na teoria da justiça de John Rawls, que é uma das obras mais características do final do século XX. Foi pensada para dar fundamento ao Estado de bem-estar, ou algo parecido ao Estado de bem-estar. Em seu propósito é ao mesmo tempo liberal e igualitária, e nesse sentido poderíamos dizer que está nos antípodas do neoliberalismo. É verdade. Mas não escapa à lógica geral do momento neoliberal.

O livro *Uma teoria da justiça* foi publicado em 1971, no início da década da crise, a última do bem-estarismo, quando começava na academia estadunidense o grande auge dos modelos de escolha racional, cujos marcos são *Theory of Political Coalitions*, de William H. Riker (1962), *Human Capital*, de Gary Becker (1964), e *A lógica da ação coletiva*, de Mancur Olson (1965). Essa é a tradição intelectual com que quer dialogar John Rawls – e não, claro, com a de Hobbes, Rousseau ou Nietzsche. Não a de Kant, embora a mencione. O importante para esta história não é a conclusão a que chega, mas o método que usa para torná-la verossímil. Resumindo, Rawls quer elaborar um argumento neoliberal a favor do Estado de bem-estar.

Não corresponde aqui uma análise geral da teoria de Rawls, mas vale a pena algumas observações. O que propõe é um utilitarismo corrigido, que admite a exigência de uma certa igualdade material. Ele tem o cuidado de evitar todas as discussões importantes da história da filosofia e diretamente omite qualquer consideração do contexto, da história, como teriam exigido o marxismo, o vitalismo, o existencialismo. Não nega que haja uma determinação histórica ou cultural do pensamento, da vida humana, mas não fala dela; simplesmente, silencia sobre o assunto, como se não fosse relevante. E adota uma estratégia que parece contratualista, sem ser – porque evita o radicalismo inevitável de qualquer "estado de natureza". Vamos explicar um pouco.

Rawls imagina um contrato, ou algo parecido a um contrato, como fundamento da ordem social. Mas precisa que os indivíduos que vão assinar cheguem à conclusão de que o melhor é um regime liberal, corrigido mediante uma distribuição equitativa de bens básicos. Quer dizer, precisa que produzam um resultado eminentemente civilizado, longe das escolhas dramáticas que o estado de natureza de Hobbes obriga, por exemplo. Para isso, o que faz é imaginar um conjunto de indivíduos que se encontram em condições de perfeita igualdade, sem saber nada sobre a sociedade ou sobre si mesmos – indivíduos sem família, nem amigos, nem história pessoal, sem crenças religiosas, claro. E imagina que esses indivíduos decidem as regras que devem reger sua sociedade. Nenhum deles sabe qual será seu "plano de vida", mas todos sabem que terão um, e sabem que os outros terão os deles, diferentes todos; não sabem quais recursos terão, mas sabem que vão precisar de um mínimo, como todos. Esse é o véu da ignorância, indispensável para produzir a "posição originária", a descoberta metodológica de Rawls, que lembra muito o grande leilão do modelo econômico de Walras.

Sem explicar muito, diz que adota o conceito de racionalidade "usado normalmente na teoria social", que significa uma hierarquia de preferências completa, coerente, e o propósito de maximizar utilidade ("satisfazer o maior número de seus desejos"). Nessas condições, sob o véu da ignorância, um indivíduo racional escolherá uma ordem liberal, onde não existam obstáculos para realizar qualquer plano de vida. Mas vai escolher também uma distribuição igualitária dos bens escassos que são necessários para viver. E com isso consegue que o cálculo egoísta de indivíduos racionais produza regras para proteger algo que se parece com o interesse público, segundo entende Rawls (claro, não é tampouco um conceito de racionalidade admitido geralmente na teoria social, mas isso é o de menos).

Não oferece nenhum argumento para explicar como pode ser obtida a harmonia entre os diferentes fins, nem a harmonia entre o público e o privado. Não concebe que possam existir fins incompatíveis entre si, ou incompatíveis com a liberdade, ou a igualdade. Na verdade, a harmonia do resultado final é uma suposição do modelo, não uma conclusão que pode ser derivada razoavelmente do nada.

Não há nada no procedimento de deliberação na posição original que corresponda à experiência real de uma pessoa concreta. Estão fora, descartados, o medo da morte, a irracionalidade, o mesmo que a cultura, a história e até a inveja. Assim como na economia neoclássica, assim como nas teorias da escolha racional, o que existe é um modelo. Há uma série de suposições (indivíduos, racionalidade, ignorância), uma lógica (o princípio de maximização dos mínimos) e, a partir daí, conjecturam-se os resultados. Assim como na economia neoclássica, supõe-se que os fins, valores, desejos, preferências dos indivíduos são exógenos, são dados de antemão, sem motivos, e cada um tem os seus. E assim como na economia neoclássica, o único que importa é que esses propósitos possam ser satisfeitos do modo mais eficiente.

Na verdade, não tem muita importância que as conclusões de Rawls, suas convicções na verdade, estejam muito longe das de Hayek ou Becker. O método é o mesmo, os resultados dependem de que uma suposição seja adicionada ou removida. O exercício da posição original e outros parecidos aos que recorre Rawls são chamados de "experimentos mentais". O nome não é muito apropriado. Não são experimentos em nenhum sentido razoável da expressão. E a analogia termina sendo enganadora, porque coloca uma aura científica que está fora de lugar.

Vamos fechar o parêntese.

A nova natureza

Não é preciso insistir mais. O método da economia neoclássica, os pressupostos centrais da economia neoclássica, são impostos como traço básico da reflexão social. Inclusive entre críticos abertos, explícitos, do programa neoliberal, como John Rawls. É uma ideia da natureza humana que se generaliza e se integra no sentido comum.

Essa adoção geral do método: modelos, indivíduos, racionalidade, maximização, concorrência, equilíbrio, é a condição central para a naturalização da nova ordem. No espaço público, a falta de solidariedade é assumida como um fato óbvio, inevitável, que não precisa de explicação nem merece censura. Os indivíduos racionais, quer dizer, egoístas, são os que fazem o mundo funcionar (funcionar corretamente, entende-se). A desigualdade é uma consequência secundária, nada grave, ao contrário, possui efeitos positivos. Na verdade, tentar eliminá-la, ou reduzi-la, seria contraproducente. Por motivos econômicos: porque isso eliminaria incentivos ao investimento e levaria ao estancamento da economia; por motivos políticos: porque qualquer forma de redistribuição promove o rentismo e é sempre favorável às clientelas mais bem acomodadas; e por motivos morais também: porque a redistribuição, o igualamento elimina a responsabilidade individual, corrói o caráter, fomenta o parasitismo e castiga aqueles que tiveram sucesso. Por outro lado, a preocupação é desnecessária, já que a desigualdade é transitória, oferece o melhor estímulo para o crescimento da economia, para o aumento da riqueza, e isso finalmente beneficia a todos.

Estou combinando expressões de Milton Friedman, Hayek, Mises, Buchanan. A alegação faz parte do sentido comum.

Volto ao argumento geral do capítulo. O neoliberalismo é um movimento cultural de grande alcance. Implica uma ideia da ordem econômica, a prioridade do mercado, uma ideia da justiça, da natureza humana, implica também uma ideia moral. Vale a pena olhar uma última vez para isso, ver de outro ângulo, porque sem dúvida é a chave da nova ordem.

Quando um programa é traduzido para a vida cotidiana, em uma explicação prosaica, direta, o neoliberalismo preconiza a existência de um homem novo, liberado da servidão e das dependências, que é fundamentalmente um homem que cuida de sua própria vida e sabe assumir riscos. Não tem nenhum mistério. No relato moral do neoliberalismo, o risco é a condição do sucesso e da humanidade verdadeiramente digna, é a matéria da qual está feita a "cultura empresarial", que está nos antípodas da "cultura da dependência" que promove o Estado de bem-estar.

Na prática, isso significa que é preciso erradicar todos os valores não mercantis, as práticas e instituições não mercantis ou antimercantis, para instaurar a sociedade do risco – onde seja possível a virtude. E que esta tenha sua recompensa.

O mercado também é um sistema normativo, uma forma moral. A insegurança, a incerteza, a pobreza, não são mais males que precisamos combater, mas a condição de possibilidade da ordem desejável. Tudo isso serve de estímulo para melhorar, obriga os homens a se superar. Se desaparecesse esse horizonte de penúria, não haveria iniciativa nem esforço ou criatividade. Para resumir em uma frase, a pedagogia da miséria é indispensável para forjar o homem novo.

Claro, há transcrições dessa ideia em outros tempos. O elogio do sofrimento é bastante comum na história das religiões. A novidade está na simplificação do universo moral. No mercado não há nada além de ganhadores e perdedores, estão os bem-sucedidos e os fracassados, com uma medida indiscutível. E a nova linguagem diz, bem às claras, que os perdedores merecem perder, já que os ganhadores merecem ganhar. Não dá para ter um sem o outro. Se deve haver algum mérito no sucesso econômico, ou melhor, se o sucesso econômico é manifestação de algum tipo de mérito, o fracasso precisa implicar falta de méritos – como se quiser chamar.

A distinção entre os bem-sucedidos e os fracassados era um traço conhecido da cultura estadunidense do século XIX, uma peça básica da ideologia nacional, junto com a igualdade de oportunidades, a afirmação individual, o empreendedor que conquistou tudo com seus próprios méritos. A novidade é que isso se generaliza e aparece como algo natural no resto do mundo também. Normalmente se mostra sobretudo em seu lado luminoso, no elogio ao sucesso. Mas o reverso também pode ser visto e usado com a mesma facilidade. A medida é o dinheiro, não há outra. Os ganhadores, os que tiveram sucesso, merecem porque se esforçaram. Implicitamente, também os perdedores merecem o que têm: são fracassados, e sempre devemos suspeitar que não se esforçaram o suficiente.

A grande virtude do mercado consiste em ensinar as pessoas a se esforçarem. Oferece recompensa àqueles que aceitam os riscos e trabalham.

Vamos abrir um parêntese. A meados dos anos 1980, Charles Murray extraiu as consequências de tudo isso para o sistema de previdência social dos Estados Unidos (o livro, um sucesso de vendas, se chamava *Losing Ground*). Resumindo, vinha dizer que os programas de ajuda tinham piorado a situação dos pobres, porque tinham feito com que ficassem dependentes, e que não havia outra solução, a não ser eliminá-los. Para que o mercado ensinasse as pessoas a ganhar a vida e a defender-se por si mesma. A base estatística para essas afirmações era frágil no melhor dos casos, às vezes enganadora. Mas a plausibilidade do argumento não dependia disso. Segundo Murray, a previdência social tinha feito com que o desemprego, a delinquência, ou a gravidez fora do casamento fossem mais racionais que o trabalho honrado, a respeitabilidade e o esforço. E por isso a pobreza se perpetuava – graças ao dinheiro público.

Esse foi o ponto de partida de um novo consenso sobre a previdência social nos Estados Unidos, que culminou na reforma promulgada por Bill Clinton em 1996. Pode haver uma "pobreza involuntária", de lares estabelecidos, com pais trabalhadores: esses merecem ajuda. Mas existe a pobreza persistente, patológica, daqueles que se tornaram "dependentes" dos programas de ajuda: o problema deles é de conduta, de responsabilidade pessoal. Esses precisam se regenerar mediante a educação moral do mercado. Depois de mais de vinte anos, a ideia é quase um lugar-comum em todas as partes.

Voltemos. O argumento econômico diz apenas que o mercado é "eficiente". Na linguagem técnica, o resultado pode ser um "ótimo", já que os agentes otimizam e o mercado encontra seu equilíbrio. Tudo isso são tecnicismos, com definições neutras. Apesar disso, na discussão no espaço público, quando se trata de justificar as políticas neoliberais, é frequente que sob a neutralidade técnica da noção de eficiência se deslize também a ideia de que o resultado é "justo". Na verdade, segundo a forma como se definem os termos, quase qualquer resultado pode ser eficiente: se alguém não tem dinheiro, por exemplo, não representa demanda efetiva e não é eficiente que receba pão, por mais fome que tiver. Eficiente. O problema é que a explicação puramente técnica é muito vulnerável. Por isso falta algo mais.

Quando se entra na discussão moral, o que se faz é escolher entre a responsabilidade individual e a dependência, entre o esforço e a preguiça. O resultado produzido pelo mercado é justo porque dá a cada um o que é dele, segundo seu mérito: recompensa o esforço. E premia aqueles que são moralmente melhores, embora os demais sofram, porque não se esforçaram o suficiente. A explicação do socialismo que Ludwig von Mises apresentava nos anos 1920 é eloquente. O marxismo, dizia Mises, promete o paraíso na Terra, um Eldorado cheio de felicidade e prazeres, bem como o presente mais apetitoso para todos os deserdados, que é a humilhação de todos aqueles que são mais fortes e melhores que a multidão.

Parece inevitável, embora pareça contraditória, a oscilação entre uma afirmação populista do mercado como democracia e a defesa oligárquica dos melhores. Insisto: a linguagem dos economistas pode ser mais asséptica, o conteúdo de suas explicações não é explicitamente moral embora possa parecer, mas o programa neoliberal depende de que, em última instância, possa ser afirmado que o resultado do mercado é justo. Nisso se diferencia claramente a nova ordem da cultura que dominou a maior parte do século XX, sempre mais inclinada a pensar em termos de responsabilidade coletiva.

O mercado como religião: Ayn Rand

Essa convicção de que o mercado é justo, que premia os melhores, chega ao paroxismo na obra de Ayn Rand. Em si mesma, não é tão interessante. Nem é original, nem tem um peso real. Na verdade, não haveria motivo para mencionar seu nome junto ao de Hayek, Coase ou Leoni, mas sua popularidade nas últimas décadas do século XX, e no novo século, é um fenômeno que vale a pena ser estudado.

Ayn Rand foi um personagem pitoresco dos anos 1940 e 1950, autora de uma dúzia de romances, entre eles dois muito populares: *A nascente* (1943) e *A revolta de Atlas* (1957). Colocou juntas algumas ideias, uma "filosofia", que chamou de "objetivismo", que no central era uma racionalização da propaganda empresarial contrária ao *New Deal*, nos Estados Unidos, e reuniu ao seu redor um conjunto de adeptos que poderia ser chamado, com justiça, de seita – com suas crenças, seus hereges e suas expulsões. Como acontece normalmente nas seitas, o dogma central era a infalibilidade de Ayn Rand.

O objetivismo não é um sistema filosófico, mas uma coleção de afirmações dogmáticas, de uma ingenuidade que às vezes acaba sendo surpreendente. Seu fundamento pode ser exposto em três frases: o mundo existe objetivamente, só a ciência permite conhecê-lo, a vida é o fundamento de todo valor. A partir daí, Rand elabora uma explicação de tudo: a sexualidade, a psicologia, a estética, o que for. A mais famosa, a campeã de popularidade, é sua ideia da moral tal como aparece explicada em seus romances e em alguns ensaios. Para resumir em uma frase, o que faz Ayn Rand é defender o egoísmo como valor absoluto, incondicional, e ao mesmo tempo condenar o altruísmo como causa de todos os males: na prática, o egoísmo é o motor do mercado, e o altruísmo aparece nas regulamentações, na burocracia, nas tentativas de redistribuir a riqueza. O mundo dela é simples, tão branco e preto que é difícil levar a sério (custa levar a sério sua ideia da ciência, sua ideia da realidade ou do mercado, mas aí reside parte de seu apelo aos fiéis: a crença é uma pura fantasia).

A ideia moral de Rand deve algo a Nietzsche, embora seja uma caricatura. Para o altruísmo, diz, a morte é o fim último, o padrão de valor, e por isso suas virtudes são a resignação, a renúncia, a abnegação, o desprendimento, a negação de si até a autodestruição. Ela defende a rebelião. E contra os valores (publicamente) estabelecidos defende outra moral: subversiva, radical.

A formação filosófica de Rand era sumamente precária, e talvez seja por isso, pelo menos em parte, o adamismo característico de sua escrita. Menosprezava em bloco a filosofia acadêmica (que nunca prestou atenção em seus livros), descartava totalmente as obras de autores que, ostensivamente, não havia lido. Na verdade, segundo alguns biógrafos, é provável que não tenha lido nenhum livro de filosofia do século XX e, claro, nenhum posterior a 1945. Estava estranhamente convencida de que todos os filósofos modernos negam a existência do mundo real, e baseava nisso seu rechaço a todos eles.

Em suas ideias não há nada novo, nada que já não existisse nos filósofos materialistas do século XVIII, ou no utilitarismo do século XIX. Sua contribuição para a história da filosofia, segundo a expressão de Antony

Flew, é absolutamente nula; se lida com algum cuidado, só chama a atenção, e causa desconcerto, a ignorância e o descuido. É possível que seja esse o motivo de encantar leitores de pouca cultura: é uma filosofia para qualquer um, que exalta o sentido comum e zomba da erudição e dos modos acadêmicos. É vulgar, caricatural, dogmática, maniqueísta, exposta com uma fúria obsessiva, com toques proféticos.

O seu livro mais famoso, o mais importante também, objeto de culto para os membros de seu grupo, é *A revolta de Atlas*. A trama é elaborada, planejada e muito simples. A sociedade estadunidense caiu no poder de um coletivo de parasitas e saqueadores, os altruístas: burocratas, políticos, sindicalistas, que se dedicam a espremer os indivíduos criativos, quer dizer, os empresários. E literalmente os torturam para conhecer seus segredos e roubar suas ideias. Encabeçados por um personagem de desenho animado, John Galt, empresário, aventureiro, cientista, engenheiro e homem de ação, os empresários decidem finalmente se retirar e se reúnem em um vale nas Montanhas Rochosas, Galt's Gulch, onde se dedicam a desfrutar de sua criatividade enquanto o mundo dos parasitas afunda, sem a inteligência e espírito deles.

É claro que, como romance, não tem nenhum interesse. É uma espécie de melodrama distópico, repleto de fantasias sexuais, com personagens caricaturescos: altruístas malvados, molengões, ardilosos, e empresários jovens, atléticos e geniais. A trama, a moral, é exposta em longos discursos dos personagens, que dedicam dezenas de páginas se explicando. Resumindo, é um panfleto de 1.200 páginas, meio uma celebração do egoísmo, em um mundo de fantasia, e meio um obscuro menosprezo ao mundo tal como existe. Não parece estranho que termine sendo atrativo para uma mentalidade de adolescente: afinal, diz que as inclinações egocêntricas e narcisistas deles são indícios de grandeza e que eles, se cultivarem a insensibilidade e a arrogância, podem pertencer ao grupo seleto daqueles que se atrevem a desafiar as regras do mundo – que são regras dos fracos.

Ao redor de Ayn Rand, já dissemos, foi formada uma pequena seita, semelhante em muitas coisas às formadas por Mary Baker Eddy, Edward Bellamy ou L. Ron Hubbard. Os fiéis se reuniam cotidianamente no apartamento de Ayn Rand para escutar suas dissertações e para desfrutar da sensação de estar entre os escolhidos. Segundo contaram alguns dos devotos dessa época, viviam em uma realidade alternativa, viviam realmente no mundo caricaturesco e maniqueísta de *A revolta de Atlas*. Havia uma única regra inalterável: o que Ayn Rand dissesse era verdade, eram sempre Juízos Objetivos, expressão da Racionalidade e da Moral. E portanto, dissentir era ser irracional.

Não apenas Rand era o ser humano mais perfeito que havia existido, o pináculo da sabedoria, também seus romances eram as maiores obras-primas do gênero. Impossível duvidar. Rand tinha opiniões terminantes acerca de tudo: literatura, cinema, sexualidade. Para os membros da seita, por exemplo, a regra era que só podiam ter relações sexuais com aqueles que fossem seus iguais intelectualmente e compartilhassem as mesmas ideias. E como costuma acontecer nas seitas, ela escolheu seu amante entre os fiéis: Nathaniel Branden, dez anos mais jovem que ela, e convenceu seu marido, e a mulher de Branden, de que o racional era manter as coisas assim. E, como acontece nas seitas, houve julgamentos, heresias, expulsões: Branden foi expulso quando decidiu ter outra amante; e Murray Rothbard, outro dos fiéis, por ter se casado com uma cristã devota.

Rand evitou sempre as discussões, não admitiu nenhum tipo de debate sobre suas ideias. Nem seus discípulos. Em seu livro *Objectivism: The philosophy of Ayn Rand*, seu herdeiro e testamenteiro literário, Leonard Peikoff, escreve: "este livro não foi escrito para acadêmicos, mas para seres humanos". Imagino que está bem claro. Nesse ambiente de estufa intelectual, o grupo adotou um colorido grupo de charlatães, como Peikoff e Branden, vários gurus da persuasão subliminar, como Roger Callahan e Lee Shulman. Nesse ambiente também cresceu Alan Greenspan, o mais famoso e mais bem-sucedido dos discípulos de Ayn Rand (foi presidente do Federal Reserve dos Estados Unidos entre 1987 e 2006).

Volto com isso ao argumento central. Ayn Rand foi uma personagem da metade do século. A maior vitalidade de sua pequena seita aconteceu nos anos 1960. Mas sua obra, suas ideias, tiveram um retorno espetacular na década de 1980. O presidente Reagan a convidou para ir à Casa Branca para uma homenagem. E pouco depois de sua morte, em 1985, Leonard Peikoff fundou o Ayn Rand Institute, que tem um orçamento anual de 1,8 milhão de dólares e se dedica a patrocinar clubes universitários voltados ao estudo da obra de Ayn Rand. A partir de então, seus livros tiveram vendas constantes, centenas de milhares de exemplares por ano, no mundo todo.

É duvidoso que haja devotos de Rand como os membros da seita. Mas sua popularidade é muito eloquente. A defesa beligerante do egoísmo tem afinidades óbvias com o espírito da época. A dureza e a falta de solidariedade são virtudes essenciais da crença de Ayn Rand, e a compaixão é um defeito. Pior ainda é a compaixão institucionalizada, organizada pelo Estado. Serve como toque final para o programa neoliberal em sua versão mais crua. Os ganhadores, os que tiveram sucesso, os ricos, são também os melhores e fazem bem em esquecer os fracassados, e não serem enganados pelas falácias do altruísmo.

Não é marginal, não é coisa do passado. O Saxo Bank da Dinamarca tem como base para a formação de seus empregados as Sete Virtudes de Ayn Rand e distribuiu na última década 15.000 exemplares de seus livros. Desde 2012, o Instituto Adam Smith patrocina uma Conferência Anual Ayn Rand, para manter vivas suas ideias (normalmente com a participação de executivos de grandes empresas, que anunciam a próxima revolta de Atlas).

A propósito: a organização que vincula as fundações e centros de estudos neoliberais, a Fundação Atlas, deve seu nome ao livro de Ayn Rand.

6. AS DÉCADAS DO AUGE: PANORAMA

Os anos 1990 são os anos do otimismo, os anos do fim da história. Embora, se olharmos com atenção, o quadro seja mais matizado e mais difícil de julgar. O programa neoliberal acaba se impondo no mundo todo, inclusive na Rússia e em quase todos os lugares que estiveram na órbita soviética, e começa a render frutos. Nos países centrais, nos Estados Unidos e Europa Ocidental, com alguns tropeços, são em geral anos de estabilidades e crescimento econômico, que convidam a olhar a nova ordem quase com entusiasmo. Dá a impressão de que tudo está se ajeitando. Mas o tom da década é colocado também pela Guerra da Iugoslávia, que parece não acabar nunca. No resto do mundo os resultados são mais confusos. Na América Latina dominam os regimes democráticos, com algumas exceções, quase desaparece a guerrilha no Peru, não na Colômbia, mas o desempenho econômico é muito medíocre, tendo empecilhos com a crise do México (1994), Venezuela (1989, 1994), Argentina (1998); na Ásia e África, com algumas exceções (o efeito que tem sempre o crescimento da China e da Índia), os resultados são ainda piores: o fim do *apartheid* na África do Sul é a nota mais otimista que contrasta com o genocídio de Ruanda (1994), as guerras do Iraque (1991), Afeganistão (1992, 1994), Serra Leoa (1991), Libéria (1989, 1999) e as seguintes (Sri Lanka, Congo, Somália, Sudão).

Não há muitas ideias, quase nenhuma nova. Entra em funcionamento o sistema armado nos anos anteriores – é uma década eufórica e cinzenta.

A nova economia

A queda do Muro de Berlim e o colapso do sistema soviético provocaram um movimento de euforia de um lado e outro. Para o mundo ocidental, o fim da ameaça nuclear, o desaparecimento do campo socialista e de quase todos os partidos comunistas europeus, significou o início de uma vida nova, em um clima de segurança que não havia existido nos sessenta anos anteriores. O inimigo não estava mais nas portas da Europa, nem havia a ameaça de uma ordem social alternativa. Quer dizer, se não era o fim da história, sem dúvida era o fim de uma história. Para os países da Europa Central e Oriental, incluindo a Rússia, foi uma comoção de um dramatismo extraordinário: o acesso a um mundo novo. O entusiasmo com que se demoliu o Muro de Berlim é bastante eloquente.

Mas, além disso, a queda do sistema soviético significou uma repentina expansão do mercado global. De um dia para outro surgiu um imenso mercado de dezenas de milhões de pessoas, uma nova oferta de bens básicos, recursos naturais, ilimitadas oportunidades de investimento. Os centros de estudo neoliberais, o Instituto Adam Smith, por exemplo, publicaram rapidamente programas, guias, receitas para a privatização das empresas do Estado, que foram completados às pressas (embora quase sempre mal e, em algumas ocasiões, de maneira catastrófica). Um dado adicional: China. A abertura do mercado chinês havia começado cautelosamente em 1978; sem renunciar às empresas públicas, sem admitir outros intermediários financeiros, a abertura foi acentuada nos anos 1980. E por sua escala, isso transformou definitivamente a ordem econômica internacional.

A tudo isso é preciso somar a mudança tecnológica, que contribui muito para o espírito triunfalista da década. Na verdade, não há nenhuma novidade radical dos anos 1990 na tecnologia, mas é generalizado e normalizado o uso da informática, sobretudo o uso da Internet, que abre a possibilidade de coordenação instantânea da produção entre fábricas que estão nos quatro cantos do mundo.

Mais discreta, mas fundamental para o funcionamento da nova economia global, é a multiplicação dos chamados "paraísos fiscais". As novas tecnologias permitem que as operações financeiras sejam realizadas a uma velocidade nunca vista. Adicionalmente, a abertura de mercados, a desregulamentação, a geração de novos instrumentos financeiros, a nova legislação fiscal, tudo contribui para dar um lugar muito especial aos paraísos fiscais como lugares de mediação para todo tipo de operações. Luxemburgo, Liechtenstein, Ilha de Man, Panamá, Chipre, Maurício, Ilhas Cayman, Nauru se transformam em jogadores de importância estratégica e contribuem muito para a imagem do grande mercado livre global, no qual a circulação não tem mais restrições.

Os paraísos fiscais não servem mais apenas para esconder o dinheiro dos ricos, embora também sirvam para isso: para evadir impostos, ocultar ou dissimular lucros. Na nova ordem, são engrenagens indispensáveis para o funcionamento das grandes empresas multinacionais. As operações podem ser extraordinariamente complexas, mas o mecanismo básico é muito simples: os bens são fabricados por uma filial na Índia ou Bangladesh, por exemplo, são vendidos a uma filial em Maurício, Nauru ou Panamá, que por sua vez os revende, a um preço infinitamente mais alto, à matriz nos Estados Unidos ou na Alemanha, que é quem vende ao público; a maior parte do lucro é gerado na empresa que serve de intermediária: logicamente, a que está situada no paraíso fiscal. Muitas outras coisas podem ser feitas, compra de empresas, movimentos de ações, o que for. Só como exemplo, em 2008 o Citigroup tinha 427 subsidiárias em paraísos fiscais, Morgan Stanley tinha 273, o consórcio News Corporation 152 e assim por diante.

Esse horizonte, o dos anos 1990, é fundamentalmente o mesmo dos seguintes vinte anos. Está sustentado por uma lógica que convém tentar entender.

A nova ordem inclui a liberalização comercial, a privatização das empresas públicas, mas a chave de seu funcionamento está na desregulamentação dos mercados financeiros. A ideia básica, que justifica as novas regras, é que o movimento de capitais permite que a operação da economia seja mais eficiente: ao não ter restrições, os capitais se movem naturalmente para as áreas em que o investimento é mais rentável, quer dizer, onde é mais necessário, ou socialmente mais vantajoso, e onde por isso oferece melhores rendimentos (isto na teoria). Para que fosse possível tudo isso, foi necessário suprimir, em todas as partes, muitas das regras adotadas como consequência da Grande Depressão de 1929, pensadas para reduzir os riscos no mercado financeiro e controlar as operações dos bancos. O espírito foi explicado em uma frase de Larry Summers, secretário do Tesouro dos Estados Unidos: hoje todos somos friedmanitas.

A desregulamentação dos mercados financeiros teve muitas implicações e agora veremos algumas. Mas o fundamental foi que as bolsas de valores adquiriram um novo protagonismo, para orientar as economias.

A hipótese dos mercados eficientes

Voltemos um passo atrás para colocar as coisas em seu lugar. A maior ambição dos economistas do último século foi evitar ou controlar as depressões periódicas da economia capitalista. Sem sucesso. As crises acontecem a cada tanto tempo, como sempre. Os economistas keynesianos dos anos 1960 acreditavam ter encontrado a chave, também os neoliberais dos anos 1990.

Vejamos em mais detalhes. A década de 1990 foi de crescimento com relativa estabilidade de preços, produção e emprego nos Estados Unidos. Duas crises pontuais, a explosão da bolha tecnológica e a dos bancos hipotecários (*savings and loans*), não embaçaram um panorama que parecia brilhante. Ben Bernanke, diretor do Federal Reserve, batizou o período como a Grande Moderação, porque supostamente marcava o início de uma nova era de estabilidade econômica, com os principais problemas resolvidos.

A afirmação de Bernanke tinha por trás o trabalho acadêmico de James Stock e Mark Watson. Sua ideia era que a liberalização dos mercados, especialmente dos mercados financeiros, terminaria eliminando finalmente a propensão às crises cíclicas do capitalismo. Porque a maior flexibilidade permitiria que se recuperasse o equilíbrio muito mais rapidamente. A história parecia dar razão a eles. Entre 1981 e 2007 a economia estadunidense viveu longos períodos de expansão, com apenas breves crises, de menos de um ano, em 1990 e 2001. Ou seja, a meados dos anos 1990, tudo era um convite ao otimismo.

A hipótese que sustentava a ideia da Grande Moderação era que os indivíduos e as empresas estão sempre em melhores condições do que os governos para enfrentar os riscos de uma economia complexa. Porque podem reagir mais rapidamente, com menos restrições. De modo que se os capitais podem se mover livremente, ir para onde tenham mais rentabilidade, as flutuações na produção dos diferentes países serão canceladas reciprocamente, uma queda na Índia será compensada com o crescimento da Tailândia ou da Indonésia, a queda na bolsa de Nova York será compensada com a subida na de Tóquio ou Berlim, e o resultado será a estabilidade global. Os governos poderiam estabilizar o mercado interno somente com a gestão das taxas de juros de curto prazo. E o mercado global fará o resto.

Vamos anotar, entre parênteses, um detalhe. Os anos 1990 foram anos de relativa estabilidade dos agregados macroeconômicos (produto, inflação), mas de uma crescente instabilidade, de uma crescente insegurança para os indivíduos e as famílias. E não por casualidade. A insegurança trabalhista era uma consequência da liberalização dos mercados e uma das condições, a condição básica, para a estabilidade global. Nos Estados Unidos, em alguns países europeus também, essa insegurança foi corrigida com o recurso de créditos baratos e um aumento na dívida privada, que permitiu manter os níveis de consumo. Isso também estava na década do entusiasmo, embora não fosse tão visível na época.

A ideia de que o mercado de valores possa servir de guia para a economia pode parecer um pouco estranha. Afinal, nos mercados financeiros houve sempre especulação, bolhas, *booms* injustificados e quedas catastróficas. O apoio conceitual foi colocado pela Hipótese dos Mercados Eficientes.

O princípio é muito simples. Se há informação pública sobre uma empresa, informação sobre seus estados financeiros, suas expectativas, e também sobre os lucros que espera ter no futuro, essa informação será levada em conta pelos investidores, assim como a que se refere ao desempenho passado. Isso quer dizer que os lucros futuros formarão parte do cálculo para fixar o preço das ações na bolsa. E esse preço será, no fim das contas, a melhor estimativa possível do valor real da empresa. Porque não há recurso capaz de superar a sabedoria coletiva do conjunto dos investidores do mundo, fazendo seus cálculos, cada um separadamente. É a velha ideia do mercado como processador de informação, mas em um mercado global, com movimento livre de capitais, decisões instantâneas, e cálculos objetivos – o preço será o correto. Porque inclui toda a informação relevante.

Vale a pena apontar um paradoxo. Se os mercados fossem tão eficientes e indicassem sempre o preço real de qualquer ação, não haveria forma de ninguém ganhar dinheiro investindo na bolsa, já que o lucro depende tipicamente de ter comprado a baixo preço o que vai valer mais no futuro. Ou seja, na prática o lucro na bolsa depende de que os mercados não sejam tão eficientes, de modo que possa haver preços inflacionados, castigados, flutuantes.

Para o que nos interessa, o importante é que a Hipótese dos Mercados Eficientes supõe que não podem existir "bolhas" na bolsa. Se um conjunto de ações ou ativos de qualquer tipo, habitação por exemplo, estivesse sobrevalorizado e tivesse um preço muito alto, isso seria detectado pelos agentes da bolsa, pelos investidores, que atuariam em consequência: venderiam os ativos inflacionados, ou se recusariam a comprá-los a esse preço, de modo que eles voltariam de imediato a seu valor de mercado. Claro, para isso é preciso completa liberdade de movimento dos capitais, para que os preços sejam ajustados automaticamente. Voltaremos a isso um pouco mais à frente. Por enquanto só precisamos marcar que a Hipótese foi um dos pilares do otimismo dos anos 1990 e dos primeiros anos do novo século.

A ideia tinha uma derivação que convém mencionar aqui. O mercado faz circular o dinheiro para os projetos mais necessários, os que são mais rentáveis. O investimento público é um estorvo para isso. Porque não está sujeito à disciplina dos mercados, orienta-se politicamente, pode se dirigir para onde for, e portanto não há motivos para esperar que seja eficiente. O investimento público desvia recursos sem um critério econômico transparente, rigoroso, defensável. Portanto, a única solução aceitável em termos de eficiência é transferir os projetos públicos ao setor privado e que sejam realizados somente os que resultarem rentáveis. Só assim cabe assegurar que o investimento irá para onde é socialmente mais valioso (para onde o mercado recompensar).

Fronteiras: manual de instruções

Nos anos 1990 é configurado um novo mercado global que se caracteriza pela livre circulação de capitais, com o apoio dos paraísos fiscais, e livre circulação de mercadorias em extensas áreas de livre comércio, mas onde não há livre circulação de pessoas – trabalho, mão de obra. Esse sistema provoca a forte deslocalização da indústria da Europa e dos Estados Unidos, começando pela indústria pesada, claro, que é deslocada aos países periféricos, onde a mão de obra é mais barata.

Outros dois traços completam o perfil da economia global daí em diante. Em primeiro lugar, uma concorrência fiscal com baixas taxas, para atrair o investimento, já que, segundo a fórmula consagrada, o dinheiro vai para onde é chamado e fica onde é bem tratado: não fica totalmente claro qual é o efeito líquido dessa concorrência, porque há muitos fatores que incidem sobre as decisões de investimento, mas um deles é sem dúvida a carga fiscal, e sob pressão os países continuam todos no mesmo caminho: redução do imposto de renda, redução dos impostos das empresas, para oferecer maiores margens de lucros. Em segundo lugar, está também a concorrência entre os Estados por meio da "flexibilização" dos mercados de trabalho. Neste caso, flexibilidade significa salários mais baixos e maior facilidade para demitir empregados, se acontecerem quedas conjunturais da produção.

No México, para apresentar um caso conhecido, são os anos do *boom* das maquiladoras, do Tratado de Livre Comércio da América do Norte, e de uma diminuição continuada do poder aquisitivo dos salários.

O movimento geral é visível desde aquele momento, orientado por três tendências básicas. Primeira: o predomínio do capital financeiro, que pode se mover com inteira liberdade e escapar de qualquer sistema fiscal, e por isso recupera sua taxa de lucros e impõe suas condições. Segunda: a deterioração dos salários, especialmente na agricultura e na indústria de transformação, consequência da desindustrialização acelerada dos países centrais e de uma concorrência com baixas taxas na periferia. E terceira, consequência das duas anteriores, uma progressiva concentração de renda no 10%, no 1% e também no 0,1% da população. É o horizonte do novo século.

Talvez seja importante esclarecer, embora seja um aparte, que o Estado é a peça-chave, absolutamente indispensável, para o funcionamento da nova ordem econômica, do que se conhece como a "globalização". A explicação habitual supõe que os Estados foram perdendo terreno, que se enfraqueceram diante do mercado, diante dos fluxos globais, das novas tecnologias e da comunicação, da integração das economias, até se tornarem praticamente irrelevantes. As mercadorias passam de um país a outro, assim como os capitais, as pessoas se comunicam instantaneamente por todo tipo de meios, de modo que, resumindo, segundo o slogan de Thomas Friedman, o mundo é plano. Não é assim. Na verdade, acontece praticamente o contrário. O Estado adquire uma importância decisiva para a nova economia, que não poderia prescindir dele.

Se pensarmos um pouco, não há motivos para se surpreender. O programa neoliberal implica uma reorganização do Estado, para que favoreça o funcionamento do mercado, ou que favoreça um modo de funcionar de determinados mercados. É exatamente o que acontece no que se refere ao comércio internacional – e no processo de integração das décadas de mudança de século. Muito longe de se tornarem irrelevantes, as fronteiras se transformam em recursos indispensáveis para a geração de valor na nova ordem. Não tem nenhum mistério: o acelerado movimento de bens e capitais que chamamos globalização depende da possibilidade de explorar as diferenças entre sistemas normativos, de um país a outro. Sem fronteiras, sem Estados, isso não poderia acontecer.

O investimento, as fábricas se deslocam de um lugar a outro porque a legislação fiscal é mais favorável, porque a legislação trabalhista é mais flexível, os salários mais baixos, porque a legislação ambiental é mais permissiva. Claro, é indispensável que exista livre circulação de mercadorias para que a roupa, ou os televisores ou os automóveis fabricados na China ou na Tailândia possam ser vendidos na França, no México ou onde for. E é indispensável que haja livre circulação de capitais. Mas é igualmente importante – indispensável, na realidade – que as fronteiras sejam mantidas. Para começar, que continuem fechadas para a circulação de pessoas, de maneira que se possa aproveitar a mão de obra barata de um ou outro lugar. Ou que continuem vigentes para as regulamentações fiscal, ambiental, sanitária, já que tudo isso é o que permite reduzir custos, aumentar benefícios e "globalizar" a produção. Sem fronteiras não haveria integração do mercado global.

Resumindo, na nova ordem não desaparece o Estado, nem perde protagonismo. Simplesmente, seus recursos são colocados a serviço da geração de benefícios mediante a combinação de abertura e fechamento que constitui a globalização.

O fim da esquerda

Volto ao argumento. Os anos 1990 foram anos de entusiasmo, os da definitiva revolução produtiva e institucional do neoliberalismo. Foram também os anos em que finalmente afundou a esquerda do século XX. O desaparecimento da URSS e a quebra do sistema soviético terminou de desacreditar em todos os lados a tradição comunista, exceto resquícios nostálgicos de pouca importância. Nos anos seguintes desapareceram ou se transformaram até se tornarem irreconhecíveis todos os partidos comunistas do mundo ocidental. O Partido Comunista Francês, por exemplo, um dos mais poderosos da Europa, com uma ampla e consistente base eleitoral, um partido com dirigentes operários, que chegara a obter quase 40% dos votos, caiu para 2%, antes de desaparecer (seu eleitorado, partidário de um Estado forte, serviços públicos, mercados regulados, em boa medida passou para a Frente Nacional). O Partido Comunista Italiano, que havia sido durante quarenta anos a alternativa política na Itália, fora da hegemonia da Democracia Cristã, se transformou no Partido Democrático da Esquerda, antes de se perder no marasmo dos tempos de Berlusconi. Outros fizeram um caminho similar.

Tudo isso era previsível, ou poderia ter sido previsto. Mais importante, de maior transcendência para a nova ordem foi a diluição da esquerda social-democrata reformista, que nesses anos adotou uma boa parte das teses neoliberais quase sem inconvenientes.

É conhecida a evolução do Partido Trabalhista britânico sob a liderança de Tony Blair (entre 1994 e 2007). Serve muito bem como exemplo. Simbolicamente, o ponto de partida foi a reforma da Cláusula IV da constituição do partido. A redação original propunha uma distribuição mais equitativa da riqueza "com base na propriedade coletiva dos meios de produção". Em um famoso panfleto, publicado em 1993, Blair criticava a redação da Cláusula IV porque confundia os meios com os fins; resumindo, circunstâncias diferentes impõem políticas diferentes para defender os mesmos valores (ou seja, não é mais a propriedade coletiva dos meios de produção). Esse foi o tom geral do manifesto: "Novo trabalhismo, nova vida para a Grã-Bretanha", de 1996, no qual foi anunciada uma "terceira via", inspirada na tradição de um "socialismo ético", promotora de uma "social-democracia modernizada".

A Cláusula IV tinha sido redigida por Sidney Webb e Arthur Henderson precisamente em outubro de 1917 e aprovada em 1918. Estava no espírito da época, nenhum governo trabalhista teve a intenção de colocá-la em prática. Mas a reforma patrocinada por Blair não era só retórica, tratava-se de transformar a alma do Partido Trabalhista (a explicação que ele dá do socialismo é bastante clara, precisamente por sua ambiguidade: "não se trata de classes, nem de sindicatos, nem do capitalismo contra o socialismo, mas de acreditar em trabalhar juntos para conseguir as coisas"). Desde sua primeira conferência de imprensa como líder da oposição, deixou claro que em um governo formado por ele os sindicatos não receberiam uma atenção especial, mas teriam o mesmo acesso que "o outro lado da indústria", porque governaria não para uns e outros, mas para o povo britânico.

Blair estava convencido de que o sistema de bem-estar contribuía para debilitar os vínculos familiares e o sentimento de responsabilidade pessoal: Gordon Brown, seu ministro de economia, pensava que não estimulava as pessoas o suficiente para procurar emprego. Margaret Thatcher não teria dito nada muito diferente. Durante o governo de Blair, os cortes foram comparativamente menores em alguns setores. A retórica foi fundamental. Foram eliminados os benefícios adicionais para mães solteiras, também as ajudas para moradia de solteiros maiores de 25 anos. Para aumentar o financiamento da educação superior, foi imposta uma mensalidade de 1.000 libras anuais para os alunos de universidades públicas. Depois chegaram os atentados de 11 de setembro de 2001, a aliança com George W. Bush, a Guerra do Iraque.

Algo parecido aconteceu com o Partido Democrata de Bill Clinton (1993-2001), que continuou e em muitos casos acentuou as reformas dos anos de Reagan e Bush e introduziu no sistema estadunidense alguns dos elementos decisivos do esquema neoliberal: a desregulamentação final do sistema financeiro do país, por exemplo, com a derrogação da Lei Glass-Steagall (de 1933); também a reforma do sistema de previdência social ("para acabar com a previdência social como a conhecemos", segundo seu slogan) mediante a Lei para Conciliar a Responsabilidade Pessoal e as Oportunidades de Trabalho, de 1996, que tinha como objetivo acabar com a "dependência": tornar os programas mais exigentes, colocar mais condições, prazos mais rigorosos, de modo que não houvessem incentivos para que os pobres preferissem a ociosidade – não outorgar a ajuda como se fosse um direito, mas como estímulo para promover o trabalho e a autossuficiência.

Igualmente abandonou a linguagem e as políticas da velha esquerda o Partido Socialista Operário Espanhol de Felipe González, sob cujo governo (1982-1996) começou a desregulamentação do mercado de trabalho espanhol. O mesmo fez o SPD de Gerhard Schröeder, partidário também de uma "terceira via" que incluía impostos mais baixos, cortes nos gastos com aposentadorias, no seguro de saúde e no seguro-desemprego, e uma flexibilização geral do mercado de trabalho alemão. Mais exemplos: na Argentina, as privatizações começaram sob o governo de Carlos Saúl Menem, do Partido Justicialista; no Chile foi normalizado o programa neoliberal depois da ditadura de Pinochet e com o apoio do Partido Socialista, no acordo da Concertación, ao longo dos anos 1990; no México, aqueles que fizeram as mudanças foram os últimos governos do Partido Revolucionário Institucional.

Tudo isso significa que, na prática, a partir dos anos 1990 é verdade que não há alternativa: não há outros programas políticos, nem sequer uma crítica articulada, consistente, do modelo neoliberal. Não há outro programa econômico, claro, nenhum que pareça medianamente realista e prático. Nos países que foram socialistas restam partidos comunistas, alguns com um peso eleitoral apreciável, mas são quase somente nostálgicos – nem têm o poder nem propõem nada novo. Em geral, as esquerdas desses anos adotam sobretudo bandeiras culturais: os direitos das minorias, direitos sexuais e reprodutivos, direitos culturais. Certamente por convicção, também porque precisam disso como recurso de identidade. Os grandes momentos políticos da década são resultado da discussão sobre o direito à diferença, com a esquerda em geral adotando posturas culturalistas, contra a direita liberal. A discussão é intensa e tem eco na literatura acadêmica (se não for ao revés, e da academia passa para o espaço público). Não há nada parecido no que se refere às políticas econômicas, como se um impasse tivesse sido atingido. Na linguagem da nova esquerda, a diferença ocupa o lugar que antes tinha a desigualdade.

A história do Exército Zapatista de Libertação Nacional, no México, é exemplar. O EZLN se voltou rapidamente para o indigenismo, e isso foi responsável por grande parte de sua popularidade internacional. Os temas econômicos: expropriações, reforma agrária, propriedade coletiva e a linguagem marxista dos primeiros manifestos desapareceram logo. A base de suas reivindicações passou a ser cultural: a identidade indígena, os usos e costumes, os direitos culturais, a língua, a diferença. Com isso a nova esquerda europeia podia se identificar. Não com um programa arcaico, absolutamente local, de redistribuição de riquezas, distribuição de terras, nacionalização de indústrias estratégicas.

É muito significativo que em todos os lados se retorne aos temas dos anos 1960, os das revoltas estudantis contra o autoritarismo dos adultos. Contra a ordem patriarcal, contra o marxismo, contra a discriminação por motivos sexuais, étnicos, religiosos. Na verdade, em alguns aspectos, o programa da nova esquerda é praticamente a integração legal da contracultura. E em muitos desses temas coincide com o programa neoliberal – o neoliberalismo de Friedman, que sempre foi partidário da despenalização das drogas, por exemplo.

Além disso, se consolida e adquire notoriedade o movimento que se chama "altermundialista", cujos episódios mais importantes são as cúpulas da Organização Mundial do Comércio em Seattle e Roma. Muito mais um protesto do que outra coisa, mais espetáculo que organização, com um discurso retórico, maximalista, de um utopismo bastante rudimentar, que poderíamos dizer que prefere não ter um programa viável. O movimento se multiplica em pequenos grupos, em um ativismo sem muito futuro e sem conexão orgânica com os partidos políticos que podem formar governo.

Outra forma de protesto que se espalha a partir dos anos 1990 é especialmente reveladora: o movimento de "consumo moral", ou "consumo ético", que consiste em pagar um pouco mais por um produto porque cumpre com determinados padrões – ecológicos, trabalhistas, sanitários, o que for. Supostamente, paga-se mais porque é mais caro produzir respeitando certos padrões, e decidimos pagar mais por convicção. Nas décadas anteriores já tinha sido usado o poder de compra como recurso de pressão, mediante o boicote ativo de uma marca, ou de um tipo de produto. O consumo ético é outra coisa. O boicote é uma ação política, precisa ser deliberado, organizado, e aspira a ter efeitos inclusive legais, enquanto o consumo ético acaba dissolvido no curso normal da vida cotidiana. Oferece a possibilidade de sentir que estamos combatendo algumas das piores consequências do mercado, como o trabalho infantil ou a destruição do ambiente, mediante uma participação mais intensa e mais consciente no mercado – e através do único recurso do mercado. O caso mais conhecido é o do café etiquetado como "comércio justo", mas há muitos outros. Os resultados são duvidosos no que se refere a reduzir a poluição ou melhorar as condições de trabalho dos produtores, ou qualquer outro propósito. Mas o mecanismo faz sucesso difundindo a ideia de que os defeitos do mercado, as consequências negativas do mercado, podem ser resolvidas através do mercado.

Em vez de pedir melhores leis ou imaginar outros impostos, em vez de exigir que o Estado intervenha para regular as condições de trabalho, a poluição, os padrões de produção, o que se faz é acrescentar outro circuito comercial no próprio mercado. E com isso é criada a ilusão de que o mercado permite expressar da maneira mais eficiente os programas políticos. Os consumidores podem deixar evidentes suas preferências morais por meio de suas compras e têm a sensação de estar defendendo os mais desprotegidos ou combatendo o aquecimento global através de suas compras. E é uma forma muito mais direta de experimentar a ação política – só que não é política.

Vejamos se posso resumir o panorama. Nos anos 1990 surge uma nova esquerda que adota as premissas do modelo neoliberal, uma esquerda que pensa que o mercado pode resolver o problema da justiça social (ou que pode tornar desnecessário apresentar esse problema). É consequência da queda da URSS, do descrédito do socialismo, os primeiros sucessos de algumas privatizações. O resultado é um deslocamento do eixo da discussão no espaço público, no mundo todo. O individualismo, a preferência pelas soluções de mercado, a liberdade econômica, são o ponto de partida, indiscutível. E sobra, por outro lado, uma esquerda residual, nostálgica, que adota precisamente as atitudes previstas no roteiro e oferece o melhor apoio imaginável para o neoliberalismo: uma esquerda que denuncia em bloco todo o novo, que se contenta com debochar de "neoliberal" como se fosse suficiente e que se encastela na defesa do passado. Quer dizer, uma esquerda que serve para confirmar que não há alternativa.

Corte de caixa

Resumindo, para voltar ao relato, a década de 1990 foi de uma uniformidade ideológica considerável. E uma década na qual aumentou o comércio global e houve aceleração do movimento de capitais. Então, apesar das expectativas, apesar do entusiasmo com que foram adotadas as novas políticas em todos os lados, os resultados foram, no geral, bastante medíocres. O crescimento econômico nos países centrais foi, no conjunto, menor que o dos trinta anos posteriores à Segunda Guerra Mundial. Na periferia, os resultados foram ainda piores. E em todos os lados, a economia teve o movimento habitual, momentos de auge, crises e depressões, borbulhas especulativas e crises financeiras. Significativamente, a moral extraída nesses anos quando há uma queda é sempre a mesma, a necessidade de aprofundar as reformas: liberalizar, desregulamentar, privatizar, flexibilizar, ir um passo além no programa neoliberal.

As histórias são parecidas. É chamativo, e muito característico, que os países que são apontados em algum momento como modelo, porque adotaram algumas das recomendações dos organismos financeiros, desaparecem como termo de referência assim que entram em crise. E raramente se volta a ouvir falar deles no espaço público internacional. O caso mais conhecido é o dos chamados "tigres asiáticos". Hong Kong, Coreia do Sul, Singapura e Taiwan, seguidos por Indonésia, Malásia e Tailândia. Eram exemplos de economias abertas, orientadas à exportação, de rápido crescimento. Olhava-se para o resultado, ou uma parte do resultado, nada mais. Não se enfatizava muito o fato de que o modelo não era liberal, mas uma combinação de governos autoritários, protecionismo, um setor público forte e um sistema de subsídios, créditos baratos e benefícios fiscais para promover a industrialização. Nos anos 1990, alinhada com as recomendações vigentes, Tailândia, Indonésia, Malásia e Coreia do Sul relaxaram progressivamente os controles do mercado financeiro, para atrair capitais: continuou um crescimento eufórico dos preços de ações e do mercado de bens imobiliários, uma bolha financeira que explodiu em 1997, com a súbita fuga de cem bilhões de dólares. O resultado foi uma dramática queda do PIB, desvalorizações, aumento do desemprego, queda de salários e, por pouco, uma recessão global. Não está mais claro o que se pode concluir desse caso. E ninguém coloca de exemplo os "tigres asiáticos".

Entre os antigos países socialistas houve também histórias exemplares, com seus *booms* e quedas. O modelo durante um tempo foram os países bálticos, especialmente a Lituânia e a Letônia. Basicamente, decidiram basear sua economia em um setor financeiro hipertrofiado, desregulamentado, inevitavelmente volátil. Chegou a crise um pouco mais tarde, com consequências devastadoras: a emigração em massa de cerca de 10% da população.

O caso da Argentina é igualmente conhecido. Depois da breve alegria privatizadora, com o auge durante os governos de Carlos Saúl Menem, veio a quebra do sistema financeiro no ano 2000. O caso do México pode ser colocado na mesma lista. Cada crise tem sua pequena história, seus motivos concretos, seus erros e seus culpados, mas o esquema básico é o mesmo. As semelhanças não são casuais. A abertura, o livre movimento de capitais, tornam as economias mais vulneráveis, mais dependentes de variáveis externas – como a classificação conferida pelas agências estadunidenses, ou as taxas de juros dos países centrais. E o processo é fácil de entender: a desregulamentação e as privatizações atraem muitos capitais em busca de alta rentabilidade, essa entrada de capitais aumenta o valor das ações e de ativos de todo tipo, o que facilmente produz uma bolha, que explode cedo ou tarde.

Nos países centrais acontece basicamente o mesmo. A relativa estabilidade oculta movimentos de subida e queda. O exemplo clássico, que só por isso vale a pena mencionar, é o das ações de empresas tecnológicas nos Estados Unidos. O uso comercial da Internet começou nos anos 1990. As possibilidades pareciam infinitas. O preço das ações de empresas tecnológicas, que ocupavam o novo mercado, disparou. O índice NASDAQ, que registra seus preços, passou de 800 pontos em meados de 1990 a mais de 5.000 pontos em março do ano 2000, quando colapsou e caiu em uns dias até chegar aos 2.000 pontos. Quer dizer, uma bolha especulativa de manual.

É o panorama da década de 1990. Um otimismo global, um apoio entusiasmado às novas políticas, grandes esperanças, mas com pouco fundamento. E com resultados bastante duvidosos.

O outro caminho

Entre os acontecimentos na vida intelectual dos anos 1990, é indispensável mencionar outro marco do neoliberalismo: *El otro sendero*, de Hernando de Soto. O livro tinha méritos para chamar a atenção. Para começar, ocupava-se da pobreza e dos pobres, ocupava-se do desenvolvimento, que eram os temas mais opacos para o programa neoliberal. Também tinha esse olhar iconoclasta, subversivo, que caracteriza o mais interessante do movimento. E mais: o autor era peruano, coisa que dava uma autoridade adicional a suas credenciais. Não muito peruano, para dizer a verdade, mas ninguém se interessou em insistir muito nisso.

O argumento central do livro é muito claro (e escandaloso, e original). O problema do Peru, e por extensão de muitos outros países periféricos, não é o capitalismo, exatamente o contrário, o problema é que não foi praticado, que não se estabeleceu realmente um sistema capitalista. E que em seu lugar existe um regime que De Soto chama "mercantilista", no qual o Estado decide, distribui, confisca, ordena, reparte e praticamente sufoca a economia. O Peru é pobre porque, no lugar de um mercado dinâmico, aberto, livre, próspero, tem uma economia burocratizada e politizada, absurdamente regulada, que impede a concorrência.

Em um regime mercantilista – é o argumento de Hernando de Soto – o setor produtivo se concentra na operação política para capturar rendas, que o Estado confere mediante leis, subsídios, impostos, privilégios, licenças. O resultado é a formação de coalizões redistributivas para utilizar o poder político em benefício próprio. Às custas da concorrência, da produtividade, da prosperidade do conjunto. A consequência mais importante de um regime organizado assim é o crescimento da economia informal – daqueles que podem fazer negócios fora das coalizões políticas apadrinhadas pelo Estado. Diante das dificuldades invencíveis para ter acesso à economia aberta, as pessoas optam pela informalidade e cedo ou tarde se acostumam a viver à margem da lei: em assentamentos irregulares, no comércio ambulante.

O fenômeno não era novo nos anos 1990, longe disso. Mas era original, a imagem quase épica do outro caminho.

Para De Soto, a economia informal é a chave do desenvolvimento. Oculta, ignorada, menosprezada. No caso concreto que estuda, é um Peru insurgente, que produz uma ordem alternativa, outro direito, e que se sobrepõe ao mercantilismo para afirmar a liberdade. E os benefícios coletivos da liberdade. É o verdadeiro capitalismo.

Essa outra economia tem muitos problemas, é claro. Na informalidade não é possível fazer um uso eficiente dos recursos: muito é desperdiçado, por muitos motivos. Em primeiro lugar, estão os custos da insegurança. É preciso investir tempo, trabalho, dinheiro, para defender a posse de bens sobre os quais não se possui direitos de propriedade – a casa, a oficina, o posto de venda. Além disso, por causa dessa falta de garantia, não há incentivos para investir em melhorar a casa, a pequena empresa. Mais ainda: a insegurança, a impossibilidade de contar com o sistema de administração da justiça, faz com que as transações terminem sendo sempre arriscadas, e isso obriga a restringi-las a pouco mais que o círculo familiar, no máximo possível. Finalmente, sem direitos seguros, garantidos, os participantes da economia informal não podem ter acesso ao crédito e possuem baixos índices de capitalização, além de uma baixa produtividade. Quer dizer, existe ali uma grande quantidade de energia (econômica) desperdiçada.

A novidade do livro de Hernando de Soto é que vê os informais como empresários. Ele os chama de empresários. Ressalta o fato de que assumem riscos, calculam custos e benefícios, querem concorrer, aproveitam as margens do sistema mercantilista. E por isso são, na explicação dada, o "capital humano" necessário para o crescimento da economia. Os pobres não querem a revolução, diz De Soto, não querem a intervenção do Estado, não pedem uma redistribuição da riqueza, apenas a possibilidade de participar no mercado em igualdade de condições, querem direitos de propriedade, concorrência e liberdade.

Segundo De Soto, para liberar toda essa energia, o único motor do desenvolvimento possível, o único necessário é oferecer segurança. Concretamente, entregar àqueles que vivem na economia informal títulos de propriedade de sua casa, a que realmente ocupam. O título de propriedade vai permitir que invistam seus recursos de maneira mais eficiente. Não terão que gastar tempo nem esforço na proteção de sua propriedade. Além disso, terão incentivos para investir em melhorá-la, já que é deles, e poderão distribuir melhor seu tempo, seu dinheiro. Também, com o título legal, a propriedade terá mais valor. E sobretudo poderá servir como garantia para solicitar créditos bancários – que é o necessário para os informais desenvolverem suas empresas. Segundo essa ideia, os Estados poderiam liberar assim recursos imensos: bilhões de dólares de propriedades urbanas entrariam no mercado e contribuiriam para o tesouro público.

A ideia tinha um atrativo irresistível. Em 1992, foi iniciado no Peru um primeiro programa de titulação de habitações irregulares. Em dois anos foram entregues por essa via cerca de 200.000 títulos de propriedade. Um pouco mais tarde, com o apoio do Banco Mundial, o projeto foi retomado: seis anos depois tinham sido entregues títulos a mais de 920.000 pessoas. Os resultados não estiveram à altura das expectativas. O Banco Mundial quis medir o impacto do programa e encontrou resultados inconsistentes, alguns inverossímeis. O mais chamativo foi o relato de um aumento de 40% no número de horas trabalhadas pelos beneficiários: era uma descoberta estranha, sobretudo porque a economia peruana não havia crescido no período a um ritmo que justificasse essa mudança. A equipe de Hernando de Soto interpretou isso como uma confirmação de suas teses: os informais podiam dedicar mais tempo ao trabalho pois não precisavam mais ficar em casa para defender suas posses.

A conclusão é muito discutível. Nenhum dos estudos etnográficos, e há muitos, da vida nos bairros marginais de cidades latino-americanas fala desse tipo de roubos, nem dessa maneira de defender a propriedade. É verdade que não existe o regime de propriedade formal, com registro público, mas a alternativa não é a lei da selva, mas outra ordem, bastante estável, previsível, respeitada, muito legítima. As pessoas não ficam em casa, entrincheiradas, para se defender e evitar que seja apropriada pelo primeiro que passar.

Agora, o inquestionável é que não aumentou o crédito. Os novos títulos de propriedade não foram usados como garantia, nem os bancos estiveram mais dispostos a emprestar aos empresários informais. Não houve a explosão de energia empresarial que De Soto havia previsto. Apesar de tudo, o programa continuou. Foi adotado em outros países. Continua sendo um dos sucessos registrados pelo Banco Mundial.

...e um destino conhecido

O saldo global da década é problemático. Ocorreram as crises que mencionamos, e outras menores, e em geral um crescimento econômico medíocre em comparação com o das décadas do desenvolvimentismo e o Estado de bem-estar. Além disso, as grandes médias são enganadoras, porque estão sempre influenciadas, nesses anos, pelo crescimento espetacular da China. É fator central em muitas coisas, mas muito problemático. Não é o melhor exemplo do neoliberalismo triunfante. As reformas começaram em 1978, com o governo de Deng Xiaoping, que propôs quatro modernizações: agricultura, indústria, educação e defesa. Não foi adotado um programa de choque como os da União Soviética e de outros países socialistas, e foi evitada a instabilidade que todos eles sofreram. O modelo da China é híbrido, impossível de replicar. Manteve um poderoso setor público na economia e sobretudo um sistema público de intermediação financeira – quer dizer, tem um mercado intensamente político. No campo foram dissolvidas as comunas agrícolas, e milhões de camponeses tiveram que migrar para as cidades, sem permissão de residência, e constituem um formidável exército industrial de reserva, que permite manter os salários drasticamente baixos. O comércio exterior, que representava cerca de 7% do PIB em 1978, chegou a ser mais de 40% do PIB a partir dos anos 1990: é uma potência industrial, mas depende da importação de bens básicos. Claro, pode concorrer com outros mercados com mão de obra barata, como México, Indonésia, Vietnã ou Tailândia. Não convida à imitação.

Os traços básicos da nova ordem são conhecidos: crescimento medíocre, concentrado na produção barata da China e no crédito ao consumo; desindustrialização dos países centrais; aumento da desigualdade, concentração da renda; elevado desemprego, insegurança no trabalho, queda do poder aquisitivo dos salários; predomínio absoluto do capital financeiro. E um setor público debilitado, residual, desprestigiado, sem recursos.

Também há, a partir dos anos 1990, um ressurgimento de movimentos étnicos em quase todos os lados: na Iugoslávia, Ruanda, Nigéria, Sudão, na

Indonésia, também na França, Holanda, Bélgica, Espanha. São uma forte negação da ideia do indivíduo racional e calculista. Mas sobretudo marcam o impacto da incerteza, em grande parte são reações contra a nova insegurança. E voltamos, com isso, às guerras que mencionávamos no começo do capítulo. Seria absurdo dizer que derivam do programa neoliberal, nem sequer indiretamente. E, no entanto, não é razoável pensar que não tenham nada a ver, que sejam um puro arcaísmo ou uma triste coincidência.

Cada guerra tem sua história, todas são únicas. Algumas obedecem, sobretudo, à lógica dos interesses das potências globais. Iraque, Afeganistão, outras respondem a uma trama fortemente local, como as da Libéria, Somália, Sudão. O neoliberalismo triunfante repercute nos conflitos de vários modos. O principal é a redução dos recursos do Estado. Os programas de ajuste estrutural obrigam a desmantelar sistemas clientelistas organizados muito antes. A velha estratégia de controle através da "salarização" da sociedade, habitual na África desde os anos 1950 e 60, subitamente se torna impossível. Os governantes se encontram em uma crise de legitimidade permanente, porque não podem oferecer quase nada, os resultados econômicos são magros no melhor dos casos; não podem procurar a estabilidade mediante a negociação de recursos públicos: programas, investimentos, empregos; isso quer dizer que são obrigados a gerar sua clientela através da distribuição discriminatória do gasto (dos empregos, investimentos e outros), e a base mais segura é normalmente a étnica.

Alguns casos são bastante conhecidos. Na Costa do Marfim, por exemplo, Laurent Gbagbo havia sido o opositor permanente do presidente permanente, Houphouët Boigny (que governou de 1960 a 1993); a situação mudou no final dos anos 1980, a crise da dívida obrigou o governo a adotar um programa de ajuste estrutural em 1989, sob o ministério de Alassane Ouattara, nascido em Burkina Faso; Gbagbo descobriu então a importância da "marfilidade" e iniciou uma campanha contra os burquinenses, que tinham se assentado no norte do país nos trinta anos anteriores. O resultado foi uma guerra civil que durou quase duas décadas.

Outro caso, Nigéria. Segundo a expressão de Obafemi Awolowo, quando foi declarada a independência, a Nigéria não era mais que uma expressão geográfica. Mal conseguia agrupar três grandes grupos populacionais: os hausa, os iorubás e os igbo, e outra centena de grupos, pouco menos da metade eram muçulmanos. Em um movimento típico, de manual, o presidente Ibrahim Babangida (1985-1993) adotou o programa de ajuste estrutural exigido pelo FMI, em 1986, e decidiu integrar a Nigéria na Organização da Conferência Islâmica. A instabilidade, a violência étnica, a luta pela renda do petróleo no Delta do Níger, o fundamentalismo islâmico no norte, continuam duas décadas depois.

Não é preciso insistir mais. O neoliberalismo dos anos 1990 também tem suas guerras. Não as quis, mas certamente não poderia tê-las evitado. Mas são parte da sua história.

7. UMA NOVA SOCIEDADE

As mudanças jurídicas e institucionais do neoliberalismo foram explicadas de várias maneiras. Às vezes, são justificadas pela maior eficiência do mercado, da iniciativa privada: trata-se de fazer melhor as coisas, com menores custos. Em outras, com acentos mais morais, são apresentados como uma defesa da liberdade. Na maioria das vezes, a meio caminho entre o pragmatismo e a utopia, o programa é explicado como uma forma de resistência contra a coação, contra o excesso de regras, contra as ordens autoritárias do Estado. Ou seja, a favor da liberdade, da espontaneidade, da eficácia, da flexibilidade, do dinamismo, do indivíduo, da autenticidade (o que há no repertório de quase qualquer campanha de publicidade para vender relógios, roupa, automóveis).

O programa é complexo e variado. Inclui iniciativas em terrenos muito diferentes. Se olharmos o conjunto, a inércia básica no período é um processo sustentado de *privatização* no mais amplo sentido da palavra. Por isso vai contra o movimento fundamental dos cem anos anteriores. Nas páginas seguintes tento traçar um esquema desse processo: não há uma análise de modelos ou teorias concretas, com nome e sobrenome, não há tampouco uma sequência histórica definida, mas um conjunto de reformas, combates, projetos – os perfis de uma nova sociedade, marcada por um preconceito sistemático contra o que é público.

O domínio público

A favor da privatização há sempre, em primeiro lugar, um argumento técnico, de eficiência. Já falamos várias vezes disso. É discutível, é problemático, mas supõe-se que somente o mercado é capaz de processar a informação dispersa na sociedade. Supõe-se que o Estado, as empresas estatais, os serviços públicos, são por definição ineficientes, porque não são guiadas pelo sistema de preços, mas se organizam e operam com critérios políticos – que não consideram, pelo menos não o suficiente, as necessidades dos consumidores. Resumindo, o mercado sempre oferecerá um guia melhor, permitirá uma alocação de recursos mais eficiente.

Mas também há um argumento moral, que aparece frequentemente associado ao argumento técnico, e é confundido com ele. O Estado, e as empresas públicas, os serviços públicos, decidem sobre a distribuição dos recursos de forma vertical, autoritária e impõem um modo de resolver os problemas. Enquanto o mercado permite que sejam os indivíduos que decidam livremente o que querem, em que termos, sob quais condições. Nesse sentido, o público e o privado se opõem como coação e liberdade.

A combinação dos dois argumentos explica boa parte da força do movimento neoliberal.

Por acaso vale a pena repetir, para que se entenda melhor o que vem a seguir. A superioridade técnica, a maior eficiência do privado, é uma petição de princípio (é óbvia somente porque a conclusão está nas premissas – se aceitarmos as premissas). Não surge de análises empíricas verificáveis, mas de uma crença: sólida, geral, impossível de provar. Também não tem um fundamento positivo a ideia de que a busca do interesse individual, especialmente a busca do lucro econômico (*the profit motive*, segundo a expressão consagrada), ofereça sempre os melhores resultados nem mesmo servindo como garantia do bom funcionamento de uma empresa ou uma instituição qualquer.

Nos fatos, às vezes acontece que uma administração privada é mais eficiente, às vezes não. Às vezes a concorrência produz melhores resultados, às vezes a busca do lucro se traduz em melhores serviços, às vezes não. A valorização geral, a favor do privado, a ideia de que em qualquer caso será mais eficiente, é um dos traços característicos da ordem neoliberal. É um de seus preconceitos básicos. Entre outras coisas, porque a eficiência é um conceito vazio, que pode significar muitas coisas. Nem sempre é o mais desejável gastar menos dinheiro, ganhar mais, produzir mais e mais rápido. Descontando que podem existir ineficiências, em termos de mercado, que sejam socialmente desejáveis (pode ser preferível, digamos, que uma enfermeira atenda três ou quatro pacientes em uma hora, em vez de atender doze ou quinze – preferível sobretudo se estivermos entre os pacientes).

Embora possa ser exagero, prefiro insistir no esclarecimento: público não significa estatal. Claro, o Estado pode ser responsável pela gestão, pelo financiamento, pela operação de empresas e instituições públicas e isso acontece com frequência. Mas não são a mesma coisa. A diferença é importante. O programa neoliberal, que não é partidário do *laissez-faire*, não quer que o Estado desapareça, ao contrário: precisa dele para produzir os mercados. Mas está consistentemente contra o que é público – ou, para dizer em termos positivos, a favor da expansão, a máxima expansão possível, da esfera privada. Vamos explicar isso.

O domínio público não é um setor, nem um conjunto concreto de instituições, mas uma dimensão da vida social, um modo de organizar o fornecimento e a distribuição de alguns bens, serviços, recursos – seja a educação, o transporte ou as telecomunicações, ou as forças policiais. Tudo que poderia ser oferecido também de forma privada. Segundo a explicação de David Marquand, o fundamental é que no domínio público não regem os princípios de operação privados, ou seja, o mercado ou o parentesco, mas os direitos da cidadania. Os bens, serviços, recursos públicos não podem ser tratados como mercadorias nem como patrimônio pessoal, ou familiar, porque correspondem aos indivíduos, a todos, como cidadãos. Isso significa que as empresas e instituições públicas se caracterizam por não estarem sujeitas ao princípio do lucro – não podem estar, por definição.

Claro, o domínio público é sempre ameaçado pela lógica do privado. Existe sempre a possibilidade de que os responsáveis por uma empresa ou instituição pública queiram favorecer alguém por dinheiro, ou por relações de parentesco (para abreviar, vamos chamar de corrupção). No entanto, segundo a lógica do domínio público, essas falhas na operação do "ideal cívico", para chamá-lo de algum modo, não são resolvidas como seriam no mercado, mudando de loja, de produto ou de marca, mas através do exercício dos direitos de cidadania – ou seja, através do protesto ou do voto. Até aqui apresentamos a teoria, em termos gerais.

Em sociedades diferentes, em momentos diferentes, as fronteiras do público e do privado mudam, e há coisas que passam de um domínio a outro, pelo motivo que for. A mudança não é trivial. Em qualquer caso, privatizar significa mudar o princípio pelo qual um bem é distribuído, ou um serviço oferecido, e decidir que seja visto como um direito, não como mercadoria.

Os serviços públicos, escolas, transportes, hospitais, polícia, existem para satisfazer uma necessidade coletiva, ou o que se entende que é uma necessidade coletiva (que todos os cidadãos tenham igual acesso à educação, ao transporte, à saúde etc.). Normalmente são pagos com dinheiro dos impostos, mas não precisam ser necessariamente gratuitos As instituições públicas podem receber dinheiro, podem cobrar os cidadãos pelos serviços que prestam, como é cobrado o transporte no metrô ou no ônibus. O fundamental é que não se orientam pela busca de lucro, não é esse o critério que decide sua operação. Ou seja, não há uma preferência pela linha de transporte que dá mais dinheiro, não se abandona o hospital que não é rentável.

Pode haver muitos motivos para decidir que uma atividade pertença ao domínio público. Em alguns casos vai parecer mais ou menos óbvio, como acontece com a administração da justiça, ou as funções da polícia; em outros é mais duvidoso, discutível. Igualmente, pode haver diferentes motivos para preferir a privatização de qualquer coisa, inclusive das polícias, das prisões ou do exército (tudo isso já foi feito alguma vez). A particularidade do programa neoliberal consiste em propor que a privatização seja regra. A ideia é conhecida. No geral, qualquer que for a atividade, supõe-se que ao não existir concorrência, ou sem o incentivo do lucro, ao não existir um mercado propriamente, as instituições públicas serão pouco eficientes, farão mal as coisas e terminarão desperdiçando recursos, aspecto no qual os particulares interessados em fazer negócios poderiam oferecer resultados bem melhores.

A ideia costuma ser reforçada retoricamente através do contraste entre a imagem de um setor privado eficiente, sensível às necessidades dos clientes, e um setor público fechado, burocrático, autoritário, movido pela inércia, que impõe seus critérios sem atender ninguém. Vários séculos de preconceitos, estereótipos e caricaturas, do "volte amanhã" ao último escândalo do dia, todo o imaginário da burocracia serve de suporte. O efeito básico, desde que começaram as privatizações nos anos 1980, é a generalização de um clima de desconfiança em relação às ideias de serviço público, ética profissional, igualdade, cidadania. Sempre há um bom exemplo à mão para demonstrar que, sem a disciplina imposta pelo mercado, os funcionários vão atrás de seus interesses particulares, protegidos contra qualquer crítica graças à ficção do serviço público.

Ao longo do século XX, depois da Crise de 1929, e mais ainda depois da Segunda Guerra Mundial, o domínio público foi aumentando em quase todo o mundo, para corrigir o que se costuma chamar de "falhas do mercado", quer dizer: oferta insuficiente, ou monopolista, preços excessivos, sem garantias. E foram criadas, em todos os lugares, empresas públicas: de energia, rodovias, ferrovias, telecomunicações e assim por diante, para oferecer bens e serviços considerados básicos – além de saúde e educação, claro. Nos anos 1970 elas começaram a se deteriorar. A inflação gerava demandas por aumentos salariais que eram difíceis de enfrentar nas empresas públicas; mas isso obrigava a um aumento nos preços, algo que era muito complicado em uma economia estagnada, pior ao se tratar de serviços básicos, ou a contrair dívidas.

Resumindo, não havia dinheiro suficiente para manter em bom funcionamento os serviços públicos – que por isso deixaram de funcionar bem (há outras razões, mas esta é suficiente). Além de aumentar o déficit e a dívida pública. E, como se fosse pouco, as greves eram frequentes. O cansaço das pessoas coincidiu com o primeiro auge das ideias neoliberais, já vimos, que encontraram um público especialmente receptivo, predisposto a aceitar a ideia de que as empresas públicas eram por definição ineficientes, caras, uma carga para o erário público. A teoria da escolha pública, de Buchanan, podia explicar muito bem o que estava acontecendo: mercados políticos, grupos rentistas, o interesse particular dos funcionários, o interesse da classe política. Já vimos isso. Parecia preferível, a qualquer hora, simplesmente confiar no mercado.

Privatizar é o nome do jogo

Nesse contexto começou no mundo todo a política de privatizações. Começou com Margaret Thatcher, no Reino Unido, com a British Telecom, com as moradias de proteção oficial, as empresas de energia, transportes, comunicações. Vieram depois a Austrália e a Nova Zelândia, também o México com a privatização dos bancos, depois da televisão, das telecomunicações e praticamente todo o resto do mundo. Em seguida foi a vez da Rússia e do conjunto dos países que tinham estado na órbita soviética. Este último tem importância porque durante a ofensiva de privatização era costume comparar a existência de empresas públicas com o sistema soviético de planificação central; seja usado por convicção ou por cálculo, a imagem era muito eficaz em termos retóricos – ninguém queria o Gulag.

Com frequência havia bens cujo caráter público era bastante discutível e que podiam passar ao domínio privado sem problemas. No México, Daniel Cosío Villegas usou como exemplo a empresa de bicicletas Cóndor (que por algum acaso acabou sendo uma empresa paraestatal). Outras coisas eram, por outro lado, difíceis de privatizar, sobretudo nos setores estratégicos, de energia e comunicações, correio, por exemplo, para não falar da saúde e da educação, ou da polícia.

A discussão importante, quando chega a ocorrer, refere-se à natureza dos bens e serviços produzidos no domínio público – de acordo com critérios do domínio público. Quer dizer, são discutidas as consequências concretas de sua atribuição. Em alguns casos, as empresas podem entrar no mercado e produzir de acordo com as regras do mercado sem mudar fundamentalmente o que produzem: bicicletas, por exemplo (muda o mecanismo de distribuição, mas não o produto). Mas em outros casos, a oferta pública é qualitativamente diferente. E às vezes pode até coexistir com a privada, porque pertence a outro circuito. Por exemplo, há empresas privadas que produzem livros, ou que produzem aulas universitárias, e podem ser bons livros e boas aulas, mas são diferentes dos livros ou das aulas que podem ser oferecidas se o lucro não é o objetivo final. Quer dizer, não ocorre na realidade uma substituição, porque não se faz o mesmo em um caso como no outro. E nisso está a razão de ser das empresas públicas.

Além disso, é preciso contar com atividades para as quais a motivação do lucro pode terminar sendo deletéria, porque os bens produzidos não são indiferentes ao modo de produção. Por exemplo, a saúde.

Para resumir, esse movimento de privatização é a estrutura final do momento neoliberal. Não tem, na prática, uma única explicação. Supostamente sempre representa um lucro para o conjunto, mas esse lucro é explicado de vários modos, e nenhum é totalmente convincente. Nenhum vale de maneira geral, já que os motivos para privatizar uma fábrica de bicicletas não são os mesmos que os existentes para privatizar uma empresa de aviação, nem se pode esperar o mesmo tipo de resultados se for a privatização de um banco, do serviço de água potável ou da administração de um hospital.

Em certas ocasiões, a privatização foi explicada como um recurso para ajustar as finanças públicas, para saneá-las é o que dizem, reduzir o déficit fiscal e desse modo permitir também reduções de impostos. Outras vezes foi justificado como uma via para facilitar a modernização de qualquer setor: ferrovias, telecomunicações ou aeroportos, sem necessidade de usar, para isso, recursos públicos. É claro que alguém vai terminar pagando por esses investimentos e serão aqueles que usem o serviço, mas se supõe que a eficiência do mercado tornará possível, no fim das contas, uma economia, quer dizer, que vai custar sempre menos do que se o investimento fosse público (e não será feito com o dinheiro de todos).

O argumento é razoável, mas não deixa de ter problemas. Sobretudo porque normalmente é mais caro o dinheiro para os particulares. Porque os investidores que colocam seu dinheiro nas ações de uma empresa pedem uma taxa de retorno sempre maior do que a oferecida pelos títulos do tesouro público. Ou seja, no final das contas pode ser mais barato financiar um projeto através da emissão de dívida pública. Mas vamos parar por aqui, para não nos desviarmos muito.

Também foi defendida a privatização como meio para melhorar a qualidade do que for: da educação, do transporte e da telefonia. A explicação é conhecida, facilmente compreendida. Supostamente o setor público está dominado pela inércia, que não tem nenhuma motivação para atender melhor o que é, afinal, uma clientela cativa, que não pode mudar de provedor por pior que seja o serviço. O mercado, por outro lado, através da concorrência e graças ao objetivo de ter lucro, permite que as coisas sejam feitas de melhor maneira. O raciocínio é muito sólido porque é puramente teórico. Sobrevive bem às refutações empíricas, porque não depende de uma demonstração empírica.

Foi dito que a privatização representa uma vantagem porque os particulares podem tornar a produção mais eficiente no curto prazo, já que se preocupam com os lucros, e além disso tomam melhores decisões de investimento a médio prazo, pela mesma razão. Na verdade, não está claro que seja assim. Nem um, nem o outro. A recorrência das crises financeiras mostra que as decisões de investimentos dos particulares podem ser irracionais, desorientadas e catastróficas.

Algumas vezes, notavelmente nos casos da educação e da saúde, mas também em empresas de outro tipo, a privatização foi apontada como um recurso para evitar os obstáculos do sindicalismo. E com certa razão. Os sindicatos do setor público tendem a ser mais beligerantes, entre outras coisas porque os cargos costumam ser estáveis; são mais fortes na medida em que estão em áreas estratégicas, nas quais uma greve é muito mais grave; e têm maior capacidade de negociação porque os políticos precisam enfrentar eleições em datas específicas. A privatização resolve tudo isso de uma vez. E é algo plausível na medida em que os sindicatos defendem exclusivamente os interesses particulares de seus afiliados: dos ferroviários, eletricistas ou professores; não é incomum, no entanto, que também aspirem a defender os interesses dos usuários, do público. Outra vez, a questão é complicada.

Finalmente, as privatizações foram explicadas como meio para aumentar a receita do Estado. É a explicação mais simples, mais direta, mais óbvia, também a mais problemática. É claro que a venda de empresas ou de ativos significa para o Estado uma entrada, que oferece uma margem de manobra nas contas públicas (Margaret Thatcher conseguiu financiar um corte de impostos, por exemplo). Pois bem: esse dinheiro entra só uma vez, e o Estado fica, a partir de então, sem recursos – para começar, os que poderiam derivar da prestação do serviço ou da produção do que for. Cedo ou tarde, foi vendido tudo que havia para vender. Além disso, esse lucro não é totalmente claro. Deixemos de lado as operações, muito numerosas claro, de privatizações fraudadas, corruptas, em que se dilapidam ativos públicos, porque ninguém defende isso publicamente. O problema é outro. Para calcular o que ganha o Estado ao privatizar, devemos levar em conta o que deixará de ganhar com a venda da empresa, quer dizer, o que teria ganhado se tivesse continuado operando. O interessante é que, para que a venda de uma empresa pública seja atrativa, o preço de venda precisa ser inferior ao lucro esperado: quer dizer, é preciso vender barato ou, de outro modo, ninguém compraria. E não está claro se isso é um bom negócio para o público.

Claro, os particulares aumentam as margens de lucro pela maneira como administram as empresas, porque o fazem com mais eficiência, cortam os custos, e por isso a operação compensa. Não é óbvio que o Estado não poderia fazer algo parecido, contando com a possibilidade de usar dinheiro mais barato.

Em qualquer caso, as empresas podem aumentar sua margem de lucro cortando custos ou aumentando preços, ou os dois. Entre as medidas mais frequentes, e mais lógicas, nos processos de privatização, está a redução de quadro, a demissão de pessoal redundante e ineficiente. E isso, o desemprego dessas pessoas, é um dos custos sociais das privatizações. Não se costuma levar em conta porque os empregados públicos foram estigmatizados, pois o sentido comum diz que são parasitas, e porque a teoria diz que vão encontrar outro emprego. De qualquer forma, é um custo inquestionável, que deveria entrar nos cálculos.

A racionalidade das privatizações não está totalmente clara. Sempre se supõe que por algum desses caminhos: maior eficiência, redução do gasto, haverá um benefício líquido para o conjunto da sociedade. Na prática, os resultados são mais confusos, não permitem tanto otimismo.

Em algumas ocasiões, as privatizações tiveram muito sucesso, sobretudo em empresas cujo setor não exige muita regulamentação, em mercados nos quais a concorrência é normal. Quer dizer, em empresas que talvez não correspondiam ao domínio público, na verdade, que foram resgatadas por motivos conjunturais: casos clássicos são a Rolls-Royce e a General Motors. No que se refere à infraestrutura, em que há o que se chama "monopólios naturais", ou nos serviços de saúde e educação, os resultados foram muito mais problemáticos.

O sistema ferroviário do Reino Unido foi privatizado nos anos 1980; uma empresa, Railtrack, se transformou na proprietária da rede, e várias outras empresas assumiram o serviço de trens nas várias regiões. A magnitude das falhas obrigou o governo de Blair a renacionalizar a Railtrack em 2002, assim como a empresa que operava a Costa Leste em 2009. O metrô de Londres, parcialmente privatizado, também foi renacionalizado em 2008. Praticamente o mesmo aconteceu na Nova Zelândia, que precisou renacionalizar a rede de Auckland em 2001, e o resto da rede ferroviária em 2004 e 2008. A Argentina, da mesma forma, havia privatizado os trens nos anos 1990, e renacionalizou Belgrano Cargas, Belgrano Sur, Trenes de la Costa e os trens suburbanos de Roca, San Martín e Sarmiento em 2013.

Em outros lugares, a privatização das ferrovias também foi problemática. Parcial, muito lenta, com poucas ofertas, na França, e com um forte sistema e subsídios na Alemanha, por exemplo.

As empresas de aviação foram nacionalizadas e renacionalizadas com frequência. Aerolíneas Argentinas em 2008, Air New Zealand em 2003, Japan Airlines em 2010. Depois dos atentados de 11 de setembro de 2001, os Estados Unidos nacionalizaram o sistema de segurança aeroportuária, assim como o Japão renacionalizou a Tokyo Electric Power Company depois do acidente nuclear de Fukushima – porque, em alguns terrenos, a gestão dos recursos é um assunto político. Outras empresas de serviços foram renacionalizadas também: as impressoras federais da Alemanha (Bundesdruckerei), em 2008, o serviço de correios e de água potável na Argentina, em 2003 e 2006.

Nas empresas de telecomunicações, os resultados também foram duvidosos. Na maioria dos casos, a privatização não produziu o mercado competitivo, dinâmico, eficiente, que havia sido prometido, e a antiga empresa pública continua tendo uma posição monopolista ou quase, como antes. O ganho é sempre discutível.

O caso dos bancos é interessante. Foram nacionalizados muitas vezes, em todos os lados, para resgatar o sistema financeiro durante uma crise, privatizados depois e com frequência renacionalizados. No México, os bancos foram nacionalizados em 1982, privatizados em 1991, e foi preciso resgatá-los com um enorme investimento público em 1995. No resto do mundo há histórias parecidas, com bastante frequência. Como consequência da crise de 2008 tiveram de ser nacionalizados vários bancos, sob diferentes modalidades. No Reino Unido, por exemplo, o Royal Bank of Scotland, Lloyds TSB e Northern Rock, em 2008. Na Islândia foram nacionalizados Kaupbing, Landsbanki, Glitir, Icebank, Straumur Investment Bank e SPRON, em 2008. Algo parecido aconteceu com boa parte do sistema bancário da Holanda (Fortis, SNS), Irlanda (Anglo-Irish Bank), Grécia (Proton), Portugal, Japão, Lituânia e Letônia.

Os problemas com a privatização dos serviços de saúde e educação foram muito maiores, como era de se esperar. Nos Estados Unidos, por exemplo, o estímulo privatizador na educação foi encabeçado pela Edison Schools Corp., que em menos de dez anos já havia abandonado o negócio. A privatização do sistema hospitalar da Nova Zelândia, que transformou os hospitais em Empresas de Saúde da Coroa, produziu um forte endividamento e uma queda na qualidade da atenção de tal magnitude que o governo trabalhista de Clark (1999) foi obrigado a recuperar o caráter público do serviço, sob a direção de Conselhos Distritais de Saúde eleitos. Mas de tudo isso teremos que falar mais adiante.

A privatização de ativos apresenta outro tipo de problemas. A nova lei de costas espanhola, de 2013, é um bom exemplo. A privatização do litoral, para que construções possam ser feitas e negócios abertos, lembra muito o processo do cercamento na Inglaterra do século XVIII. É um negócio no curto prazo para o Estado, que recebe dinheiro pelas vendas e concessões, e é negócio, claro, para os construtores, e será para aqueles que estabeleçam ali um negócio qualquer, e supostamente por isso será também um bom negócio para a sociedade em seu conjunto, porque fará a economia crescer. Possível, discutível. Sobretudo é interessante que o problema seja avaliado em um único plano. Não entram em consideração séria os problemas ambientais, mas sobretudo não leva em consideração o que significa em si mesmo o desaparecimento dos bens públicos.

O processo foi especialmente polêmico quando se tratou de tarefas soberanas, quer dizer, as que tradicionalmente correspondem ao Estado em sua definição mais exigente. No entanto, avançou ali também. Só como exemplo ressaltemos que alguns países privatizaram as agências de arrecadações de impostos, as alfândegas, outros privatizaram prisões, forças de segurança e até o exército, através da contratação de empresas de mercenários. Em todos os casos, se supõe que a gestão privada será mais eficiente, mais barata e melhor. Tudo isso é duvidoso. Mas, além disso, há outro tipo de dificuldade. As prisões privadas podem ser lucrativas às custas de piorar as condições de vida dos reclusos, por exemplo, sem que isso passe por uma deliberação no espaço público sobre a natureza do castigo e seus limites. Outro exemplo: os contratistas militares não são mais baratos que um exército de cidadãos, mas permitem evitar os problemas políticos do recrutamento, os controles democráticos aos quais seria necessário submeter o uso das forças armadas: não está claro que isso seja preferível.

Para resumir em uma frase, a principal dificuldade nesses casos não está no plano contábil, mas no fato de que agentes privados, e, portanto, mais opacos, orientados exclusivamente pelo lucro, assumam funções que correspondem à autoridade soberana. O resultado não é um Estado mais fraco, tampouco, na verdade, um Estado reduzido, embora algumas de suas tarefas sejam concedidas ou subcontratadas, mas basicamente um Estado menos transparente (e em algumas de suas funções, privatizado).

Uma nova administração

Voltemos ao argumento. A privatização foi uma resposta para muitos dos problemas dos anos 1970 e 80, parecia óbvia, realizável, até mesmo simples. O ponto de partida, já dissemos, no contexto da crise econômica, era a crítica do serviço público, a crítica da burocracia em particular, também das profissões organizadas corporativamente.

O burocrata nunca teve uma boa fama, sabemos. Desde o século XVIII, quando a burocracia representava o avanço da autoridade monárquica sobre os poderes locais, até o século XX, até hoje. Além da imagem convencional do burocrata indolente, rigoroso, insensato, sem critério, espalhava-se nos anos 1960 a aversão à intromissão do Estado, à rigidez autoritária e estreita dos procedimentos, à própria ideia de que o Estado interferisse na vida cotidiana. A crise econômica, o rechaço aos impostos, a revolta com greves e sindicatos fizeram o resto.

O giro conceitual que permitiu uma nova maneira de entender a administração, já vimos, foi preconizado pela Escola de Virgínia, de James Buchanan. A ideia básica era de uma simplicidade impressionante. Os políticos, os funcionários, são seres humanos comuns e correntes, exatamente como todos os outros. Nem melhores, nem piores. Portanto, não há motivos para imaginar que tenham outra motivação, além de seu interesse individual. Quer dizer, que o razoável é pensar que são indivíduos racionais, dedicados a maximizar sua utilidade, e que usarão para isso os recursos que tiverem disponíveis (porque supostamente assim são os homens "comuns e correntes"). O resultado é que, independentemente do que se diga, os serviços públicos obedecem, na verdade, ao interesse particular dos políticos, e o funcionamento da administração depende do interesse privado dos burocratas.

Isso quer dizer que não se pode contar com uma ética do serviço público nem nada parecido (em um exercício muito curioso, que veremos mais à frente, Richard Posner argumenta que os juízes também estão no negócio de maximizar sua utilidade: é uma suposição um pouco extrema, mas sem dúvida consequente). Por sorte, essa ética é desnecessária. Simplesmente, como acontece em qualquer mercado, o que necessitamos é encontrar o ponto em que o egoísmo de todos termina finalmente sendo benéfico para o conjunto. Só importa não se enganar, não esperar dos funcionários uma virtude que não têm por que possuir.

Claro, o mais simples para isso é privatizar diretamente, transferir para o mercado a atividade que for, e que existam particulares interessados no dinheiro que concorram entre si para oferecer um serviço melhor. O problema é que em muitas ocasiões isso não pode ser feito porque não é tão fácil, ou é impossível, privatizar uma prefeitura, uma secretaria de Estado ou uma universidade. Para isso foram criados instrumentos capazes de aproveitar o egoísmo dos burocratas, como se estivessem em um mercado.

A primeira solução, bastante óbvia por sinal, consiste em subcontratar os serviços sempre que for possível, para que sejam prestados com a mesma eficiência que no setor privado. A tarefa continua sendo responsabilidade pública, não é privatizada, mas não é realizada mais por funcionários públicos. Muitas atividades são susceptíveis de serem subcontratadas desse modo com alguma empresa: coleta de lixo, por exemplo, ou transporte urbano. Nesses casos, não há, na verdade, um mercado nem há exatamente concorrência. A autoridade fixa uns padrões, estabelece um procedimento de atribuição, e contrata o serviço de um particular, que pode ser avaliado a cada certo tempo. Embora seja explicado de outra maneira, deve ficar claro que os usuários do serviço não são, na realidade, os clientes dessas empresas: nem escolheram esse serviço nem têm alternativa, nem podem mudar, nem têm nenhum direito concreto perante a empresa – a não ser protestar para as autoridade se for o caso. O único cliente que é preciso deixar satisfeito é a autoridade que dá a concessão do serviço. Ou seja, no final das contas é um mercado político, que pode ter bons ou maus resultados (o exemplo da coleta de lixo na cidade de Nápoles, bastante conhecido, é eloquente).

A segunda solução consiste em impor esquemas empresariais para a administração das funções públicas. Em certas ocasiões, dependendo do que for, podem até ser critérios de rentabilidade. Com mais frequência, o que se faz é estabelecer algum padrão de "produtividade" para avaliar o desempenho das oficinas e dos funcionários. Costumam ser índices numéricos, porque oferecem resultados objetivos, frios, inquestionáveis, que permitem fazer comparações; o problema é que, em muitos casos, isso que é susceptível de ser medido só se refere à atividade central da instituição de forma oblíqua: o número de artigos que publica um professor, o número de pacientes que uma enfermeira atende, o número de expedientes abertos ou fechados por um escritório. Não são, na verdade, medidas de produtividade, se a expressão fizer algum sentido, mas são as únicas que um administrador pode usar, se precisar de indicadores impessoais, objetivos, que permitam fixar metas e impor sanções.

Finalmente, há um conjunto de recursos, arranjos institucionais para simular mercados, ou produzir imitações de mercados na função pública. Salários flexíveis associados a algum tipo de rendimento, sistemas de estímulos, bônus de produtividade, fundos especiais sujeitos à concorrência entre vários escritórios.

A administração foi reformada também em outros sentidos. Só me interessa destacar aqui esse movimento geral de privatização como meio para resolver o problema de uma burocracia pouco confiável, indolente e improdutiva, que era o problema dos anos 1970. Como é lógico, as soluções geraram por sua vez problemas que veremos a seguir.

Profissões, rendimentos, monopólios

Similar em muitas coisas, mas com nuances que importam, foi o conflito das profissões e das corporações profissionais. Resumindo, quando digo profissões me refiro a certo tipo de serviços que atendem a necessidades que os usuários não conseguem avaliar sozinhos, ao contrário do que acontece com os bens comuns no mercado, situação na qual sabemos o que preferimos e o porquê dessa preferência. Médicos, enfermeiras, professores, também advogados, engenheiros, são profissionais nesse sentido. A qualidade de seus serviços é um assunto de interesse público, que não pode ser deixado à mercê dos movimentos do mercado. Por isso há sistemas de certificação que dizem quem está capacitado para exercer, e há um controle do acesso, com frequência também regulamentação das tarifas que podem ser aplicadas, e algum órgão colegiado dos membros da profissão que vigia a conduta do organismo. É necessária uma ética profissional como proteção do interesse público, já que o puro interesse seria insuficiente: a ética profissional é a garantia de que o médico não vai propor uma cirurgia desnecessária, que o professor não vai alterar as notas, o advogado não vai conspirar contra seu cliente – embora fosse bom negócio para ele fazer isso.

A consequência fundamental de tudo isso é que as corporações profissionais têm um grau de autonomia considerável em relação ao mercado, e com respeito à autoridade administrativa também. Tem que ser assim. Agora, não é pouco frequente que essa autonomia implique que os profissionais tenham a tendência a se distanciar do público, de seus clientes e se fechem no pequeno mundo da corporação, onde sua autoridade técnica é final. E isso provoca ressentimento, como é lógico. E desconfiança.

Se olharmos com a lente da economia neoclássica, seguindo o modelo de Buchanan, as profissões que estão protegidas da concorrência assim são, na verdade, "cartéis" de produtores, que tentam monopolizar, ou monopolizam efetivamente seu campo de atividade. Em prejuízo dos consumidores. A ética profissional, a responsabilidade, são simulações que tentam encobrir o que não passa de rentismo. O problema é que acabar com isso é muito mais difícil que subcontratar o serviço de limpeza, ou demitir burocratas. Porque, no final, é verdade que as pessoas não estão capacitadas para decidir quem é um bom médico, ou um bom engenheiro, nem para identificar um charlatão sortudo, nem sequer depois de contratá-los. Nem mesmo diante de um resultado concreto, que além disso pode ter um custo proibitivo.

Várias estratégias foram adotadas nos últimos trinta anos, sobretudo nas instituições públicas em que são oferecidos serviços profissionais, em hospitais e universidades, basicamente. No geral, tentaram reduzir a autonomia dos grupos profissionais. Em primeiro lugar, para colocar ordem, as instituições foram colocadas a cargo não mais de membros das profissões, mas de especialistas em administração, com frequência gestores de empresas privadas, com a intenção de imporem normas de operação parecidas com as de uma empresa.

Em segundo lugar, foram eliminados, ou reduzidos ao máximo, os níveis, os concursos fechados, os sistemas de permanência e de ascensão mais ou menos automáticos. A ideia é que o avanço profissional dependa a todo momento de um melhor desempenho, susceptível de ser medido, quantificado, avaliado por alguém de fora da profissão – o público, os clientes, ou alguém que atue em nome deles. Por isso aconteceu no Reino Unido, por exemplo, a supressão da estabilidade de professores universitários, ou no México, o maior peso da parte contingente dos salários de professores e pesquisadores (quer dizer, o salário que depende de indicadores de produtividade).

Essas são as formas mais diretas de intervenção, mas há várias outras. Também foram criados "mercados simulados" para obrigar os profissionais a entrar na lógica da concorrência. Por exemplo, é decidida a alocação de recursos para os hospitais a partir de indicadores que permitem comparar a eficiência, a rentabilidade e o desempenho.

No geral, o trabalho profissional é submetido a um processo de auditoria permanente, que imita o que é feito no setor privado. Claro, os auditores externos não podem julgar a qualidade do trabalho profissional, da mesma forma que qualquer leigo, mas o objetivo é justamente esse, que alguém de fora possa avaliar os profissionais, para tirar a concha de proteção corporativa. Para isso são elaborados indicadores que supostamente refletem qualidade ou produtividade, ou algo parecido à qualidade ou à produtividade: normalmente, de novo, medidas quantitativas, alguns números, que qualquer um pode ver, entender e comparar.

No campo da saúde, a racionalização da prática médica a partir de critérios de mercado, de eficiência, rentabilidade, transformou muito os cuidados. Em todos os lados, provocou o fechamento de unidades hospitalares pouco rentáveis; o aumento na proporção de pacientes que cada profissional atende; o planejamento a partir de indicadores numéricos; a multiplicação de trabalhadores temporários e eventuais, sem cargos fixos. Quer dizer, produziu um sistema de saúde com um regime de trabalho mais precário e com exigências de rendimentos quantitativos. Nas universidades, esse mesmo impulso conduziu à explosão absolutamente irracional no número de publicações, uma multiplicação dos graduados, com critérios que facilitam cada vez mais a formação rápida do maior número possível de estudantes.

A tentativa de mercantilizar o exercício profissional teve duas consequências básicas que de entrada parecem inconsistentes com os propósitos do programa neoliberal: um aumento extraordinário dos gastos administrativos, pelo custo das auditorias e da simulação de mercados, e um aumento do controle centralizado. Parece um pouco estranho, mas é o efeito que aconteceu em todos os lados, maior centralização, mais burocracia, maiores custos de administração. Falaremos sobre isso um pouco mais à frente.

Pois bem, o movimento teve sucesso em outras coisas. Em primeiro lugar, ao reduzir a autonomia dos profissionais, embora não tenha sido para submetê-los à vontade de seus clientes no mercado. E sobretudo contribuiu para que a imagem das profissões, com uma responsabilidade específica, e uma ética profissional, se torne cada vez mais embaçada (na mente do público e dos próprios profissionais também).

A mudança é importante. Inclusive diria que é uma das mudanças mais importantes para a configuração da ordem neoliberal. Quando se desmascara a realidade oculta por trás da retórica da ética profissional, a ética do serviço público e outros, quando se descobre que não passa de um acordo interessado, fica no entredito todo o universo moral e o horizonte de sentido das profissões, começando pela ideia do interesse público em que se baseiam. Neste novo mundo, os profissionais são particulares, egoístas como todos, que perseguem seu próprio interesse e atendem melhor ou pior os outros particulares, que são aqueles que precisam ser avaliados, já que pagam para isso. E se não puderem ser os particulares, alguém que atue em seu nome.

A expressão, muito típica, de Alan Milburn, ministro da Saúde do governo de Tony Blair (1999-2003), resume muito bem a ideia: "gostemos ou não, esta é a era dos consumidores, as pessoas exigem serviços à medida de suas necessidades, querem escolher e esperam qualidade – todos fazemos assim, todos sabemos". Não dá para pedir algo mais claro. É quase um lugar-comum. Na prática, isso significa que existe uma demanda privada de bens e serviços, que serão financiados por impostos. Quase todas as discussões sobre serviços públicos nas últimas décadas giram ao redor desses termos: impostos, demanda, consumidores, satisfação, quer dizer, trata-se de um mundo fundamentalmente privado, onde o público é somente uma mediação incômoda, que pode ser inevitável, mas sempre termina sendo suspeita.

Na ordem neoliberal trata-se de ajustar uma demanda dos particulares (de bens e serviços) com um custo para os particulares (o que pagam como impostos). E assegurar que o preço é justo e a qualidade, satisfatória. É bastante claro que esse olhar ameaça deslegitimar a oferta pública de qualquer coisa, mas sobretudo muda os termos da relação com os usuários: não são mais cidadãos que exercem um direito, mas contribuintes que pagam por um serviço. O acento recai sobre os impostos e sobre as necessidades dos clientes (o argumento que parece mais contundente e irrefutável é este: "eu pago meus impostos" – quer dizer que por isso, porque pagamos, temos o direito a exigir).

Para apreciar o que isso significa, convém lembrar que não é a única maneira de entender as coisas. A alternativa é pensar em termos de interesse público. Quer dizer, pensar que todos os membros de uma sociedade estão igualmente interessados em que haja níveis aceitáveis de atenção médica, educação, previdência social e que por isso é necessária uma oferta pública, e que esta beneficia a todos, também àqueles que não a usam, porque preferem a oferta privada. Em outras palavras, o tema deve ser discutido em termos de justiça, cidadania e direitos. Mas essa discussão nos levaria muito longe.

A batalha pela educação

O conflito mais longo, mais áspero, em todas as partes foi o da educação pública, e não é difícil entender os motivos. Para começar, na educação pública há tudo que poderia inspirar desconfiança para o olhar neoliberal. Pesa muito no gasto público, com frequência é a parte mais inchada do orçamento, e é por isso que é uma das primeiras coisas em que se pensa quando são exigidos cortes, controles, redução do déficit. Além disso, tem uma organização burocrática, muito formal: com programas, temas, matérias, com sistemas pedagógicos e horários, diretores, supervisores, tudo isso suspeito, de eficácia duvidosa – porque não obedece, na verdade, a nenhum mercado, não aparecem os sinais dos preços. E finalmente, se baseia em uma corporação profissional extensa, sólida, bem organizada, com uma aguda consciência sindical, e que defende seus interesses de forma muito enérgica.

Ou seja, na educação pública se reúnem todos os possíveis defeitos do antigo regime. Além disso, os reformistas de todos os tempos, os ilustrados e os liberais, os positivistas e os bem-estaristas, escolheram a escola como campo privilegiado, indispensável, para a batalha ideológica. Entende-se por quê. Normalmente, culpa-se a escola, com ou sem razão, de tudo que está mal e de tudo que é feito mal, a escola produziu o presente e todas as falhas do presente, de modo que é uma das primeiras coisas que é preciso corrigir. A escola é, além de tudo, o símbolo do futuro: a luta pela educação é, simplesmente, a luta pelo futuro.

Aqui convém dizer que a crítica da educação pública foi praticamente universal nas últimas décadas. Nos países-membros da Organização para a Cooperação e Desenvolvimento Econômico (OECD em inglês), em todo o Ocidente, inclusive em toda a América Latina, em boa parte da Ásia. Políticos, funcionários, acadêmicos, agitadores, todos encontram motivos para lamentar o estado da educação em seu país, todos têm algum indicador preocupante, grave, que é preciso corrigir. E refletem, além do mais, uma preocupação generalizada. Não é o lugar para aprofundar isso, mas vale ressaltar que na maioria dos casos as críticas institucionais e os projetos de reforma foram anteriores a qualquer manifestação forte de descontentamento com o estado da educação. E com frequência o projeto tinha como alvo escolas que funcionavam razoavelmente bem na opinião da maioria (por outro lado, depois de vinte ou trinta anos de mudanças, ninguém está totalmente satisfeito com os resultados).

Também não é fácil saber o que querem dizer os indicadores que começam a ser usados nesses anos para avaliar a educação. Nunca houve, em nenhum lugar, as porcentagens de escolarização do fim do século XX, as porcentagens de matriculados, graduados e pós-graduados, nem houve uma tentativa parecida, sustentada, de integrar as crianças com várias formas de deficiências. Para resumir em uma frase, quando começa a onda de reformas, eram sistemas educativos difíceis de comparar com os do passado, com o desempenho conseguido em outros tempos ou com os resultados de exames de escolas em países totalmente diferentes. A urgência reformadora não podia parar por aí. Um exemplo: na Espanha ocorreu uma primeira grande reforma, que se concretizou na Lei Orgânica Reguladora do Direito à Educação (LODE) de 1985; foi substituída pela LOGSE em 1990, esta pela LOCE em 2002, depois pela LOE em 2006 e pela LOMCE em 2013 – de modo que uma pessoa normal pode ter cursado seus estudos sob três ou quatro legislações diferentes.

Mas vamos por partes. A crítica neoliberal não é nova, embora tenha adquirido uma força avassaladora apenas a partir dos anos 1990. Como regra geral, não se diz que o financiamento público da educação deva desaparecer, pelo menos não o da educação básica. Mas que deve desaparecer a oferta pública de educação, que carrega todos os problemas que mencionamos acima. É o caso típico em que é necessário o Estado para fabricar um mercado e mantê-lo. A solução mais simples, e a mais radical, foi pensada por Milton Friedman, em 1955, e consistia em que o Estado emitisse uns "vales" (*vouchers*) que os pais pudessem usar para pagar as mensalidades de seus filhos na escola que achassem melhor. Todos teriam as mesmas oportunidades, as escolas concorreriam entre si para atrair os alunos e seriam obrigadas a oferecer educação de melhor qualidade. Essa era teoria.

A proposta é repetida periodicamente, sempre como uma descoberta. Hayek a menciona em cada um de seus livros como se fosse uma solução comprovada: "não há mais razões para manter o controle estatal da educação: como demonstrou o professor Milton Friedman, seria possível financiar o custo da educação usando a receita pública sem manter escolas estatais". A verdade é que a proposta feita por Friedman não é nem uma demonstração, apenas uma hipótese em um modelo formal. De qualquer forma, a ideia nunca teve muita popularidade, nem muito sucesso. Em seu momento, Friedman propôs como uma opção para que as escolas católicas de Chicago pudessem receber dinheiro público, quer dizer, para manter a segregação sem que o Estado fosse o responsável direto por ela. A fórmula dos vales existe em alguns poucos lugares nos Estados Unidos e parece que, segundo as avaliações públicas dos últimos anos, não teve um impacto apreciável sobre os níveis de aprendizagem.

Mas a burocracia é apenas um dos problemas. Na crítica da educação, e nos programas de reforma, influencia a ideia do "capital humano", e suas implicações. A metáfora não é inocente. Significa que as pessoas devem aprender a se verem como empresas, com a responsabilidade de investir, gastar, acumular ou desenvolver isso que é o "capital" delas. Mas também significa que a escola deve pensar em si mesma nesses termos, como um instrumento para a formação de capital. As implicações são importantes.

Um pouco atrás já falamos das ideias de Gary Becker: a educação sempre implica um gasto, no mínimo o do tempo empregado para se formar; esse gasto é justificado porque a educação permite ganhar dinheiro depois (já que uma parte da receita das pessoas depende da escolaridade); isso quer dizer que o gasto em educação deve ser considerado como um investimento. Ou seja, a educação deve ser avaliada pelos indivíduos em função de seu rendimento, segundo o dinheiro que isso irá produzir depois, porque isso é o que faz com que a educação seja mais ou menos útil.

O argumento é problemático por muitas razões, já vimos algumas delas. Resumindo, o problema é que afirma em termos categóricos o que é apenas condicional, contingente e, além do mais, é proposto como um nexo causal. Explico. Está claro que a escolaridade influencia na renda, mas também está claro que há muitos outros fatores que influenciam e, segundo a sociedade, podem ser muito mais importantes. A origem de classe, por exemplo, ou a identidade étnica. Por outro lado, está claro que a educação deve ajudar as pessoas a ganhar a vida, mas também está claro que há vários outros propósitos que têm a mesma ou uma importância parecida – inclusive para que seja possível ganhar a vida, ou conviver em paz.

Para dizer em uma frase, o problema com a ideia do capital humano em sua formulação padrão é que pega um dos aspectos da educação, seu provável impacto na renda, e o transforma no único objetivo, no único critério para avaliá-la.

A nova maneira de olhar a educação implica mudar a administração, os conteúdos, o regime de trabalho, mas também a relação da escola com os alunos e mais especialmente com os pais. Se enfatizarmos a formação do capital humano, a receita que devemos esperar do investimento que cada um faz em sua educação, então é uma empresa individual – que cada um julga segundo suas necessidades e suas expectativas. Portanto, a escola deve ser avaliada e supervisionada pelos particulares, que são os clientes, e sabem melhor que ninguém se funciona ou não. Parece algo óbvio, mas não é.

É um giro privatizante em duas dimensões distintas. Por um lado, implica que os empresários, os possíveis empregadores, são aqueles que decidem, no final, o que é pertinente na educação, e por isso não é raro que exista a proposta de que tenham voz desde o princípio, para definir os conteúdos e os métodos. Por outro lado, implica que são os privados, concretamente os pais, que devem avaliar e julgar a educação em função de suas necessidades – ou seus interesses, ou seus preconceitos, o que for (algum pai pode não gostar da escola porque não ensinam matemática, outro porque não ensinam religião). Nas duas dimensões, é uma ideia educativa muito diferente da que prevaleceu durante a maior parte do século XX. Não porque antes o emprego fosse irrelevante, mas porque tinha a mesma ou maior importância a formação de cidadãos, por exemplo, e nos conteúdos, nos métodos, na disciplina, não podia existir autoridade maior que a do Estado – já que a educação era um assunto de interesse público. Ao entrarem na escola as crianças saíam da esfera doméstica, onde regiam os pais, onde havia linhagens, exclusões e hierarquias, e ingressavam na esfera pública, onde eram todas iguais, sob regras comuns, definidas pela autoridade coletiva.

O modelo neoliberal – empregabilidade, rentabilidade, capital humano – adquire mais impulso pela ubiquidade da concorrência, ou da linguagem da concorrência para ser exato, e a ilusão de uma mobilidade social baseada no mérito. A educação se transforma na chave da nova ordem social, entre outras coisas, porque é o recurso fundamental para justificar a desigualdade como resultado dos méritos individuais. E por isso a preocupação de todos os pais pelo desempenho escolar, pela qualidade e a pertinência do ensino.

A informação estatística nos obriga a sermos cautelosos na avaliação desse tipo de ideias. A educação sempre é importante para a mobilidade social, sem dúvida. Mas há muitos outros fatores que incidem sobre o nível de renda. E como mostrou Thomas Piketty, nas últimas décadas, em quase todas as sociedades do Ocidente, os traços hereditários – origem de classe, riqueza familiar – pesam muito mais. A herança pesa muito mais. E a mobilidade é muito reduzida em comparação com outros períodos, com o passado imediato.

Vamos explicar. A brecha que separa as crianças pobres das ricas existe muito antes do ingresso na escola e afeta todos os âmbitos da vida delas. Afeta, para começar, a maneira como podem aproveitar a experiência escolar. Sem entrar em detalhes, vamos mencionar algumas das diferenças que contam: o acesso à atenção médica oportuna, de qualidade, desde o nascimento e desde antes do nascimento; a nutrição, e a nutrição dos pais, e de seus pais; a possibilidade de ter acesso à educação pré-escolar; a escolaridade dos pais, as opções de formação no lar e as opções de ócio; a existência de livros em casa, as práticas de leitura; a possibilidade de contar com um espaço para estudar... A lista seria interminável. Só precisamos saber que a escola não explica tudo. E para saber que é pouco razoável esperar que a escola sozinha, e em especial os professores sozinhos, permitam superar a brecha da pobreza e se sobrepor a todo o resto das instituições sociais.

É importante afirmar isso, porque explica muitas das discussões sobre a reforma educativa dos últimos trinta anos, em quase qualquer parte do mundo. As esperanças que foram depositadas nela, as frustrações que criaram. O programa neoliberal, que enfatiza a responsabilidade individual, a concorrência, a acumulação de capital humano, termina colocando a educação no centro: se há pobreza, se há subdesenvolvimento, atraso, se há desigualdade, o problema está na educação (porque está nos indivíduos, em seu "capital humano"). E tudo é resolvido mediante a educação.

E como se reforma a educação?

Em todas as partes, os projetos de reforma educativa da mudança do século incluem normalmente exames padronizados para professores e alunos, mecanismos de sanção ou recompensa segundo os resultados, a publicação de índices, listas de classificação de escolas, e um leque mais ou menos aberto de opções de educação ou gestão privada. É importante olhar para os detalhes.

Ao longo dos anos 1990, e na primeira década do novo século, foi imposto um novo consenso na opinião pública, muito parecido na Espanha, nos Estados Unidos, México e França. Pode ser resumido em três pontos básicos: a educação pública está quebrada, não funciona, não está preparando bem as crianças; a responsabilidade fundamental é dos professores, que abusam de uma situação de trabalho privilegiada; para começar a solucionar as coisas deve-se avaliar o desempenho das escolas, e dos professores, através de exames padronizados, que permitam ter uma medida objetiva e resultados comparáveis de um ano para outro, de uma escola para outra.

Na origem do novo consenso está a ideia da educação que mencionávamos mais acima. A escola tem que formar indivíduos para o mercado. Se há desemprego, emprego de má qualidade, mal remunerado, pouco produtivo, significa que há um desajuste entre a escola e o mercado. E a responsabilidade é da escola, claro. O mercado não pode se equivocar, simplesmente demanda o que é necessário. O resultado é que a preocupação das pessoas com a qualidade educativa, que é no fundo uma preocupação pela desigualdade, pela falta de mobilidade social, pelo desemprego, se concentra em uma crítica do magistério.

Além do mais, há uma explicação muito simples, que enquadra tudo: não existe um verdadeiro mercado da educação. Por isso os professores são um problema. No modelo, é fácil ver. Os professores têm um salário seguro, não importa o que acontecer, como os demais burocratas, sua renda não depende da satisfação de seus clientes; também possuem proteções especiais, começando pela estabilidade, como possuem outras profissões, e isso faz com que sejam mais propensos à indolência; e têm, acima de tudo, uma clientela cativa, que não pode procurar alternativas, quer dizer, em termos práticos desfrutam de uma posição de monopólio. Por isso a educação funciona mal. Os professores não têm nenhum incentivo para fazer bem seu trabalho e, portanto, não se importam.

O diagnóstico é mais áspero em alguns lugares que em outros. Nos Estados Unidos, por exemplo, chegou a uma beligerância considerável, assim como no México. Os projetos de reforma são semelhantes em todos os lados, giram em torno dos mesmos temas, sobretudo o regime de trabalho do magistério e a concorrência entre escolas. A chave é sempre a avaliação dos professores. Resumindo, trata-se de que a educação funcione com a eficiência do mercado, que os professores se esforcem mais, que tenham incentivos para melhorar e sanções se não fizerem direito, e que as escolas tentem fazer ofertas mais atraentes, para reter seus clientes e atrair outros, como faria qualquer empresa.

Os Estados Unidos são o melhor exemplo, porque tudo foi tentado, desde os "vales" educativos até a demissão em massa de professores, um sistema de avaliação de escolas mediante exames padronizados para decidir o orçamento (previsto na lei *No Child Left Behind*, de 2001), ou o sistema de concorrência entre escolas para conseguir uma bolsa de recursos adicionais (na lei *Race To The Top*, de 2008), e uma enorme variedade de opções de educação privada, com concessões, escolas subsidiadas e ensino a distância. Não se chegaram aos resultados prometidos.

O instrumento básico idealizado para produzir essa espécie de mercado dentro da escola são as avaliações padronizadas dos estudantes, que supostamente mostram a qualidade do trabalho de seus professores. E se são aplicados ano após ano, dizem o que cada professor acrescenta, qual é o "valor educativo agregado" de sua docência. Para que o mecanismo funcione como se fosse um mercado é preciso que a avaliação tenha consequências; concretamente, é preciso que se reflita no salário dos professores, que é o que conta. Isso implica eliminar a estabilidade, para que ninguém tenha sua vaga assegurada e o emprego sempre esteja em jogo; também implica eliminar a hierarquia, a promoção automática por antiguidade, e que ninguém tenha assegurado seu nível de renda, para que os professores sejam forçados a trabalhar mais. A ideia é recompensar o mérito, pagar segundo cada um mereça e finalmente promover os bons professores, os que conseguem que seus alunos melhorem nas provas ano após ano, e expulsar da carreira aqueles que não servem.

Não corresponde aqui uma análise das provas padronizadas, a discussão é extensa. Mas convém dizer que não há maneira de medir o suposto "valor educativo agregado" de um professor. Não há provas de que um bom professor possa educar três ou quatro vezes mais rapidamente do que outros como foi dito, ou que faça isso de maneira constante, com todos seus grupos, muito menos que haja um número razoável de professores capazes de resultados extraordinários. O problema maior para o funcionamento do sistema educativo é que a precariedade do trabalho não acaba sendo estimulante em nenhum sentido e a destruição das formas corporativas, começando pela estabilidade, ameaça o profissionalismo do magistério.

A reflexão de Diane Ravitch ajuda a colocar as coisas em seu lugar: "A ideia de pagar os professores de acordo com seus méritos é a ideia que nunca funciona, mas nunca é abandonada, porque é uma questão de fé". Aqueles que a defendem, diz Ravitch, são crentes, estão convencidos de que, na próxima tentativa, funcionará: "sua confiança no poder mágico do dinheiro é ilimitada, sua confiança na prova empírica, nem tanto".

O segundo aspecto dos programas de reforma se refere à concorrência das escolas entre si. O ponto de partida é o mesmo de sempre. Na educação, como em qualquer outro mercado, o desejo de um maior lucro (*profit motive*) é o único em que se pode confiar, e não é preciso outra coisa, aliás. Mas sozinho, isso pode resolver o problema da qualidade educativa. Está no modelo: os clientes procuram a melhor oferta, as empresas melhoram seus produtos para atraí-los, ganha quem oferece melhor qualidade a um menor preço. Várias fórmulas foram tentadas. Subsidiar escolas privadas, relaxar os critérios de certificação de professores, flexibilizar as normas para criar "escolas charter", ou de educação a distância, sistemas de vales. Mais uma vez, os resultados são duvidosos. Claro, o motivo do lucro funciona em um sentido: foram criadas muitas empresas educativas, e foram feitos excelentes negócios com a educação – mas não está claro que o nível tenha melhorado.

E talvez não seja tão surpreendente. Vejamos. Para uma empresa, a lógica de operação é clara. Trata-se de reduzir custos, aumentar produtividade, aumentar rendimentos. Em uma escola isso quer dizer economizar em instalações: em edifícios, equipe, laboratórios, bibliotecas, reduzir o número de professores, reduzir os salários e receber um maior número de alunos. Nada disso conduz a uma melhor educação, e não haveria por que esperar isso. É verdade, supostamente o mercado obrigaria a gastar algo mais, para estar à altura das outras escolas: na prática, a concorrência é por baixo (e o negócio com frequência consiste somente em uma oferta de status). No fundo, o que acontece é que em aspectos fundamentais uma escola não é uma empresa, não pode funcionar como uma empresa, com o risco de desvirtuar sua missão.

Foi tentado durante décadas, não foi criado esse mercado educativo. Não foram produzidos os resultados que esperavam os reformadores. Apesar disso, o fato é que a educação já foi privatizada em boa medida. É cada vez menos um assunto público, e mais um assunto dos privados: o mercado, o capital humano, os incentivos.

A educação superior é um caso especial. Vale a pena prestar atenção nela, mas de forma separada.

A educação superior

Na tradição neoliberal houve sempre um traço populista, que olha com desconfiança para os intelectuais. A razão é bastante óbvia, pelo menos enquanto pode se tornar explícita: a magia do mercado depende da ignorância, ajusta os preços para produzir resultados eficientes precisamente porque ninguém pretende saber, controlar ou fixar deliberadamente nada. No mercado ninguém sabe mais, concorrem todos em idêntica ignorância e por isso funciona. Outra coisa é sempre suspeita. A fatal arrogância dos intelectuais, em particular. Às vezes vai um pouco mais longe. Mises é muito claro. Segundo sua interpretação, em *A mentalidade anticapitalista*, muitos dos chamados intelectuais se unem aos inimigos da liberdade não por erro, não por equívoco, mas por inveja dos empresários, porque não podem digerir um sentimento de inferioridade em relação a eles.

Esse anti-intelectualismo encontra razões sobretudo na educação superior. E não é estranho: vistas com alguma distância, as universidades sempre parecem um pouco torres de marfim, distantes das preocupações cotidianas das pessoas, dedicadas ao estudo de coisas inúteis como as éclogas de Garcilaso, as formas da vida animal no Jurássico ou o pensamento político do século XVII, e dedicadas também a ensinar coisas inúteis. Claro, a favor da torre de marfim poderia se argumentar nos termos de Simon Leys e dizer que a utilidade superior, a eficácia da universidade depende precisamente dessa aparente inutilidade. Mas, por enquanto, não é preciso entrar nessa discussão, é outra questão.

Para o neoliberalismo, a organização tradicional das universidades implica no melhor dos casos uma alocação pouco eficiente dos recursos públicos; no pior, um puro desperdício. Claro, está a reserva com que é olhado, no geral, o gasto público, a convicção de que é necessário deixá-lo reduzido ao absolutamente indispensável, porque muito na educação superior parece supérfluo. Mas o problema das universidades é também, e sobretudo, o da organização, que os professores sejam funcionários, burocratas, distantes do movimento do mercado, e mais: que sejam profissionais, com cargos estáveis, e portanto capazes de fazer qualquer coisa com seu tempo, ou nada, ou dedicar-se ao estudo de alguma besteira. A ideia, já se sabe, é que a eficiência depende do mercado, de que haja prêmios e castigos, segundo a decisão dos clientes; e portanto, a aspiração é introduzir a concorrência, os apuros, riscos e vaivéns do mercado, para recompensar os melhores, os que se dedicam a algo útil, quer dizer, algo apreciado pelos consumidores.

Vamos ver um pouco mais devagar. O propósito é enunciado em uma frase. As universidades devem estar sujeitas ao mercado. Isso significa, para começar, duas coisas: a formação deve estar orientada às necessidades do mercado, e a pesquisa deve estar associada à demanda do mercado. Na linguagem habitual, isso é vincular a educação ou a pesquisa ao "setor produtivo". A expressão tem várias implicações. Primeira, que o mercado é o que deve orientar o trabalho das universidades. Segunda, a educação não é produtiva em si mesma (na verdade, não faz parte do "setor produtivo"). Além disso, importa sobretudo a progressiva generalização de uma nova linguagem para explicar o trabalho acadêmico – custos, valor agregado, produto final, impacto potencial, clientes, rentabilidade –, que, na prática, significa a imposição de critérios não acadêmicos. Ou seja, no final das contas, o cancelamento da autonomia profissional (que era do que se tratava, aliás).

A ideia de que a educação superior e a pesquisa produziram bens públicos foi substituída por uma lógica empresarial, orientada pela rentabilidade e o lucro privado. Não se trata mais do que serve a todos, mas do que é susceptível de apropriação privada, sejam patentes, habilidades, modelos, cenários estratégicos.

A transformação foi geral. Começou no Reino Unido durante o governo de Margaret Thatcher. O propósito explícito era aumentar a produtividade das universidades. Para isso, em primeiro lugar foi reduzido o gasto público em educação superior; a seguir, foi eliminada a estabilidade dos cargos, e começaram a se recorrer sistematicamente a contratos temporários; foi reduzido o nível salarial dos professores, e aumentou o número de alunos que deviam atender (passou de uma proporção de 9 a 1 nos anos 1980 a uma de 21 a 1 na década seguinte); e finalmente, foi criado um sistema de alocação dos fundos através de auditorias que induzissem a concorrência entre os pesquisadores. Nos Estados Unidos, também avançou a comercialização, favorecendo que os pesquisadores registrem privadamente suas patentes, para vendê-las.

No México, foi tentado através dos sistemas de estímulos para a produção. A lógica é conhecida, parecida com a imposta no resto do mundo, consiste em que somente uma parte da renda dos professores corresponda ao salário e que a maior parte esteja associada à produtividade, quer dizer, ao número de cursos, número de teses, de publicações. Em princípio, o esquema permite aumentar o volume do trabalho acadêmico (medido com esses índices). O impacto a longo prazo é mais discutível. Por um lado, a necessidade de registrar números cada vez maiores de produtos ocasiona uma hipertrofia dos sistemas de graduação e pós-graduação, uma multiplicação do número de formados e do número de teses e publicações, que não é necessariamente algo desejável em si mesmo. Por outro, dificulta muito a aposentadoria, que significa perder a maior parte da renda.

Em geral, já foi dito, trata-se de que as universidades se tornem mais sensíveis aos sinais do mercado, que contribuam para a produção, que deixem de ser torres de marfim estéreis. Mas também se trata de que elas mesmas funcionem como mercados. Às vezes, em alguns setores, podem ser registradas patentes, há empresas que pagam por determinada pesquisa, em todas as outras se usa a simulação de mercados: tudo consiste em identificar algo que possa ser quantificado, para que um cliente simulado (a administração) possa pagar melhor àqueles que mais produzem. Isso conspira contra a lógica da educação superior, que exige discriminação, exigência, altos padrões, de modo que o mecanismo precisa ser complementado com um sistema adicional de reconhecimento, que qualifique os indicadores: avaliações de impacto, índices de citações, hierarquias de revistas. E o problema é transferido ao seguinte degrau.

As dificuldades são conhecidas. Mas é preciso dizer que o programa foi bem-sucedido. Foi reduzida a autonomia das universidades para definir suas tarefas, e foi reduzida também a autonomia dos professores. O preço é um incremento considerável da burocratização: formas padronizadas, controle vertical, procedimentos rígidos, centralização e aumento dos custos administrativos.

A burocratização neoliberal

Voltaremos ao tema no capítulo seguinte, mas importa como forma de conclusão dizer que o processo de privatização anda ao lado de um extraordinário desenvolvimento da burocracia. Pode parecer chocante de entrada. No final, a retórica neoliberal não poupa adjetivos para atacar a burocracia, e praticamente não há em suas fileiras ninguém que não tenha pedido sua redução, ou que tire privilégios, que seja exigida mais eficiência. Então, tudo isso é verdade. Mas sempre se referem à burocracia pública (a determinados aspectos, regras, formas, da burocracia pública). Mas as empresas privadas também têm sua burocracia, tão elaborada, hierárquica, rigorosa, protocolar e estólida quanto a outra. Está na experiência de qualquer um o que significa mudar de empresa telefônica, apresentar uma reclamação em um banco, ou pedir ajuda ao serviço de assistência técnica de qualquer empresa de tecnologia.

No que nos importa, a mudança não consiste no desaparecimento da burocracia, mas em uma série de mudanças normativas que realmente intensificam a burocratização do mundo, segundo a expressão de Béatrice Hibou.

Só algumas linhas, para esclarecer isso. As empresas modernas são organizações burocráticas, têm suas regras, uma organização hierárquica com distribuição de competências, e precisam de procedimentos formais, padronizados, de coordenação. Para cada trecho há indicadores, estatísticas, relatórios de atividade e sistemas de avaliação do desempenho – há bibliotecas inteiras sobre isso. O particular do momento neoliberal é que as formas de organização da burocracia privada tenham sido transportadas para a administração pública.

Não é difícil explicar. Supostamente o mundo privado é por definição mais eficiente que o público, já que aprendeu a operar sob a pressão do mercado. De onde se infere que a burocracia pública poderia ser mais eficiente se adotasse as formas de organização da burocracia privada. Porque supostamente o saber administrativo, sendo puramente formal, é infinitamente transportável. É o momento de um novo tipo de profissionais da administração, possuidores de uma nova ciência de tudo.

As instituições públicas não são empresas. Não concorrem em um mercado, não se orientam pelo lucro, não são produtivas no sentido normal da palavra. É preciso recorrer, por isso, à elaboração de indicadores que possam servir como representações da produção, e a partir daí, é criado um sistema de auditorias, para verificar que as metas sejam cumpridas. Significa normalmente acrescentar novas camadas de burocracia. O resultado é a extensão de uma "cultura da auditoria" e o desenvolvimento de uma importante indústria de quantificação. As exigências de eficiência, resultados, produtividade, produzem incessantemente critérios de avaliação, padrões, índices, que tornam os especialistas em auditorias indispensáveis.

Vamos explicar. Na maior parte, os indicadores são produzidos exclusivamente para efeitos da auditoria, quer dizer, não têm nenhuma relevância para as tarefas centrais. São projetados, integrados, avaliados por profissionais da gestão, que não têm por que saber nem de purificação de águas, nem de remédios, nem de radiodifusão, mas são capazes de auditar hospitais, emissoras de rádio ou usinas de tratamento de água potável. Com uma nuance: cada vez é mais importante que as auditorias sejam externas, se possível privadas, e internacionais. E assim surgiu um mercado global da avaliação, suprido por empresas dedicadas à verificação de contas e à criação de boas práticas.

É claro que a Norma ISO-9001 não garante a qualidade do serviço nem os princípios contábeis GAAP (*Generally Accepted Accounting Principles*) garantem que não haverá fraudes (a empresa ENRON, por exemplo, cumpria muito bem com todos os critérios formais). O que importa é o gesto. Em termos centrais o que se fez foi criar uma indústria da influência, da credibilidade, que progressivamente substitui os mecanismos tradicionais de controle e que na prática implica a privatização da política (diagnóstico, estratégia, indicadores, avaliação – tudo pode ser subcontratado). A eficácia exige cada vez mais um exercício técnico, normalizado, padrão, e no final um exercício privado do poder político. É o final da viagem.

8. O ESTADO NEOLIBERAL

O programa neoliberal precisa do Estado, isso já foi repetido bastante. E um Estado não puramente defensivo, mas ativo, inclusive beligerante, que sirva como instrumento no processo de privatização, que não é simples. Mais ainda: precisa que a própria operação do Estado responda ao mercado, e precisa também que o mercado esteja protegido da inércia das instituições democráticas. Isso já é mais interessante, porque não é óbvio.

A forma do novo Estado

Parte fundamental do programa político neoliberal consiste em colocar as decisões básicas sobre a economia fora do jogo democrático. Fora da política, na verdade. A formulação clássica é de Hayek. É mais ou menos a seguinte. As maiorias não são confiáveis, não se pode contar com elas para proteger a liberdade: em especial, a liberdade econômica estará ameaçada sempre que existir uma assembleia democrática, um governo democrático, porque os perdedores vão querer empregar o poder político para redistribuir a riqueza. E isso não é uma possibilidade remota, mas um dado, consequência do funcionamento do mercado e da democracia. Mas não se rechaçam apenas os resultados, também a própria operação do mercado; continua Hayek: a concorrência implica sempre que um número limitado de pessoas obrigue a maioria a fazer algo que não quer, seja trabalhar mais, alterar seus hábitos ou desenvolver suas atividades com maior tenacidade ou atenção. Se puder, a maioria vai resistir e tentará evitar.

Isso significa que um regime democrático ilimitado é incompatível com a liberdade. Concretamente, um regime democrático com capacidade para intervir nos assuntos econômicos é incompatível com o funcionamento normal do mercado, quer dizer, com a liberdade.

Por isso é necessária uma constituição econômica inalterável, que coloque as regras básicas fora do alcance das maiorias. Segundo quem as definir, essas regras básicas podem ser muitas. As que permitem a existência do mercado, para começar. Também as que limitam a política econômica. Nos últimos trinta anos, foram incorporadas à Constituição, em quase todas as partes, instituições e normas muito concretas. Por exemplo, a obrigação de manter um orçamento equilibrado, com déficit zero, ou quase zero; ou o funcionamento autônomo do banco central, responsável pela emissão de moeda, pelo controle da inflação, para que nada disso esteja sujeito aos vaivéns da política.

A outra tarefa do Estado neoliberal consiste em criar mercados. E deve ser entendido em sentido literal. Em certas ocasiões, basta eliminar alguma restrição religiosa, tradicional, política, ambiental, para que determinados tipos de bens possam circular e se integrar em um mercado (o petróleo, as praias, o corpo humano). Mas outras vezes haverá efetivamente um ato de criação, direto.

O Estado cria um enorme mercado de bens e serviços quando compra o que precisa para sua operação normal, de papelaria até móveis de escritório, livros didáticos, automóveis, programas de informática, o que for. Mas o Estado também cria um novo mercado quando decide privatizar ou licitar um serviço para o qual não pode realmente existir concorrência: o transporte urbano, a coleta de lixo, a administração de prisões; nesses casos, o que o Estado faz, na verdade, é simular um mercado, no qual ele é o único cliente – quer dizer, que é na verdade um intermediário, em nome dos usuários finais.

Outro caso, que já mencionamos: a criação de mercados de serviços de saúde e educação. Não é preciso insistir. Nos dois casos, a dinâmica do mercado depende de que o Estado pague pelos serviços, seja através de particulares, através de vales ou algo parecido, ou que pague diretamente às empresas através de subsídios, do modo que for. A concorrência é possível porque o Estado fabrica a demanda.

Mas não se trata de produzir mercados, mas de apagar as fronteiras. O culto ao mercado obedece a muitas razões, já vimos algumas. Entre elas, uma profunda desconfiança dos funcionários públicos. Isso responde à nova ideia da administração, que deve estar imersa no mercado.

Vamos voltar um pouco. Inclusive antes de chegar ao poder, antes de tentar colocar em prática seu programa, Margaret Thatcher sabia que o serviço público britânico ia ser um dos principais obstáculos. Tudo na cultura, no modo de vida dos funcionários os afastava da lógica do mercado, já falamos disso. Os fatos iam lhe dar razão nisso. Em 1982, no programa de ação imediata (o chamado Relatório Westwell) para colocar em prática o plano de 1977, John Hoskyns deixou bem evidente: "precisaremos de um poderoso quadro de assessores especiais, que pensem em termos de mercado, para reverter o dano causado nos últimos trinta anos por um *establishment* submetido à lavagem cerebral corporativista". E foi o que Thatcher tentou. Sua equipe mais próxima era formada por membros das fundações e dos centros de estudo neoliberais (inimigos desse *establishment* do serviço público).

Claro, essa era uma solução local, de conjuntura, para fazer uma mudança profunda. Nos anos seguintes, se desenvolveu no mundo todo uma nova maneira de olhar a administração pública, novos sistemas de regras para normalizar essa outra orientação. Já vimos algo antes, talvez valha a pena repetir o argumento para dar um pouco mais de amplitude.

A desconfiança em relação aos funcionários públicos aumentou com a experiência dos anos 1970, mas vinha de longe. Assim como em muitos outros campos, o neoliberalismo tinha uma explicação e uma alternativa de um simplismo assustador: o mercado. Delegar funções, subcontratar, procurar a associação com empresas e sobretudo adotar as formas de organização do setor privado.

Nos anos 1990 ganha corpo algo parecido a uma teoria da administração, a partir de enfoques mais ou menos desconexos, conjecturas e ensaios. O conjunto é o que se chama Nova Gestão Pública. Não é um sistema conceitual completo, consistente, não está claro se teve uma vida muito longa, mas sua visão é muito reconhecível. A ideia que serve de ponto de partida é que não há diferenças significativas entre a administração do setor público e a do setor privado. As duas obedecem a uma mesma lógica, admitem o mesmo tipo de racionalização.

O primeiro passo consiste em liberar os administradores do controle dos líderes políticos e de todas as servidões e limitações que a política impõe. A seguir, pode-se estabelecer um mecanismo de avaliação a partir do desempenho, de modo que os funcionários prestem contas nos mesmos termos que qualquer empregado em uma empresa, e pode-se impor uma nova atitude, um *ethos* de serviço ao cliente. Claro, para conseguir isso é necessário eliminar o sistema da burocracia pública – vagas fixas, estabilidade, níveis, promoção por antiguidade – e impor, entre outras coisas, um regime de remuneração flexível, que sirva para oferecer incentivos.

Vamos esclarecer, em um parêntese, que a homologação dos dois campos implica, na verdade, a superioridade da administração do setor privado, porque segue os sinais do mercado e não está sujeita às irracionalidades da política. Cedo ou tarde, por esse caminho chega-se à ideia de que os empresários são pessoalmente superiores aos funcionários: melhores, mais competentes, mais capazes, porque têm o sentido da responsabilidade e a iniciativa, a energia que o mercado pede. Se somarmos a isso, coisa natural nos anos 1990, e daí em diante, a desconfiança em relação a políticos, funcionários e burocratas, logo termina sendo que a melhor carta de apresentação, a melhor credencial para ocupar um posto público é não ter ocupado nenhum antes.

A mesma panóplia de ideia está por trás do que é conhecido como o enfoque da "governança". Em contraposição ao velho modelo de um Estado hierárquico, de autoridade vertical, centralizada, trata-se de imaginar o Estado como "facilitador", em uma relação com a sociedade muito mais horizontal, feita à base de subcontratações, formas de coprodução, associações público-privadas, onde as contas são prestadas através da qualidade do serviço (a definição do dicionário da Real Academia Espanhola é quase um programa político, um indicador do predomínio do idioma neoliberal: "Governança, 1. Arte ou maneira de governar que propõe como objetivo a conquista de um desenvolvimento econômico, social e institucional duradouro, promovendo um *equilíbrio saudável* entre o Estado, a sociedade civil e o mercado da economia"; a ênfase em "equilíbrio saudável" é minha).

Não é preciso insistir mais, acredito. O tema é bastante conhecido. É interessante enfatizar que os novos enfoques compartilham uma visão despolitizada e profundamente burocratizada da política, porque neles as funções soberanas terminam sendo quase insignificantes. O Estado é fundamentalmente uma empresa que oferece bens e serviços: estradas, segurança, educação, serviços médicos, às vezes água potável, documentos de identidade. Os problemas colocados pela produção e distribuição desses serviços são iguais aos enfrentados por qualquer empresa, assuntos sobretudo técnicos, que têm a ver com custos, qualidade, distribuição. As coisas levadas ao extremo, a política quase se dissolve, a representação não é outra coisa que a agrupação de clientes que exigem certo tipo de serviços, certos níveis de qualidade, melhores preços.

Resumindo, vamos repetir, a burocracia não desaparece, mas se transforma. Através das novas fórmulas, o que há é um novo modo de se manifestar o poder do Estado: privatizado.

A caminho de uma teoria do Estado

A essa ideia empresarial do Estado não cabem as habituais explicações do processo político, nem as formas tradicionais de legitimação da autoridade. Elaborar conceitualmente a administração pública apenas como administração faz com que seu fundamento desapareça. Se o interesse público é pelo menos duvidoso, se a representação não é nada mais que organização de consumidores, se há apenas indivíduos que maximizam utilidade, então nem a soberania nem o povo, nem a história, nem a nação, sevem para explicar o exercício do poder político. E tudo precisa ser explicado de novo.

As teorias neoliberais do Estado e do direito são, no geral, menos conhecidas do que as explicações econômicas; parecem basicamente exercícios especulativos, a maioria bastante frágil. São importantes por vários motivos. Para começar, revelam o modo em que o sentido comum, o idioma normativo vigente no espaço público foi transformado pelo movimento neoliberal. O problema que colocam consiste em explicar o Estado e justificar a autoridade do Estado, mas sem o recurso do interesse público, nem a Soberania Popular, nem a identidade nacional ou algo parecido. E explicar o direito de modo que seja sobretudo o direito dos privados, que concordam no mercado.

A dificuldade inicial reside no fato de que boa parte dos esforços teóricos, e políticos, do neoliberalismo estão voltados para desacreditar os recursos de legitimação do Estado (de muitas das coisas que faz o Estado e das razões dadas para fazer isso). Suas análises dizem que a intervenção é ineficiente, mas também injusta. Em todo caso, carente de fundamento. Porque não há nem interesse público, nem comunidade, nem outra coisa, a não ser uma massa uniforme de indivíduos racionais tentando, cada um por si, obter o máximo benefício possível. Sobre essa base, é difícil justificar sequer a existência do Estado, salvo nos termos do hobbesianismo mais grosseiro, ou entender a maior parte dos fenômenos políticos, que não se reduzem facilmente à maximização de nada, nem permitem supor condutas racionais ou trocas.

O nó das ideias neoliberais, como não podia deixar de ser, é a identificação da política e do mercado. Não existe outra motivação, a não ser a utilidade, nem outra estrutura do comportamento. O resultado é que a diferença entre uma coisa e outra se torna indistinta.

Em um primeiro momento, na obra de Mises, nos anos 1920, a identificação é puramente ideológica. Assim, insiste que o capitalismo é na verdade uma "democracia econômica", uma "democracia dos consumidores" etc. Mas não há nenhum tipo de análise, nem uma construção conceitual que justifique as frases. Não é mais que um recurso retórico, imaginado para dissimular as desigualdades, fazendo do mercado um espaço de igualdade (claro: há aqueles que propõe ainda a identificação nesses termos, e é tão arbitrária quanto há um século, mas não deixa de ter alguma eficácia). De qualquer forma, dizer que o mercado é uma democracia, ou que é parecido com uma democracia, não passa de demagogia.

É mais interessante, mais frutífero, o caminho inverso, quer dizer, o processo de assimilar a democracia, e a política em geral, ao mercado. Ou seja, colocar as coisas ao contrário: não que o mercado seja como a democracia, mas que a democracia é como o mercado. Talvez o primeiro a propor formalmente algo assim tenha sido Joseph Schumpeter, no começo dos anos 1940. A ideia é muito simples. É possível entender os políticos como se fossem empresários, eleitores como se fosse consumidores: aqueles querem maximizar seu lucro em votos, estes querem maximizar a utilidade de seu voto. É um mercado apenas metaforicamente, e Schumpeter não insiste na analogia, nem trata de pensar consequências de longo alcance. É importante, no entanto, que no caminho haja desaparecido praticamente a possibilidade de interesse público, que não há mais necessidade de explicações. Existem apenas indivíduos que perseguem seu interesse particular, e com isso a política é explicada.

A primeira formulação de uma teoria econômica da democracia foi de Anthony Downs, de 1957 (*Uma teoria econômica da democracia*). Não é mais só uma metáfora, apenas um enfoque analítico. Downs propõe um modelo no qual, devido a determinadas condições, é possível aplicar a teoria econômica (de molde neoclássico) para entender os processos de decisão política. Seu modelo supõe cidadãos, direitos cidadãos, eleições, partidos políticos, reduzindo tudo a termos da microeconomia. A partir daí, imagina que indivíduos racionais, com preferências completas, transitivas e consistentes, escolherão o partido que lhes permita maximizar sua utilidade. Introduz uma precisão interessante: no mercado político se tratará fundamentalmente de uma "utilidade ideológica" que pode ser representada graficamente como um eixo direita-esquerda, quer dizer, comunismo-liberdade. Seguem muitos corolários. Se as preferências da maioria dos eleitores se concentrarem no centro do gráfico, longe dos extremos, os resultados serão pacíficos, os partidos vão concorrer para ocupar o centro, e se tornarão mais moderados; se os votos forem distribuídos nos dois polos, direita e esquerda, o consenso será difícil.

Não há nada muito surpreendente nas conclusões de Downs. Dados os pressupostos do modelo, os resultados são sempre previsíveis. O movimento real da política, pelo qual se formam os partidos, as identificações ideológicas, as instituições, os processos eleitorais, tudo isso precisa ser tomado como externo, anterior, dado, já que é impossível explicar economicamente.

O seguinte passo corresponde à teoria da regulamentação, de George J. Stigler, dos anos 1960 e 70. Está pensada abertamente para demonstrar que a regulamentação governamental é perniciosa. É mais ou menos assim. O modelo supõe que os partidos políticos são empresas que oferecem pacotes regulatórios, em um campo no qual vários grupos organizados concorrem para obter a regulamentação que seja mais favorável para eles. De um lado e de outro, não há nada mais que a tentativa de maximizar utilidade através da mercadoria específica do mercado político, que é a regulamentação. Stigler imagina uma espécie de leilão, com diferentes concorrentes: cada um investirá segundo o que espera ganhar com a regulamentação; normalmente o grupo que é objeto da regulamentação é quem tem um interesse maior para influenciar sobre ela, e portanto é quem está disposto a investir mais para modificar a atitude dos representantes. O resultado é que a regulamentação normalmente favorecerá os grupos regulados.

É duvidoso que o comportamento político em geral possa ser explicado dessa maneira (com precaução, a Academia Sueca dizia, ao outorgar-lhe o Prêmio Nobel, em 1981, que era "cedo demais para avaliar o verdadeiro alcance" da sua teoria). E exceto por uma versão muito estilizada do sistema político estadunidense, é difícil imaginar esse mecanismo de tradução do interesse em dinheiro, e do dinheiro em regulamentação. No entanto, a utilidade ideológica do esquema é inquestionável.

Até aí, o que há, além da retórica de Mises sobre o mercado, é a tentativa de explorar os modelos da microeconomia neoclássica, dar outros usos a eles, e a tentativa sistemática de deslegitimar a ação política como tal – quer dizer, como outra coisa que não seja apenas negócio. Fica sempre por explicar a própria existência do Estado. Nisso, já em pleno auge do neoliberalismo, destacam-se as tentativas de James Buchanan e Mancur Olson.

O estado de natureza, a natureza do Estado

Buchanan se atreveu com a filosofia política em 1975, em *The limits of liberty*. Não é uma obra revolucionária, não teve uma posteridade muito brilhante. Mas o exercício não deixa de ter algum interesse. A produção anterior de Buchanan simplesmente supunha a existência do Estado e do direito. O problema é que a partir de suas premissas, se levadas a sério, o Estado é bastante improvável, inclusive acaba sendo difícil explicar a sociedade – é o que ele se propõe a resolver.

Buchanan tem claro que a troca no mercado supõe a existência de um conjunto de direitos individuais, começando pelo direito de propriedade. E alguém que possa garanti-los. De modo que se propõe a explicar a origem do direito, e por essa via, a origem do Estado, a partir de um modelo de escolha racional, ou seja, procura estabelecer o processo lógico pelo qual indivíduos racionais, egoístas, maximizadores, poderiam chegar a um acordo para definir seus direitos e o modo de protegê-los. Não fica muito claro, em todo caso não acha que tenha importância, a forma propriamente política que possa resultar desse hipotético acordo: para efeitos de sua argumentação, diz, "individualista, contratualista, constitucionalista e democrata são termos intercambiáveis, que significam essencialmente o mesmo". De modo que procede sem se deter em detalhes assim, que lhe parecem insignificantes.

O propósito do modelo é claro. Para conseguirem viver juntos, diz Buchanan, os homens precisam chegar a um acordo que imponha limites à liberdade individual, quer dizer, precisam de algo parecido a um contrato, que permita a cada um alcançar seus próprios objetivos. A premissa implícita é que os homens poderiam não viver juntos, que não fariam isso se não fosse rentável para eles, e que decidem fazer isso de maneira individual, racional, deliberada: calculada. Isso é teórico, claro, ele não pensa que ninguém vá abandonar realmente a sociedade porque não está convencido pelo contrato. Mas não é trivial, porque é o único recurso teórico possível para explicar a existência do Estado (e do direito, e da própria sociedade) sem abandonar seus postulados metodológicos; precisa ser uma escolha livre, que poderia ser revogada. Por outro lado, também é possível uma leitura ideológica, no sentido estrito da palavra, desse ponto de partida: dado que efetivamente vivemos juntos, deve ser porque a sociedade permite a cada um conseguir seus objetivos individuais. Só resta demonstrar como.

Em um parágrafo muito revelador, Buchanan explica que sua intenção não é normativa. Diz que, como individualista que é, não pretende dizer o que deve ser; e que por isso limita sua análise ao que pode observar.

Apesar disso, a seguir há apenas modelos, mundos de brinquedo como os da microeconomia neoclássica. Toma como ponto de partida a troca econômica, porque o livre mercado oferece o alcance máximo da liberdade individual em seu sentido mais básico – e por isso é o arquétipo da "anarquia ordenada". Não faz muitas perguntas nem levanta dúvidas fundamentais, trata-se de trocar melancias (supostamente melancias por dinheiro, embora isso não seja dito). Nada mais simples. Mas adverte que em qualquer mundo imaginável podem existir conflitos, porque podem existir desacordos, e por isso são necessários direitos individuais.

Omite deliberadamente qualquer discussão sobre os direitos de propriedade. Mas diz que o comércio eficiente depende de uma identificação clara dos direitos individuais, especialmente os de propriedade. O nó de seu argumento é o seguinte.

Vamos considerar, diz Buchanan, um mundo simples de duas pessoas, que querem consumir um bem escasso X. As duas partes têm incentivos para arrebatar da outra o bem X. E, portanto, as duas precisam destinar uma parte de seus recursos para protegê-lo. A observação racional, no entanto, os leva a descobrir que esse gasto de defesa é um desperdício e que os dois estariam melhor se chegassem a um acordo com relação a seus direitos. Continua: "é apropriado dizer que esta é uma base genuína para o surgimento dos direitos de propriedade".

É um argumento puramente especulativo. Não é sustentado por nenhum tipo de informação histórica nem antropológica, nenhum dado. Na verdade, não é fácil entender por que Buchanan imagina que está fazendo observações, se não há, no livro, nenhuma observação. Nem em que sentido pensa que sua elaboração não seja normativa. É possível que pense, ainda que não diga, que a economia (neoclássica) observa realmente a realidade, ou seja, que os modelos contam como observação da realidade. E também é possível que pense que seu modelo é realista, puramente descritivo, porque pressupõe que os seres humanos são egoístas, calculistas, racionais, e pensa que não há nenhum tipo de valoração nisso. Acha que é um fato – e o referenda no sentido comum da época, a ideia vigente da Natureza Humana.

O resto de seus argumentos não são interessantes. Mas o livro importa como indício. O neoliberalismo, o caso de Buchanan é exemplar, pode justificar a existência do Estado para garantir o pacífico usufruto dos direitos de propriedade e para facilitar a troca, mas praticamente para nada mais.

Vinte e cinco anos depois Mancur Olson tentou explicar a gênese do Estado e de alguns dos limites do poder do Estado, mas começando pelo outro extremo, quer dizer, tomando como ponto de partida a existência da autoridade. O argumento foi muito popular e com razão, porque é engenhoso.

A fama de Olson se deve sobretudo à sua análise da lógica da ação coletiva, da que falamos algumas páginas atrás. Resumindo muito, se é preciso uma ação pactada, e a participação anônima de muita gente, para conseguir um bem coletivo, de que todos poderiam desfrutar, o mais provável é que não seja alcançado. Porque o racional para qualquer um é evitar o custo de participar, e parasitar a mobilização dos outros. Então, contra o que o modelo pressupõe, o fato é que a ação coletiva acontece com frequência, e bens públicos são produzidos. Isso não leva Olson, nem ninguém, a colocar em dúvida o modelo ou sua utilidade, mas abre o caminho para toda uma série de especulações sobre os motivos da participação.

Power and prosperity, do ano 2000, é mais ambicioso. Porque a proposta é exatamente o que está no título: explicar o poder, o Estado, o direito, a ordem econômica, o desenvolvimento. E as causas da prosperidade.

Olson quer explicar o desenvolvimento. Está interessado em entender por que umas economias são ricas, a Bélgica por exemplo, e outras são pobres, como o Congo. Acha que é fundamentalmente um problema de incentivos, da construção das instituições. A originalidade do enfoque dele, em comparação com outros economistas, é porque toma como eixo, e como ponto de partida, a lógica do poder: precisamos, diz, revelar o que leva à atuação daqueles que detêm o poder e de que maneira e por que obtiveram esse poder. Começa olhando os incentivos que possuem para atuar de um modo ou de outro aqueles que estão no poder, supondo que sejam indivíduos racionais e egoístas, e se concentra na coerção, como o propriamente político. Em seus termos, a delinquência apresenta a imagem primordial da coerção, e por isso pode ser usada como metáfora para falar de qualquer forma de poder.

Para começar, especula sobre os efeitos do roubo em uma sociedade e sobre o comportamento de uma imaginária família mafiosa que vende proteção. A novidade está no desenvolvimento da metáfora, transformada em modelo. Olson imagina um "bandido estacionário", que monopoliza o roubo em um território, mas que é um indivíduo racional, egoísta, calculista, que quer maximizar sua renda. A posição monopolista transforma os incentivos do bandido, porque transforma suas expectativas a longo prazo: leva-o a reduzir a porcentagem que tira de cada vítima, para poder roubá-la outra vez; faz com que se assegure também de que suas vítimas tenham motivação para continuar produzindo, para ter mais para roubar; além disso, é um estímulo para investir algo de sua riqueza em bens públicos para aumentar a produtividade, já que, se mantiver a "taxa maximizadora da pilhagem impositiva", se beneficia de qualquer aumento na produção.

O modelo não remete a nenhum comportamento real, não é sustentado por nenhum tipo de informação histórica. É somente um exercício lógico em uma sociedade de brinquedo, como as da microeconomia, na qual o bandido tem finalmente um incentivo para se coroar rei e se transformar em autocrata – porque é a alternativa que o jogo oferece, nada mais.

O salto argumentativo é produzido insensivelmente, de um parágrafo a outro. Em um está falando do bandido imaginário do seu modelo, e no seguinte afirma: "os governos de grandes populações normalmente surgiram por causa do egoísmo inteligente daqueles que têm maior capacidade de violência". Continua: "às vezes, inclusive sustentam que governam por direito divino". Quer dizer, assume como fato que historicamente foi assim, que os primeiros governos foram monarquias, que surgiram pela vontade de um bandido racional e calculista. Menciona de passagem as conquistas do rei Sargão (que nem era um bandido nem decidiu se transformar em rei), do império acádio e continua especulando sobre as consequências lógicas – segundo seu modelo – que tem a mudança quando um bandido errante se assenta e se autonomeia rei.

Em um parágrafo menciona misturados como autocratas todos eles, Imelda Marcos, Fidel Castro, os construtores de Versalhes e do Taj Mahal, Hitler e Stalin. Um leitor pouco atento pode ficar com a ideia de que efetivamente os reinos foram fundados dessa maneira, que foram obra de bandidos estacionários, e até pode ser que fiquemos com a impressão de que Olson demonstrou com exemplos. O interessante é que o próprio Olson considera que tem um fundamento sólido para elaborar um argumento geral sobre a origem do Estado: "o modelo de uma autocracia que acabamos de expor mostra que o interesse exclusivo de todo autocrata na sociedade [seu interesse em ser o único parasita da riqueza] limita a extensão de sua pilhagem impositiva".

Está claro que o modelo não mostra nada mais do que havia sido apresentado nas premissas. Se assumirmos que quem governa é um indivíduo, que manda sozinho, porque é o mais forte; e supusermos que é egoísta, racional, previdente, e que quer maximizar sua renda a longo prazo; e supusermos que funciona como bandido estacionário e rouba o que chamamos impostos, mas rouba pouco de cada vez para continuar roubando mais tempo; enfim, se imaginarmos um autocrata que tem interesse em limitar sua pilhagem, descobriremos que tem interesse em limitar sua pilhagem. Em todo caso, nenhum dos pressupostos é nem remotamente realista. O bandido, o rei e o reino parecem sair dos contos infantis.

O exercício demonstra, isso sim, que Olson era um homem engenhoso. O importante não é isso, é que oferece uma imagem bastante poderosa, muito útil para o repertório neoliberal: o Estado como bandido, os impostos como uma forma de roubo. O argumento acaba sendo persuasivo porque confirma os preconceitos dos leitores, nada mais que isso. Mas o exercício não é trivial, porque não são triviais as implicações que tem.

No resto do livro há uma longa discussão sobre o direito, o Estado e o crescimento econômico, com ênfase especial no regime soviético. São importantes suas conclusões, duas delas. Primeira: as sociedades com maior ingresso per capita, as democracias desenvolvidas, são aquelas nas quais os direitos individuais estão mais bem protegidos. Segunda: na maioria dos países a renda é baixa porque seus habitantes não têm esses direitos básicos garantidos. Os direitos que parecem indispensáveis a eles, além da propriedade, são o direito a obter benefícios desproporcionais se forem oferecidos por acaso, o direito a exigir o cumprimento forçado dos contratos e o direito dos credores de embargar a propriedade de seus devedores. E o que diz é que mesmo um bandido, o bandido de sua história, se for racional e souber o que lhe convém terminará oferecendo precisamente esses direitos. Que são os que garantem o desenvolvimento.

A clareza do argumento depende de suprimir inteiramente o contexto e colocar a história entre parênteses. De outro modo, termina sendo no mínimo estranho o nexo causal proposto por Olson, que faz com que o desenvolvimento dependa dos direitos. Vejamos: é verdade que nos países ricos há uma maior capacidade institucional e melhor garantia de alguns direitos, mas isso não diz que são ricos como consequência dessa capacidade institucional, ou da proteção desses direitos. Não parece a melhor explicação de por que a Bélgica é rica e o Congo pobre, por exemplo. Mas vamos reorientar o relato, voltemos ao Estado.

O Estado espontâneo: direito, legislação e liberdade

Vamos recomeçar do princípio. O programa neoliberal precisa do Estado e precisa especialmente do direito, um tipo especial de direito. Mas não é fácil justificar isso nos termos do programa. Como muitas outras vezes, em outros temas, Hayek oferece a solução paradigmática, em um marco um pouco mais amplo que o dos modelos de microeconomia.

Na classificação básica que Hayek usa para explicar a superioridade do mercado, que distingue entre ordens espontâneas (*cosmos*) e ordens artificiais (*taxis*), parece claro que o Estado e o direito são artificiais, criados. Ou seja, entram no lado equivocado da equação. Por isso é preciso "naturalizá-los" de alguma maneira. É o que Buchanan tenta com seu modelo do comércio de melancias no estado da natureza. Hayek faz isso por outro caminho (com variações, o tema está em toda sua obra, desde *A constituição da liberdade*, de 1960; o desenvolvimento mais extenso, em *Direito, legislação e liberdade*, cujos três volumes foram publicados entre 1973 e 1979).

O problema colocado não é a existência do Estado, mas seus limites. Não a existência do direito, mas seu conteúdo. E vem dizer que há certo tipo de direito que respeita a espontaneidade da vida social, um direito que é quase espontâneo em si mesmo. Importa ver isso com atenção. Segundo sua explicação, toda ordem obedece a um esquema normativo, quer dizer, a um conjunto de regras, também as ordens espontâneas: a formação de cristais, por exemplo, ou o funcionamento dos átomos seguem regras – obedecem a um padrão, que implica regularidades. O mesmo acontece com a sociedade. É uma ordem espontânea, porque ninguém nunca se propôs a criar sociedade, e é uma ordem improvável, mas não aleatória, já que somente se mantém "se por algum processo de seleção surgem normas" capazes de orientar o comportamento de modo a favorecer a convivência.

O governo é necessário para garantir o devido respeito a essas normas (a contradição é pequena, mas perceptível). Quer dizer, não são totalmente naturais, nem são cumpridas com perfeita espontaneidade. Mas a diferença fundamental entre ordens espontâneas e criadas consiste no seguinte. As normas que regem uma organização (*taxis*) são, na verdade, ordens e regras que requerem a execução de determinadas tarefas, têm um conteúdo concreto. Enquanto as normas das ordens espontâneas (*cosmos*) são abstratas, universais, gerais e não visam a um fim concreto, mas permitem que cada um dos membros que compõem o conjunto persiga seus próprios fins.

Dito de outro modo, há determinado tipo de normas que podem ser tomadas como se fossem naturais. Porque não são ordens concretas ditadas por uma pessoa, com um plano específico na cabeça, mas orientações gerais, que produzem regularidades – como a formação de cristais.

Aqui interessa abrir um pequeno parêntese. Hayek não a menciona nunca neste contexto, mas a distinção é muito parecida à que havia estabelecido Michael Oakeshott entre "telocracia" e "nomocracia", em suas conferências na London School of Economics na década de 1960. Em termos muito simples, a *telocracia* é o governo orientado por uma finalidade concreta, implica decisões centrais, distribuição de recursos e alocação de tarefas, para conseguir um objetivo predeterminado. A *nomocracia*, por outro lado, é o governo mediante a lei, mediante normas gerais, abstratas, indiferentes aos fins concretos – de modo que cada indivíduo possa definir seus propósitos. Em um caso o que importam são os fins coletivos, e no outro importam as normas, não o que o governo faz mas como faz.

A distinção tem um sentido polêmico muito concreto. Porque, segundo Oakeshott, o Estado de bem-estar oferece o exemplo paradigmático da *telocracia*, já que governa mediante um direito particularista, discricionário, substantivo, que decide como serão distribuídos os recursos, e como beneficia indivíduos e grupos sociais concretos, em detrimento de outros, para conseguir um objetivo predeterminado. A alternativa é a ordem neoliberal, a *nomocracia*, que significa uma primazia absoluta das normas (*the rule of law*). Nesse plano, segundo o argumento de Oakeshott, o Estado de Direito (abstrato, universal, indiferente aos fins) é o contrário do planejamento (concreto, substancial). E, por essa via, pode afirmar que o Estado de Direito respeita a espontaneidade social, porque não impõe um propósito material definido.

Hayek dá outra reviravolta ao argumento com um motivo moral. A intervenção do Estado para corrigir o funcionamento espontâneo do mercado não apenas é ineficiente, mas injusta. Porque qualquer forma de planejamento é por definição coercitiva, na medida em que exige a intervenção deliberada de indivíduos concretos que impõem sua vontade sobre outros.

A exposição mais completa e mais consistente das ideias jurídicas de Hayek está certamente na obra de Bruno Leoni *Liberdade e a lei* (1961). O eixo é uma transposição direta da dicotomia do espontâneo e do artificial, que equivale à oposição entre Direito e Legislação. A ideia central, quase única, do livro de Leoni é que a Legislação, como artifício, representa a maior ameaça para a liberdade individual (Leoni, aliás, jurista, fundador da revista *Il Politico*, foi presidente da Sociedade Mont Pèlerin).

A oposição tem uma história, já remarcada por Hayek. Na origem, isso no mundo clássico, o Direito era produto do costume e obrigava a todos da mesma forma, governantes, governados e nobres, e quem fosse; e os juristas, como juízes, se limitavam a reconhecer o que o costume havia estabelecido espontaneamente como justo. A partir do século XIII, em quase toda a Europa começou a ser entendida a lei como uma decisão voluntária, irrestrita, deliberada, soberana, por parte do governante: o rei ditava a lei. E assim surgiu, da mão da moderna ideia de soberania, a ideia da Legislação que haveria de prevalecer em todas as partes, exceto na Inglaterra. A interpretação é muito discutível, historicamente não se sustenta, mas sem dúvida é atrativa.

Na definição de Bruno Leoni, ao contrário do direito, que é um resultado espontâneo, inesperado, a Legislação é normalmente produto de uma assembleia que imagina, projeta e impõe regras concretas para organizar a vida social. Entre outras coisas, o argumento é interessante porque explica muito claramente os motivos para desconfiar da democracia.

Segundo Leoni, em sua origem, em sua natureza, em sua operação, em suas consequências, a legislação é equiparável ao sistema de planejamento central da União Soviética, porque nos dois casos as decisões relevantes são tomadas por "um punhado de diretores". A lógica é a mesma, a objeção fundamental é a mesma também. A economia planificada não pode funcionar porque não existe o mecanismo do preço para conhecer a oferta e a demanda; pois então, o mesmo acontece com a legislação, porque não é possível conhecer os interesses, propósitos, ideias, nem o que todos os membros da sociedade consideram justo ou desejável. Do mesmo modo que nenhum diretor pode decidir sensatamente o que deve ser produzido, nenhum legislador pode estabelecer sozinho as normas que devem regular a conduta de todos.

Além do mais, a legislação reflete somente a vontade de uma maioria conjuntural em um comitê de legisladores, que não são necessariamente mais cultos nem mais ilustrados que os dissidentes. Ou seja, a legislação é sempre uma forma de coerção, e é incompatível com a liberdade, porque implica que a vontade de umas pessoas concretas – os legisladores – se impõe sobre todo o resto. A ideia é consistente com as interpretações econômicas da democracia, mas vai além. A legitimidade democrática depende da identificação entre representantes e representados. A deslegitimação do sistema, no programa de Bruno Leoni, é resultado da ruptura desse vínculo: no poder legislativo o que há são pessoas concretas, outras pessoas que querem impor sua vontade. Nada mais.

Resumindo, a Legislação é incompatível com a liberdade. A alternativa é o Direito, ou seja, segundo Leoni, a aplicação espontânea de normas de conduta que não foram criadas mediante um procedimento legislativo. O direito não é promulgado, mas descoberto. É o resultado de uma colaboração contínua e fundamentalmente espontânea entre os juízes e os julgados, para descobrir qual é a vontade do povo. A descrição obviamente cética dos legisladores, que são um bando de ignorantes, abusadores, contrasta com a ideia dos juízes, que são quase cientistas, desapaixonados buscadores da verdade. É um recurso retórico, mas indispensável para dar credibilidade ao argumento (que não tem nenhuma base histórica).

Em especial, é importante ressaltar as consequências econômicas. Leoni insiste várias vezes: o mercado livre não é compatível com um regime no qual a faculdade legislativa está concentrada nas autoridades políticas; na verdade, só pode se desenvolver plenamente nos sistemas legais que usam pouco ou nada da legislação, ou que nunca recorrem a ela. E menciona sempre os mesmos exemplos: "A economia de mercado teve seu maior sucesso – seu nível mais alto – tanto em Roma como nos países anglo-saxões, no marco de um direito de jurisconsultos e um direito judicial". Não é mais concreto que isso em sua exemplificação. Não é muito fácil saber a que períodos concretos se refere, nem que tipo de dados sobre a economia poderiam justificar a afirmação. Em todo caso, mesmo vagamente, se refere à Roma clássica, da República e certamente o Império, o Reino Unido e os Estados Unidos até o século XVIII ou XIX. Ignora, significativamente, que nesses dois momentos, essas duas economias de mercado contavam com mão de obra escrava e tinham colônias.

Mais um exemplo, antes de mudar de tema. Em Hayek está o grande esquema das ordens espontâneas. Em Bruno Leoni, uma afinidade especial entre o direito consuetudinário e a liberdade de mercado. Em Laurent Cohen-Tanugi, há uma identificação muito mais concreta entre direito e mercado. O modelo em seu caso são os Estados Unidos do fim do século XX, que contrapõem, como um tipo ideal, à França (me refiro ao primeiro livro dele, de 1985: *Le droit sans l'État*).

A diferença entre um sistema e outro é a que existe entre um regime monopolista e um de concorrência. A explicação, em um parágrafo. Na França, o Estado substitui a sociedade, a esvazia de suas funções, tira sua iniciativa e se coloca como único autor da lei. Os legisladores elaboram e emitem as leis como projetos políticos, como atos de autoridade, sem nem ouvir o eco da sociedade. Nos Estados Unidos, por outro lado, o direito não é produzido pelo Estado, mas é resultado da autorregulamentação da sociedade. É uma sociedade contratual, multipolar, na qual o poder está fragmentado, e o vínculo básico é sempre o contrato, quer dizer, uma relação livremente aceita pelos indivíduos. Nesse sistema, a concorrência entre os particulares é o que mantém a igualdade – mediante os litígios, que protegem as relações contratuais e evitam o abuso.

No sistema francês estatista, vertical, tudo que não está expressamente autorizado, está proibido. Nos Estados Unidos acontece o inverso, predomina a "filosofia do resquício" ou do buraco (*loophole*), segundo a qual tudo que não estiver proibido, está permitido. Porque o legislador estadunidense tem confiança em que os atores decidam o que convém a seus interesses e tem confiança de que a mão invisível vai fazer suas condutas coincidirem com o interesse comum. A diferença se manifesta também no sistema de representação. Na França, o universo da representação está ocupado por uma casta fechada, parasitária, separada da sociedade; nos Estados Unidos, a trama permite que os interesses sociais tenham acesso aos legisladores e que compitam por exercer influência entre eles.

A comparação é mais que inexata, é abusiva. Quase infantil. A série de analogias entre direito e mercado é, no mínimo, problemática. Mas é interessante. Porque indica o ponto culminante da retórica neoliberal, onde o mercado é a expressão mais alta, o critério último, o ideal normativo.

Richard Posner: direito e economia

Richard Posner vai um pouco mais longe. Não propõe uma assimilação metafórica, mas algo muito mais concreto. Pressupõe que o direito deve estar subordinado à economia: em sua análise, em seus procedimentos, na prática. E subordinado em termos muito estritos.

Posner é advogado e economista, professor na Universidade de Chicago, juiz da Corte de Apelações, a figura mais notável de um programa intelectual conhecido como "Direito e Economia". Sua abordagem está pensada a partir do sistema jurídico estadunidense, concentrado na atividade dos juízes. A ideia básica é que a função primordial do direito é contribuir para a geração de riqueza. Em certas ocasiões, dá a entender que essa função é cumprida um pouco às cegas, que é resultado de uma mão invisível que faz com que em conjunto, no final das contas, as resoluções dos juízes terminem servindo ao mercado, produzindo o resultado mais eficiente. É a versão mais próxima às ideias de Hayek; a mais consistente com o programa neoliberal, mas é também bastante improvável. Em outras ocasiões, diz Posner, os juízes devem levar em conta as consequências econômicas e adotar suas resoluções com isso em mente, para alterar os incentivos de modo que seja maximizada a geração de riqueza – isto é, sem contar com a mão invisível.

O ponto de partida é bastante óbvio: muitas das doutrinas, instituições, normas e procedimentos do direito, diz Posner, são respostas ao problema dos custos de transação, tentativas de reduzi-los ou de distribuir os recursos como estariam se o custo fosse zero (os custos de transação, já se sabe, são resultado da falta de informação, das assimetrias, das possibilidades de fraude, abuso, descumprimento). Quer dizer, que a lei tenta conseguir que o mercado funcione e, quando isso é impossível, tenta produzir um resultado similar ao que produziria o mercado, em uma situação de concorrência perfeita.

É importante reparar em um detalhe. A eficiência econômica é o critério para avaliar o sistema jurídico. E essa eficiência significa simplesmente geração de riqueza. Pois a definição de eficiência depende de uma teoria econômica concreta. Não há um critério único, objetivo. A operação de uma empresa, a regulamentação de um mercado, o regime de trabalho, são eficientes (ou não são) nos termos de uma teoria específica. Quer dizer, o que pede Posner não é somente subordinar o direito à economia, mas subordiná-lo a um enfoque econômico em particular: o da economia neoclássica, em sua versão neoliberal.

Só há um propósito admissível para os juízes, e é aumentar a riqueza. Isso significa, por exemplo, que a distribuição inicial de recursos é irrelevante, porque o funcionamento normal do mercado fará com que, em algum momento, essa diferença deixe de ter impacto sobre a riqueza agregada (isso em teoria, claro). Não importa tampouco que existam monopólios. Se um monopólio for formado, será porque era o resultado mais eficiente, e aos juízes não lhes compete que os consumidores possam escolher, mas que em conjunto obtenham o melhor resultado. O incremento de riqueza que isso traz consigo produz um excedente do que finalmente desfrutarão todos (em teoria).

Em sua ideia da economia, nesse tipo de argumentações, Posner combina uma transcrição da hipótese dos mercados eficientes, com a ideia do "gotejamento" da riqueza, e uma fé inabalável nos efeitos mágicos da mão invisível, que se espalha para tudo. Sua resolução sobre o financiamento das campanhas políticas é transparente. A menos que seja demonstrado o contrário, o mercado funciona, e oferece o melhor resultado possível, em tudo. Nos processos eleitorais, isso quer dizer que a concorrência aumenta as fontes de informação, e quanto mais livre a concorrência, mais informação, e portanto maior eficiência, melhores resultados. Por isso não convém colocar limites ao financiamento das campanhas, para não criar obstáculos ao mercado de informação política. A mão invisível.

A economia, a microeconomia neoclássica, entende-se, explica o funcionamento do direito, o sentido da lei. Mas também o comportamento de advogados, legisladores, funcionários, juízes. Nisso Posner não faz mais que insistir nas ideias de Gary Becker e na tradição da escolha racional. Aplicado aos juízes, o esquema é interessante.

É um texto muito clássico de Posner, intitulado: "O que maximizam os juízes?". Se olharmos os juízes como pessoas comuns e correntes (*ordinary people*), é possível analisar sua conduta com os recursos da ciência econômica, como analisamos a conduta de qualquer um. Gente comum e corrente, na ideia que faz Posner, quer dizer indivíduos egoístas, racionais, calculistas, que querem obter a máxima utilidade. O problema está em saber o que maximizam os juízes. O dilema é o seguinte. Quem oferece um serviço sem fins lucrativos tem menos incentivos para ser eficiente do que quem espera receber algum lucro. Como a administração de justiça se organizou sobre uma base não lucrativa, é preciso supor que na média os juízes não trabalham tanto quanto os advogados. Ainda assim, os juízes trabalham e não se deixam levar inteiramente pela inércia. Para entendê-los, é necessário imaginar sua função de utilidade. Incluir entre as motivações dos juízes algo como promover o interesse público seria inconsistente com a exigência de tratá-los como gente comum. E tampouco Posner quer presumir que ganhem pelas sentenças. Sai do atoleiro imaginando que querem maximizar algo que é uma mistura de popularidade, prestígio, reputação. Não é muito convincente. Mas o próprio exercício termina sendo muito revelador.

A ideia do direito penal como uma espécie de mercado é mais útil, parece um pouco menos absurda. Posner: os temas do direito penal podem ser estudados usando a teoria de preços, porque os castigos têm efeitos similares aos dos preços – fazem com que determinadas condutas terminem sendo mais caras, que rendam menos benefícios, ou acabam sendo nada rentáveis. Claro, a analogia é problemática por muitas razões. Entre outras coisas, favorece uma ideia punitiva do direito. Mas é importante porque insiste na identificação do mercado com a justiça. As sentenças são como os preços, os preços são como as sentenças, prevalece a justiça, cada um tem o que merece.

O enfoque de Posner não é totalmente marginal, costuma ser muito citado em revistas acadêmicas estadunidenses, mas não houve maior influência fora dos Estados Unidos. No geral, acaba sendo mais atrativo para economistas que querem opinar sobre assuntos jurídicos – porque lhes dá a última palavra, e a primeira. Mas a insistência em colocar o mercado e o aumento da riqueza, como critério principal e quase único, têm ressonâncias em outros autores. Também a ideia de que o castigo seja uma espécie de preço.

Mão dura, mercado e castigo

No geral, os neoliberais são partidários de reduzir o gasto público e a burocracia, bem como de tirar faculdades dela em tudo, exceto nas tarefas de polícia e nas prisões. Na verdade, historicamente, coincidem na exigência de redução de gasto e na exigência de mão dura. Não é casualidade. Bernard Harcourt explicou bem. Há uma afinidade muito clara entre a ideia de uma ordem natural, de mercado, e a política de mão dura. O mercado distribui com justiça e dá a cada um o que merece: é a forma mais direta, cotidiana, da providência divina. O delinquente decide quebrar as regras, se aproveitar, e obter uma vantagem indevida onde outros estão se esforçando. A ordem natural do mercado precisa que essas infrações sejam castigadas.

Além disso, a ideia mercantil do castigo, das sanções como preços, conduz a uma legislação cada vez mais punitiva: maiores penas, castigos mais severos, mais longos – sobretudo para a delinquência comum. A argumentação é transparente. O direito penal serve para evitar os delitos, porque os encarece. Se os delitos continuam, é porque não há castigo suficiente, o preço é muito baixo, de modo que é preciso aumentar as penas. Adicionalmente, no neoliberalismo há também uma crítica ao que se pode chamar de "bem-estarismo penal", quer dizer, as ideias do direito e do castigo próprias do Estado de bem-estar, que enfatizam a responsabilidade coletiva e a reabilitação.

A crítica é frequente, conhecida, está no espaço público em quase todas as partes, nos anos da mudança de século. O problema não é o gasto em si mesmo, mas que se gaste para tornar mais suportável a vida dos presos e que cresça uma burocracia destinada a atendê-los. Mas, sobretudo, é a ideia da responsabilidade social no delito, a ideia de que a sociedade seja em algum sentido coletivamente responsável pelo crime. O novo indivídualismo não pode admitir esse tipo de raciocínio. Existem apenas os indivíduos, todos iguais, racionais, que escolhem com liberdade. Aqueles que escolhem o delito merecem ser castigados – nada mais do que isso.

Antes de deixar o capítulo, me interessa mencionar um traço mais: a tendência à privatização do castigo. Não é produto de uma elaboração conceitual, não está em nenhum projeto político. Começou a surgir de maneira inesperada, junto com algo tão óbvio, tão razoável quanto os direitos das vítimas.

Não é fácil ver, porque parece sentido comum. Merece umas linhas. O processo da civilização passa pela expropriação do castigo: o Estado, a autoridade política, interrompe o ciclo da vingança entre os particulares. Proíbe que as vítimas cobrem por conta própria o que é devido pelos autores do crime. Literalmente, expropria o direito de vingança e o converte em um assunto público. A partir de então, é o Estado que impõe um castigo a quem merece, sem espírito vingativo. É um processo de séculos, o da configuração da autoridade soberana.

A defesa do direito das vítimas, quando não se limita à reparação do dano, caminha em sentido contrário. Onde mais se avançou por esse caminho foi nos Estados Unidos: as vítimas têm direito a intervir quando a pena é decidida, também quando são decididos os benefícios penitenciários e, claro, têm direito a assistir à execução quando a pena de morte é aplicada. No resto do mundo não se chegou a isso, mas os argumentos circulam normalmente. No fundo isso significa restabelecer a relação entre o criminoso e sua vítima como uma relação entre privados, embora exista o auxílio do Estado. Parece normal: é o horizonte do nosso tempo.

9. O DESENLACE

Durante algum tempo, alguns meses, inclusive alguns anos, pareceu que a crise de 2008 era o fim de festa do neoliberalismo e que iniciava um ciclo diferente. Não foi assim. Na emergência pelo colapso do sistema financeiro nos Estados Unidos, na Europa, foram adotadas medidas anticíclicas de inspiração vagamente keynesiana. Pouco depois, resgatados os maiores bancos, a opinião dominante havia voltado a ser solidamente neoliberal. É verdade que foram feitas inúmeras críticas ao modelo: na academia, na imprensa, inclusive entre a classe política de alguns países. No fundamental, nada mudou. Nem as instituições, nem os sistemas jurídicos, nem as políticas ou as ideias. A retórica não mudou. É importante perceber isso porque é o indicador mais claro da vigência do neoliberalismo como ideia do mundo: o programa econômico é fundamental, mas é só uma parte – e por isso acaba sendo tão resistente.

A origem da crise

As grandes crises, como situações extremas, podem ter efeitos catalizadores, também revelam algo da estrutura básica da ordem social. A de 2008 colocou em evidência a vulnerabilidade do sistema bancário dos países centrais, mas sobretudo o peso do sistema financeiro e sua ligação com o poder político – que, por acaso, é o traço definidor do momento neoliberal. Os movimentos de protesto dos últimos anos foram quase sempre efêmeros, desarticulados, muito locais, de curto prazo, e sobretudo não contribuíram para dar forma a uma ideia alternativa, para além de um voluntarismo de coloração keynesiana, pouco imaginativa (e às vezes com toques étnicos bastante notórios).

Alguns livros, numerosos artigos de imprensa anunciaram o fim do neoliberalismo nos anos seguintes. Algumas das ideias básicas do programa neoliberal pareciam ter sido definitivamente apagadas. E, no entanto, pouco mudou, quase nada. Subsiste o programa quase nos mesmos termos, continua sendo o horizonte intelectual quase único. Com a vantagem de que o breve episódio de inclinação keynesiana, incluído o resgate dos bancos, serviu para revitalizar o espírito contestador, rebelde, de minoria perseguida, característico do neoliberalismo nas décadas anteriores. Mas vamos por partes.

A crise foi, claro, um assunto complexo, confluência de muitas coisas. E teve particularidades nacionais que demoraria muito tempo para explicar. Certamente ainda serão discutidos durante bastante tempo os problemas técnicos, de legislação, de política econômica e financeira, que contribuíram para o desastre. Apesar disso, a mecânica fundamental não oferece nenhuma dúvida, já foi exposta muitas vezes e pode ser explicada em alguns poucos parágrafos, sem muita complicação.

Foi uma crise global, que afetou praticamente todo mundo. Mas teve sua origem no sistema financeiro estadunidense, em especial na explosão de uma bolha do mercado imobiliário dos Estados Unidos. O processo havia começado pelo menos dez anos atrás. Um primeiro fator foi o aumento da economia em alguns dos países centrais, sobretudo em fundos para aposentadoria, que começaram a procurar opções de investimentos mais rentáveis, em um sistema financeiro muito integrado. Muito desse dinheiro foi transferido para os Estados Unidos. Por outro lado, é o segundo fator, as taxas de juros foram mantidas muito baixas: ao longo de quase duas décadas o crédito se tornou relativamente barato, sobretudo nos Estados Unidos, mas também em boa parte da Europa (nos países da periferia europeia: Espanha, Itália, Portugal, que se beneficiaram do primeiro empurrão da moeda comum).

O que acontece depois é simples. Os bancos precisam emprestar dinheiro, aquele excesso de poupança. Começaram a impulsionar agressivamente o crédito, especialmente o crédito hipotecário, para aumentar a base de devedores. A oferta de créditos teve como primeira consequência um aumento no preço da moradia: havia mais dinheiro, mais demanda e, portanto, subiam os preços. Isso, por sua vez, contribuiu para o aumento ainda maior da demanda de créditos. Pode parecer estranho, mas é inteiramente lógico. A experiência dizia para as pessoas que o valor das casas não parava de subir, e muito rapidamente, além do mais, as casas valiam sempre mais no ano seguinte, e no seguinte; e o crédito era barato, os juros muito baixos, de modo que parecia razoável pedir emprestado para comprar uma casa, já que era um investimento seguro, de alto rendimento (tão alto que entre 1997 e 2006 o preço médio da casa nos Estados Unidos aumentou 85%).

Isso somente já teria sido bastante para gerar problemas, porque era a mecânica típica de uma bolha. Crédito barato que faz crescer a demanda, um mercado em auge no qual aumentam os preços, o que termina deixando mais atrativa a compra. O valor das casas sobe rapidamente e se separa cada vez mais de seu valor real – porque o aumento da demanda é produto do crédito. Cedo ou tarde, assim como se difundiu o clima de otimismo, de dinheiro barato e investimentos seguros, se difunde o espírito pessimista que faz os preços caírem. E quando começa, a queda é imediata, uma explosão.

Mas havia outros fatores. O primeiro deles, fundamental para entender a natureza da bolha, é o aumento no número de créditos de alto risco, e sobretudo o aumento da proporção desses créditos nos balanços dos bancos. É algo bastante conhecido, mas não é demais repetir. São créditos que se outorgam a pessoas que não têm renda suficiente e que muito provavelmente terão problemas para pagar sua dívida, pessoas às quais os bancos normalmente não emprestariam dinheiro, mas que é preciso ter como clientes porque é necessário colocar o excesso de dinheiro – além do que o empréstimo é feito com juros muito mais altos (que é justificado pela maior probabilidade de inadimplência). O aumento acelerado do preço das casas produz em todos a ilusão de que será possível, inclusive fácil, repor o dinheiro, porque a casa vai valer mais. Claro, esse aumento é precisamente o que torna o empréstimo mais arriscado, porque os preços estão inflacionados, quer dizer, as casas não valem o que pagamos por elas. E, em caso de inadimplência, a garantia perderá seu valor. Esses créditos de alto risco (*subprime* são chamados nos Estados Unidos) tiveram cada vez mais peso: até 2003 representavam cerca de 10% dos novos créditos para os bancos estadunidenses, em 2004 já eram 28%, em 2005, 36% e em 2006, eram 40%.

O segundo traço foi o desenvolvimento de produtos financeiros derivados, cada vez mais complexos, projetados a partir de modelos matemáticos. Supostamente serviriam para distribuir o risco entre um número maior de investidores, o que tornaria tudo mais administrável. Assim foram criados pacotes de hipotecas, obrigações de dívida colateralizada, seguros de inadimplência etc. E as hipotecas de alto risco começaram a circular profusamente no mercado global, sob várias denominações, em pacotes financeiros impossíveis de decifrar (não é uma maneira de falar: depois da crise, todos os analistas de risco dos bancos tiveram que reconhecer que era impossível conhecer o valor real ou o risco associado a muitos desses derivados).

O resultado foi o crescimento de um mercado financeiro muito opaco, com poucas regras, grande movimento, escassa vigilância – um banco paralelo – cujo risco não podia ser determinado, entre outras coisas porque o primeiro efeito dos derivados é afastar o emissor da dívida, que supostamente conhece em primeira mão o risco de inadimplência, do credor efetivo, o que possui os títulos da dívida. O processo é mais ou menos o seguinte. Os bancos agrupavam as hipotecas em pacotes, com diferentes níveis de risco; esses pacotes hipotecários, junto com outros ativos, eram integrados em novos produtos do mercado de ações (*mortgage backed securities*, MBA), que comprava um segundo ou terceiro intermediário, criava novos pacotes e vendia como obrigações de dívida (*collateralized debt obligations*, CDO). Adicionalmente, as seguradoras começaram a vender seguros de inadimplência para todos esses produtos (*credit default swaps*, CDS), que eram adquiridos pelos mesmos intermediários, como recurso de proteção.

A peça central desse sistema era a avaliação das empresas de classificação de riscos, que atribuíam aos diferentes produtos uma classificação segundo o rendimento que podia ser esperado deles e segundo o risco de incumprimento. O problema é que era impossível detectar o nível real de risco. O fio da meada que formavam o devedor original, o primeiro credor, o emissor de ativos hipotecários, o intermediário que criava os pacotes, o vendedor de obrigações de dívida, o vendedor de seguros de inadimplência, as agências de classificação e o detentor final do título, terminava sendo impenetrável. Quer dizer, o sistema inteiro dependia de operações que não podiam ser avaliadas de maneira realista, razoáveis.

As empresas classificadoras se encontraram em uma situação peculiar, porque tinham que classificar produtos cujo nível de risco era impossível de determinar (começando pelas ações dos bancos, em cujo balanço havia uma enorme proporção de créditos problemáticos). Eram e são empresas privadas cuja operação está basicamente vigiada pelo mercado (por assim dizer) e são contratadas pelas empresas que precisam classificar. Pois bem, uma boa qualificação atrai investidores, uma má, repele. A tentação é óbvia (a tentação de um acordo para melhorar a classificação, entende-se). E o fato é que os bancos, suas ações, suas hipotecas, seus derivados, até a véspera da quebra, tinham as classificações mais altas, triple A. Ou seja, supostamente não representavam nenhum risco.

A explosão da bolha teve um impacto que ninguém havia conseguido calcular.

Esquema da história

A evolução da crise é conhecida em traços gerais, e não é difícil de entender. Os grandes bancos e as empresas de seguro estavam muito vinculados entre si por vários tipos de empréstimos, seguros, trocas e estavam todos igualmente expostos pelo peso das hipotecas de risco em suas carteiras e pela difusão dos derivados impossíveis de avaliar. Assim que começaram os problemas no mercado imobiliário dos Estados Unidos, tudo desabou. Em um primeiro momento, os bancos centrais começaram a injetar dinheiro na economia para resolver o que parecia ser um problema de liquidez. Mas havia começado a reversão da bolha, era impossível deter a inércia. Os fundos de investimentos começaram a registrar perdas, as agências de classificação rapidamente rebaixaram os instrumentos financeiros derivados de hipotecas, e o valor do mercado despencou. As casas não valiam mais o que tinha sido pago por elas. Não fazia sentido pagar as dívidas. Ninguém queria ter em seu balanço ativos que valiam cada vez menos, as garantias não conseguiam cobrir o valor dos créditos em atraso e os bancos começaram a ter sérios problemas.

O banco de investimento Bear Stearns, um dos maiores do mundo, tinha entre seus ativos uma grande quantidade de derivados e instrumentos de dívida estruturada como os descritos acima, e sua alavancagem, quer dizer, a proporção de dinheiro emprestado em comparação com seus ativos, era exorbitante. Em uma palavra, estava quebrado. O Federal Reserve dos Estados Unidos decidiu resgatá-lo mediante uma operação triangulada pelo banco J.P. Morgan: brevemente, o governo concedeu um crédito de 30 bilhões de dólares para comprar o Bear Stearns (isso foi em março de 2008). A catástrofe começou pouco depois, em setembro de 2008. Lehman Brothers, outro dos enormes bancos estadunidenses, tinha um conjunto de problemas muito característico: empréstimos de longo prazo e obrigações de curto prazo, que impunham a necessidade de refinanciamento constante, uma excessiva exposição ao mercado de derivados, e uma proporção absurda de créditos hipotecários de alto risco. Seus ativos tinham um valor global de 600 bilhões de dólares. O governo dos Estados Unidos decidiu não o resgatar. Em 15 de setembro de 2008 foi declarada sua quebra – e foi nesse momento a maior da história. Começava o desastre.

O problema não era somente o tamanho do Lehman Brothers, sua importância no sistema bancário dos Estados Unidos, o volume de sua clientela, mas sobretudo o fato de que fazia parte de uma rede intrincada, densa, inextricável, na qual participavam todos os outros bancos. Os dos Estados Unidos e os do resto do mundo.

Não é preciso continuar contando detalhadamente a história que veio depois. Apenas uns poucos dados, para contexto. Nos Estados Unidos desapareceram, ou foram absorvidos por outros, intermediários financeiros como Merrill Lynch (comprado pelo Bank of America), Washington Mutual (comprado por J.P. Morgan), Wachovia (comprado por Wells Fargo), outros foram resgatados com dinheiro público, como as agências hipotecárias Freddie Mac e Fanny Mae, ou o American International Group - AIG (resgatado pelo Federal Reserve com 85 bilhões de dólares). Em conjunto, nos anos de maior turbulência, o Federal Reserve outorgou créditos facilitados para os bancos, para resgatá-los, por mais de 700 bilhões de dólares.

O problema dos bancos é mais ou menos o seguinte. Em primeiro lugar, sua alavancagem era excessiva, quer dizer, haviam emprestado muito mais dinheiro do que deveriam ter emprestado e não podiam enfrentar seus compromissos de curto prazo, de modo que corriam o risco de ficarem insolventes. Além disso, uma boa parte eram créditos de alto risco, próprios e de outros bancos, e muitos deles eram opacos, enfiados dentro de pacotes de derivados indecifráveis. No início da crise, o estouro da bolha, suas perdas aumentaram rapidamente porque aumentou sua carteira vencida; seria preciso incrementar seu capital para enfrentar as perdas, mas os ativos que podiam vender, as casas que tinham sido deixadas como garantia, por exemplo, já não tinham valor, ou era impossível avaliá-las na situação de incerteza daqueles anos. O mercado de crédito privado foi fechado. Os bancos começaram a ter sérios problemas para cobrir suas dívidas. Em pouco mais de um ano, o valor dos principais grupos financeiros do mundo caiu para menos da metade, em muitos casos a menos de um terço.

Além disso, os bancos estavam vinculados entre si de muitas maneiras. A desregulamentação dos mercados financeiros havia favorecido essa integração: os derivados estadunidenses eram comprados na Europa ou Japão, e vice-versa. Vários países europeus, além do mais, tinham passado por suas próprias bolhas na bolsa na mesma década: uma bolha imobiliária na Espanha, no Reino Unido, bolhas financeiras na Irlanda, Islândia, Portugal. Em cadeia, as instituições financeiras ameaçaram se declarar insolventes. Os governos tiveram que intervir para resgatá-las. Foi assim com o Commerzbank e o IKB na Alemanha, Bankia na Espanha, BNP-Paribas na França, Fortis e ING na Holanda, o Royal Bank of Scotland, Northern Rock, Bradford & Bingley e Lloyds TSB no Reino Unido.

A crise econômica continuou, como era de se esperar. A lógica é fácil de entender: cai o preço das casas, aumentam as quebras, os despejos; essa diminuição de riqueza provoca uma redução do consumo, e ao diminuir a demanda se ajusta também a produção; aumenta o desemprego, cai o consumo, aumentam as quebras. O resultado foi que no ano seguinte todas as economias da OECD, e boa parte das economias periféricas, entraram em recessão. O produto global diminuiu em mais de meio ponto, incluindo quedas de entre 4% e 5% no Japão, Alemanha, Reino Unido e Espanha, de 7% na Islândia e Irlanda.

Em todos os lados o crédito ficou mais caro. Aumentaram vertiginosamente os indicadores de risco e com eles o custo da dívida pública.

O destino da profissão econômica

Não nos interessa continuar a evolução da economia mundial, exceto em alguns detalhes: políticas anticíclicas, estímulos, nacionalizações, legislação financeira, correções que teriam sido impensáveis uns anos atrás. Para nossa história importa sobretudo que a crise não foi um puro acidente. O sistema que a ocasionou foi projetado deliberadamente, com o propósito de favorecer os movimentos financeiros que ocasionaram o desastre. Não é que fosse impossível prever a crise, mas o modelo dizia que não podia ocorrer.

Já vimos isso. Nos vinte anos anteriores, a economia estadunidense, em menor medida a do resto dos países centrais, teve um crescimento mais ou menos sustentado, cortado por episódios de crise bastante breves. Foi o que se chamou de Grande Moderação (sem maior precisão, vai de 1984 aos primeiros anos de 2000). Supostamente, os economistas tinham alcançado uma compreensão cabal do funcionamento da economia e de que a desregulamentação, a liberalização, a integração dos mercados permitiam que as flutuações econômicas fossem reduzidas até serem insignificantes. E, portanto, havia pela frente um longo período de estabilidade, crescimento e prosperidade global.

A chave da nova ordem estava precisamente no mercado financeiro, no qual a liberalização havia eliminado finalmente os altos e baixos típicos do ciclo de negócios. Em 2006, Ben Bernanke, então presidente do Federal Reserve dos Estados Unidos, explicava no Congresso que era necessário manter sem regular o mercado, os movimentos de dinheiro: "o melhor modo de vigiar os fundos de investimento é através da disciplina do mercado – que já mostrou sua capacidade de ordená-los". Isso, um ano após o desastre.

O principal suporte teórico dessa ideia, já mencionamos, era a Hipótese dos Mercados Eficientes. É uma derivação da definição de Hayek, do mercado como mecanismo para processar informações. Em duas frases: o preço é o indicador que incorpora toda a informação que possuem separadamente miríades de agentes econômicos, que compram e vendem; não há como o mercado se equivocar, precisamente porque sua operação é mecânica: cada um sabe o que quer comprar, o que quer vender e a que preço, e o mercado reflete isso, nada mais. Sempre coloca o preço certo.

O mercado financeiro moderno é realmente o exemplo perfeito desse mercado, porque a tecnologia permite desviar todos os obstáculos físicos para o movimento do dinheiro. As ações, os bônus, qualquer ativo financeiro, incorporam em seu preço toda a informação relevante, o que sabem todos os possíveis compradores no mundo todo: empresas, bancos, classificadores, intermediários, investidores. O preço é a melhor estimativa possível de seu valor. Isso significa que não podem existir bolhas, preços irracionais, infundadamente altos, porque, no momento em que o preço de um ativo se elevasse por cima de seu valor real, os especuladores se apressariam para vendê-lo e o preço cairia novamente.

Resumindo, em um mercado inteiramente livre as bolhas não podem ser produzidas e, se chegassem a se formar, não poderiam durar. Ou seja, não podem existir crises financeiras que respondam esse tipo de movimento.

Mas a crise aconteceu. No mais livre dos mercados, o mais ágil, global, o que teoricamente deveria ter sido mais eficiente. E ocorreu a partir do movimento clássico de uma inflação de preços, uma bolha especulativa, e uma queda súbita, que arrastou todos os bancos. Um processo acentuado pela multiplicação dos instrumentos de engenharia financeira que tinham sido projetados precisamente para garantir a estabilidade e a diminuição do risco. Sem pensar muito, qualquer um pensaria que a Hipótese dos Mercados Eficientes está quebrada. Que fracassou de modo escandaloso e que teria que haver sido abandonada. É interessante que não tenha sido assim. Muitos economistas a defendem anos depois com a mesma seriedade e com a mesma energia que antes. Não é perda de tempo tentar entender isso.

Há muitos motivos para que os economistas, os neoliberais, claro, resistam a abandonar a Hipótese dos Mercados Eficientes, com todas as suas derivações. O primeiro, o mais simples, é que estão profunda e intimamente convencidos da verdade do programa: acreditam nele. E uma crença não é fácil de desarraigar. Claro, os fatos não são suficientes, porque uma crença não pode ser refutada. O mecanismo, Leon Festinger explicou há algum tempo, é o que se chama "dissonância cognitiva": quando se apresentam provas indiscutíveis a um indivíduo que acredita intensamente em algo, o mais frequente é que sua crença se reafirme, com mais firmeza até. A nova informação produz um efeito de dissonância que termina sendo incômodo, desagradável, difícil de suportar, e é necessário eliminar um dos termos. Para manter a identidade, o mais simples é conservar a crença e prescindir dos fatos.

Mas há outros motivos. Para os economistas também se trata da defesa de sua profissão, porque o que está no entredito é todo o edifício do que aprenderam, ensinaram e publicaram durante anos. Estão em jogo sua profissão, sua carreira, sua imagem, seus honorários profissionais. Durante muitas décadas a economia neoclássica alardeou seu caráter científico, em comparação com as outras disciplinas sociais, precisamente porque se apoia nesse tipo de modelos formais. A reação-padrão é a de John Cochrane, da Universidade de Chicago, quando perguntaram o que ficava em pé da Hipótese dos Mercados Eficientes após a crise: "Bem, fica tudo, por que não? Estamos falando de ideias muito sérias, que não podem ser descartadas somente pelo que lemos no jornal".

Em seu famoso artigo, Friedman sustentava que não importava que os modelos fossem absolutamente irreais, se permitissem fazer previsões acertadas. Depois de 2008, o problema são as previsões. A reação, a de Cochrane e outros muitos, consiste em fechar o campo: a economia é assunto de especialistas, os leigos não entendem. Sua superioridade e sua condição de cientistas são garantidas mediante o isolamento corporativo. Só é admitida a opinião daqueles que compartilham suas premissas.

Também importa, e acaso seja o que mais pesa no final das contas, o relativo isolamento da profissão econômica. Em geral, nos artigos em revistas acadêmicas de economia são citados somente artigos de outras revistas de economia, todos da mesma inclinação teórica, e só raramente de outras disciplinas. A maioria dos economistas estão convencidos de que o emprego da álgebra faz com que a economia (neoclássica) seja mais "científica", sem comparação, e por isso olham com desprezo para a sociologia, a antropologia, a história e desconfiam dos programas de investigação multidisciplinar. Verdadeiramente, não veem que possa existir um piso comum. Ou seja, é difícil poder ver os erros mais básicos, ou discutir com alguma seriedade os fundamentos da disciplina. Por outro lado, a economia acadêmica oferece o tipo de soluções simples, lógicas, inquestionáveis, de que os políticos e os jornalistas precisam – e isso faz com que suas opiniões sejam mais valorizadas, porque são muito úteis (ideologicamente). Tudo contribui para confirmar a ideia de sua superioridade. A Hipóteses dos Mercados Eficientes é apenas um exemplo, tão resistente quanto o sistema inteiro de premissas, modelos, conjecturas.

Algo mais, menor, mas talvez não totalmente irrelevante: a defesa dos modelos e do programa neoliberal que se sustenta neles também é a de um conjunto de interesses econômicos e políticos bem concretos, difíceis de eludir. Os economistas e os departamentos de economia mais influentes fazem parte de um circuito de empresas de consultoria, agências de avaliação, burocracias públicas e privadas dominadas pelo dinheiro dos grandes bancos, e das principais corporações empresariais. Parece difícil imaginar que os salários que recebem não influenciem totalmente o trabalho deles e o que ensinam nas aulas, o que descobrem em seus modelos e o que recomendam aos legisladores não tenham nada a ver com os interesses daqueles que estão financiando tudo isso.

Na verdade, é um caso para livros didáticos sobre conflito de interesses: se descartarmos a Hipótese, se admitirmos que os mercados não são eficientes nesse sentido, que bolhas e quebras podem ser produzidas, especulação, ciclos que chegam a ser catastróficos, então deveríamos concluir que é preciso algum tipo de regulamentação, colocar limites ao que pode ser feito nos mercados financeiros. O que é precisamente o que tentaram impedir, com notável sucesso inclusive, os bancos do mundo todo depois da crise (para preservar o negócio, nos mesmo termos que tinham antes).

Não só isso. Se bolhas podem ser produzidas, e é evidente que sim, isso significa que o mercado não aloca os preços corretamente, não processa bem a informação. Alguém "engana" o mercado, alguém é enganado pelos sinais do mercado. E, portanto, é infundada a ideia de que a política econômica é irrelevante porque os agentes antecipam os efeitos de qualquer movimento e o neutralizam. Se os sinais do mercado podem ser assim enganadores, é preciso repensar os termos da discussão sobre a política econômica.

Na argumentação mais concreta e mais técnica, a defesa segue uma pauta conhecida, até mesmo frequente, na história da ciência, que é conhecida como Tese de Duhem, ou Duhem-Quine. Em termos muito simples, a tese sustenta que uma teoria científica não pode ser testada diretamente mediante um experimento, já que a formulação do experimento exige um número indeterminado de hipóteses auxiliares, e qualquer uma delas pode determinar o resultado; ou seja, se um fato empírico – ou o resultado de um experimento – não se ajusta ao que a teoria havia predito, sempre se poderá invocar uma infinidade de hipóteses auxiliares para explicar por que esse caso concreto é uma exceção, é irrelevante. Assim foi feito. Foram invocados acontecimentos externos, fatos aleatórios, foi reformulada a hipótese, foi dito que para demonstrar que é falsa teria que ser demonstrado que os especuladores se aproveitam de forma geral e cotidiana das bolhas.

Em todo caso, como diz John Quiggin, se a Hipótese dos Mercados Eficientes é compatível com a Crise de 1929, com as várias bolhas tecnológicas e hipotecárias das últimas décadas, com a crise global de 2008, então não diz nada muito relevante – porque qualquer coisa pode ser chamada de eficiente.

Tema com variações

A crise contribuiu para revitalizar alguns programas de investigação em economia, variações mais ou menos significativas da tradição neoclássica que pudessem explicar a bolha. Entre as alternativas mais populares está o que se chamou de "economia comportamental" (*behavioral economics*), que introduz algumas correções ao esquema de racionalidade habitual. A mudança é menos profunda do que pode parecer à primeira vista.

Robert Shiller, George Akerlof, Robert Frank tinham descoberto tempos atrás que os seres humanos não se comportam, na verdade, como agentes puramente racionais. E que, na verdade, em vários aspectos, são bastante irracionais. Mas que essa irracionalidade pode ser explicada e ajuda a entender fenômenos econômicos estranhos, contraintuitivos. Por exemplo, o fato de que as pessoas resistam a sofrer uma redução nominal do salário, embora isso provoque inflação e, no longo prazo, termine em uma queda do salário real.

A ideia era muito atrativa porque permitia elaborar uma explicação tranquilizadora da bolha e do desastre: a irracionalidade dos agentes – a exuberância irracional, segundo a frase de Keynes, que foi consagrada via Greenspan e Shiller. Significava que não havia nada fundamentalmente errado na teoria econômica, nada a corrigir, e sobretudo nada errado com as regras (ou falta de regras): o mercado funciona bem, os preços transmitem a informação correta, a economia volta sempre ao equilíbrio, mas há seres humanos irracionais que de vez em quando provocam um desequilíbrio como o de 2008.

Apesar do entusiasmo com que o projeto foi recebido, como alternativa não funcionou muito. As explicações que pode oferecer são de curto alcance. Em primeiro lugar, a ideia de que os seres humanos sejam em alguma medida, em algum sentido, irracionais, que não se limitam a calcular, é uma pura obviedade para todas as outras ciências sociais. Não é uma surpresa, nem diz nada novo. A matéria-prima da antropologia, da sociologia, da história, é precisamente esta: hierarquia, devoção, honra, identidade, virtude, parentesco. Só o isolamento profissional dos economistas permitiu que descobrissem uma novidade nisso – é novo somente para economistas, que só leram sobre economia.

Por outro lado, falar de irracionalidade nos exemplos tratados pela economia comportamental parece um pouco excessivo. Irracional pode ser a militância fascista dos anos 1930, a devoção das novas seitas, a fantasia identitária de hutus, flamencos ou catalães. A economia comportamental não se refere a isso. É irracional, em seus termos, qualquer desvio do modelo formal da racionalidade maximizadora. No geral, em seus exemplos, se trata de desvios menores, que são explicados através de hipóteses sociológicas triviais, de sentido comum. Mas permitem manter o esquema básico da conduta como maximização de utilidade. Só é preciso modificar, segundo cada caso, a definição de utilidade. Indivíduos que continuam sendo racionais, egoístas, calculistas e que querem maximizar sua utilidade se comportarão de um modo diferente do que supunha o modelo neoclássico original porque sua função de utilidade se modificou – e agora é preciso considerar a "ilusão do dinheiro", a "confiança" ou algum outro fator.

Se pensarmos um pouco, a economia comportamental não pode explicar por que nem como se criaram os derivados financeiros, nem o crescimento dos bancos paralelos, nem a estrutura jurídica que permitiu a crise. Mantém os pressupostos básicos, o método e a estrutura teórica da economia neoclássica. Por outro lado, não é verdadeira psicologia. Não considera o contexto real das decisões. Oferece formalizações como as dos modelos de sempre – e a ilusão de uma explicação unificada.

A crise também fez com que se voltasse a prestar atenção nas ideias de Hyman Minsky, que são muito mais interessantes. Não havia, a rigor, nada novo, porque Minsky havia elaborado suas teses nos anos 1970 e 80. Mas naquele momento estavam na contracorrente da enchente neoliberal e não receberam muita atenção. Depois da crise, parecia especialmente útil e atinada a explicação que davam sobre os mercados financeiros. Em especial, a que Minsky chamava de "hipótese da instabilidade financeira". Vale a pena olhar com calma.

A hipótese tem aspectos empíricos e teóricos. No terreno empírico está o fato observável, patente, óbvio, de que as economias capitalistas atravessam a cada tanto tempo períodos de inflação e deflação, que sempre ameaçam sair do controle. O funcionamento normal do sistema econômico faz com que a inflação provoque maior inflação e que a deflação contribua para acentuar a deflação. Os governos parecem incapazes de conter a deterioração, em um caso ou no outro. O fato de que existam esses ciclos é prova de que a economia não se comporta como sugerem os modelos clássicos: não é um sistema em equilíbrio, nem tende ao equilíbrio. Essa é a parte empírica, está à vista de quem quiser ver. É um fato: há bolhas e há recessões; a novidade do que diz Minsky é que não obedecem à intromissão de fatores externos, contingentes, mas à lógica do sistema (tampouco é algo insólito, diga-se de passagem).

Em sua dimensão conceitual, o argumento de Minsky é uma elaboração das ideias de Keynes, Irving Fisher (1933), Charles Kindleberger (1978) e Martin Wolfson (1986). A originalidade está na síntese, e na relativa simplicidade da síntese.

Ao contrário dos modelos de economia neoclássicos, que pressupõe que a operação da economia consiste na distribuição de recursos, Minsky acredita que a lógica que move o sistema é a acumulação. E isso implica que é preciso considerar a evolução em um tempo real, de calendário. Quer dizer, não basta analisar a distribuição de recursos em um momento dado, mas é preciso levar em conta a passagem do tempo, porque afeta o comportamento de todos.

A explicação é um pouco longa, mas acho que vale a pena. O desenvolvimento do capital precisa, entre outras coisas, da troca de dinheiro presente pelo dinheiro futuro – isso se chama crédito. O dinheiro presente é dedicado ao investimento, em troca de lucros que seriam gerados no futuro. Funciona assim. Para produzir qualquer coisa, as empresas precisam de diferentes tipos de ativos: edifícios, máquinas, matéria-prima e assim por diante; grande parte disso precisa ser financiada com dinheiro emprestado, que a empresa tem a obrigação de pagar em um prazo determinado – quando espera ter lucros que permitam fazer esse pagamento. Os bancos são a peça-chave para essa operação: recebem dinheiro em depósito, emprestam às empresas, recebem o pagamento com juros e devolvem aos depositantes. Ou seja, o que é oferecido ao banco é um nexo temporário.

O dinheiro chega às empresas como resposta às expectativas de lucro e retorna das empresas aos credores à medida que esses lucros são realizados. Se esperamos que uma empresa tenha lucros no futuro, haverá alguém disposto a emprestar dinheiro para investir em sua produção. E quanto maior foi o lucro esperado, maior a quantidade de pessoas querendo investir. Esse é o esquema básico.

O passado, o presente e o futuro estão vinculados por um sistema de relações financeiras que podem ser mais ou menos complexas, à medida que sejam acrescentadas camadas de intermediação entre os donos do dinheiro e aqueles que investem para produzir. Na origem há empresas que precisam de dinheiro para investir e há investidores que emprestam para participar dos lucros. Pois bem, para entender o funcionamento concreto de uma economia, é preciso entender a natureza do crédito, do investimento, do endividamento, quer dizer, a maneira pela qual a produção é financiada. Porque nem todos os créditos significam o mesmo risco, nem todos os investimentos geram o mesmo lucro.

No esquema proposto por Minsky, há três formas básicas de endividamento, que implicam diferentes relações entre dívida e renda. As empresas "conservadoras" (*hedge*) são aquelas que conseguem pagar todas as suas obrigações financeiras com seu fluxo de caixa. As empresas "especulativas" conseguem cobrir suas obrigações apenas por causa de seus ativos e normalmente precisam adiar pagamentos, cobrindo parcelas com novo endividamento. Finalmente, as empresas "ponzi" não conseguem cobrir nem o principal nem os juros com o fluxo de caixa e precisam vender ativos para pagar seus credores – baixando o valor de suas ações ao mesmo tempo em que aumentam sua dívida.

Isso implica muitas coisas. Algumas nos interessam. O primeiro teorema de Minsky estabelece que há regimes de financiamento em que as economias são estáveis e regimes em que são instáveis (se aumenta a proporção de investimento especulativo ou em esquemas "ponzi", está claro). O segundo teorema é que durante os períodos de prosperidade as economias transitam das relações financeiras estáveis às instáveis, do modo conservador ao especulativo.

Em síntese, o processo é assim. Nos períodos de crescimento econômico, os lucros das empresas aumentam, mas também aumenta o endividamento. Na medida em que continua a prosperidade durante um tempo mais ou menos longo, são esperados, a cada ano, lucros maiores, e há mais pessoas desejando emprestar dinheiro para investir, porque o lucro é seguro. O resultado é que as empresas se endividam mais, para produzir mais, e conseguem maiores lucros. E em consequência, há mais dinheiro para investir. Uma bolha começa a se formar. As empresas mais conservadoras adotam atitudes especulativas, porque tendem a superestimar o lucro futuro – sempre esperam ganhar mais, é preciso investir mais e pedir emprestado. A lógica se mantém enquanto continuarem as expectativas de crescimento, mas com empresas cada vez mais endividadas. A economia entra em um período inflacionário. Enquanto os governos tentam controlar a inflação mediante políticas de restrição monetária, elevando as taxas de juros por exemplo, a dívida se torna mais pesada: os investimentos especulativos se transformam em sistemas "ponzi" e o valor dos investimentos "ponzi" evapora.

O sistema estável, de investimentos conservadores, evolui para um sistema instável, de investimento especulativo, precisamente como efeito da estabilidade.

A conclusão de Minsky, que escreve nos anos 1980, é que o sistema financeiro é instável por definição. E está sujeito a esse tipo de ciclos, altos e baixos, não como consequência de choques externos, não por acaso, mas por sua própria lógica: porque a expectativa de lucro tende a favorecer atitudes especulativas. A hipótese se encaixa perfeitamente com a crise de 2008. O problema é que daí deriva a necessidade de estabelecer regras que moderem esse movimento cíclico, que impeçam que o entusiasmo especulativo coloque em risco o funcionamento da economia.

Reações, remédios, protestos e recomeço

A crise começou no sistema financeiro dos Estados Unidos, nos anos seguintes houve repercussões mais ou menos graves no resto do mundo. No princípio, o impacto foi sentido principalmente pelas instituições bancárias dos países centrais, já vimos. Nos Estados Unidos, em boa parte da Europa: Reino Unido, Irlanda, Holanda, Espanha, foi necessária a intervenção do Estado em operações milionárias de resgate, para evitar a quebra dos bancos. Eram grandes demais, pesavam muito na economia para deixar que quebrassem. A história é conhecida. Além disso, em quase todas as partes foram adotadas políticas de estímulo para conter, ou moderar, alguns dos efeitos mais graves da crise e evitar uma recessão ainda mais aguda. Certamente, foi a recomendação do FMI nesses anos: aumentar o gasto público de maneira rápida e sustentada, até um valor equivalente a 2% do PIB.

A combinação da derrocada financeira, a queda da arrecadação fiscal e o aumento do gasto no resgate bancário, nos programas de estímulo e em algumas linhas do gasto social, fizeram com que muitos Estados sofressem um aumento dramático do déficit e do endividamento. Insisto: não vou seguir a história econômica, mas a das ideias que surgiram nesses anos.

Contra o que poderia ter se esperado, a crise produziu uma vigorosa reação do neoliberalismo, uma nova grande ofensiva que lembra muito a dos anos 1980 – e que permite entender a nova ordem.

Nos primeiros anos, quando havia que injetar muito dinheiro público nos anos, ao calor dos protestos de rua: o movimento *Occupy* nos Estados Unidos, o 15-M na Espanha etc., ganhou visibilidade a crítica acadêmica do modelo neoliberal. Nunca deixou de existir, mas com a crise ganhou autoridade, audiência; alguns veículos de imprensa ecoaram as críticas, alguns políticos também, e ganhou relevância um novo repertório de autores, de inclinações diferentes, mais ou menos radicalmente opostos ao programa neoliberal, ou a algumas de suas implicações. Paul Krugman, Joseph Stiglitz, Steve Keen, John Quiggin, Thomas Piketty, e velhos autores como Minsky, Karl Polanyi, Robert Skidelsky, e inclusive Keynes, claro. Não havia aí nenhum programa concreto, nada coerente. Mas o conjunto contribuiu para formar um clima de opinião adverso ao neoliberalismo – ou pelo menos reticente.

Os programas de estímulo econômico, por outro lado, pareciam indicar que os Estados procuravam uma solução, digamos, keynesiana. Não foi assim. A reação começou logo.

Essas duas coisas, a nova visibilidade das críticas e a expansão geral do gasto público, a primeira em três décadas, contribuíram para criar um clima cultural idôneo para a reconstrução do neoliberalismo. Novamente, como nos anos 1970, o neoliberalismo era a posição que parecia minoritária: subversiva, rebelde, iconoclasta, a dos inconformados, dos inimigos do *status quo* – os partidários da liberdade. O Adam Smith Institute, carro-chefe do pensamento neoliberal, recuperou, a partir de 2010, o tom apocalíptico dos primeiros tempos. O movimento do Tea Party nos Estados Unidos, de modo parecido, se transformou no partido dos pequenos contra a burocracia esbanjadora de Washington.

Outra vez, como nos anos 1970, o Estado é o inimigo. Um Estado excessivo, deficitário, endividado, que graças a um pequeno salto lógico termina sendo o culpado da crise. E a solução é sempre o mercado.

Como toque final, voltaram a circular algumas velhas interpretações da Grande Depressão de 1929, que responsabilizavam o governo de Franklin D. Roosevelt (1933-1945) e a política do *New Deal* por ela. A ideia básica de todas elas era que a economia estadunidense teria se recuperado muito mais rapidamente se tivesse deixado que o mercado resolvesse suas questões sozinho, sem interferência. Apareceu novamente a explicação de Friedman e Schwartz, que culpava a política monetária do Federal Reserve, também a de Mises, para quem o grande problema havia sido a rigidez dos salários e os programas de ajuda, que tinham impedido que o mercado de trabalho se ajustasse imediatamente.

O motivo básico da ofensiva neoliberal a partir de 2010 foi a austeridade. No espaço público, a ideia costuma ser apresentada com um tom moralizante: a necessidade de poupar, não gastar mais do que se tem, coisa que é muito bem explicada na imprensa com a história de uma dona de casa previsora, que poupa, e outra que gasta o que não tem e termina arruinada. Em uma primeira versão, o problema era o endividamento em si mesmo. A ideia era que a dívida pública era um obstáculo para o crescimento econômico. Vinha de um texto de Carmen Reinhart e Kenneth Rogoff, que pretendia demonstrar, com exemplos históricos, que se a dívida pública chegasse a um determinado nível, 90% do PIB, a economia parava de crescer e entrava em recessão. A afirmação era contundente, e muito grave. Houve várias tentativas de reproduzir o exercício de Reinhart e Rogoff, para comprovar ou moderar sua tese. Nenhum teve sucesso. Os dados eram imprecisos. Além do que o exercício comparava países em situações tão diferentes que o resultado não podia ser significativo. No entanto, apesar de que academicamente a tese não tem defesa, no espaço público é repetida ainda de vez em quando como se fosse uma verdade demonstrada e irrefutável: a dívida é um obstáculo para o crescimento.

Outra versão, mais sofisticada, mais agressiva, foi a tese da "austeridade expansiva". Depende de duas afirmações. A primeira é que a crise é consequência de um excesso de gasto público, consequência de Estados que gastam mais do que recebem. A segunda, que a recuperação econômica exige que o Estado se afaste, reduza sua dívida, reduza o gasto e abra espaço para a iniciativa privada. A austeridade favorecerá a expansão.

Bem, a primeira afirmação é totalmente falsa. A crise foi originada no setor financeiro, nos bancos privados, como consequência de uma bolha imobiliária. O gasto público não teve nada a ver com isso. Descontando que muitos Estados, vários dos Estados europeus mais afetados pela crise, tiveram superávits nos anos anteriores. Na Espanha, por exemplo, a previdência social entrou em déficit só dois anos depois de iniciada a crise – como consequência do desemprego, basicamente. A segunda afirmação também é problemática. É difícil argumentar que falta espaço para o investimento privado quando há uma enorme proporção de recursos sem utilizar. Não faltam oportunidades para investir, ao contrário. As virtudes expansivas da austeridade são no mínimo duvidosas: em condições de elevado desemprego, como é o caso de 2008 em diante, a redução do gasto público reduz ainda mais a demanda, reduz o investimento e acentua a tendência depressiva.

As consequências recessivas das políticas de austeridade começaram a ser vistas logo, em todos os lugares. No entanto, foram mantidas, sobretudo na Europa. O momento decisivo chegou com a crise da dívida soberana da Grécia, Portugal, Irlanda, Espanha, que serviu de apoio prático para enfatizar a doutrina da austeridade.

É interessante ver o caso com mais detalhes. Normalmente, quando um país enfrenta um desequilíbrio grave tem a opção de desvalorizar sua moeda: isso faz com que diminuam em termos reais os salários, que diminuam os custos de produção, que seja mais fácil exportar e por essa via a economia seja reativada. Os países do euro não tinham o recurso da desvalorização, nem da emissão de moeda, para corrigir seus desequilíbrios. Não podiam se apoiar em um banco central para cobrir os gastos do Estado. De modo que precisavam contrair dívida no mercado para financiar o gasto. O medo de uma possível inadimplência (medo real, medo induzido, medo fingido) fez com que aumentasse vertiginosamente o prêmio de risco de todos eles, de modo que endividar-se começou a ficar cada vez mais caro. A solução imposta pelo Banco Central Europeu foi a austeridade, quer dizer, reduzir o gasto público, reduzir o gasto social, congelar os salários públicos, as aposentadorias, para diminui o déficit – de modo que diminuísse o prêmio de risco, pela confiança dos mercados, e fosse mais fácil pagar a dívida. Em todos os casos, a política terminou sendo contraproducente. A redução do gasto público acentuou a recessão, baixando assim a arrecadação e aumentando proporcionalmente o peso da dívida.

O Banco Central Europeu e os demais bancos centrais, que tinham visto a bolha passar sem fazer nada e tinham deixado a crise passar, encontraram uma ocasião para reafirmar sua autoridade na luta contra a inflação. Em condições de deflação, quer dizer, de queda dos preços, terminava sendo no mínimo estranho, mas era o recurso mais simples para disciplinar o Estado e impor a lógica do mercado financeiro.

Vale a pena destacar, embora seja em um aparte, que a crise deixou claro que o modelo de integração europeia como foi definido no Tratado de Maastricht (1992) foi em muitos aspectos a institucionalização do modelo neoliberal. A maneira de construir o mercado comum é transparente. Por um lado, há rígidos padrões europeus para limitar o déficit público, a inflação, para controlar a política monetária – um mandato de austeridade como base comum. Por outro lado, não há padrões mínimos para a legislação tributária ou trabalhista. Serve qualquer coisa. Significa que os Estados não podem elevar o déficit, mas podem competir para oferecer condições fiscais mais favoráveis (as de Luxemburgo, no extremo), ou mão de obra mais barata.

Persistência do atraso

Nos países periféricos, também existiram movimentos de protesto nos primeiros anos do novo século, como consequência da crise. Destaquemos, para começar, a imprecisa ideia da alternativa "bolivariana" na Venezuela, Equador, Bolívia, também os movimentos do que foi chamado de "primavera árabe" na Tunísia, Líbia, Egito e Síria. Nada de maior alcance. Nada comparável à tentativa da Nova Ordem Econômica Internacional dos anos 1970.

A pobreza, o subdesenvolvimento e o atraso continuam sendo difíceis de explicar em termos do programa neoliberal. Muito mais quando foram colocadas em prática, agora durante décadas, as receitas básicas: privatizações, abertura, desregulamentação, liberalização comercial, redução dos gastos públicos, controle da inflação. Feito tudo isso, os resultados foram, no geral, decepcionantes. Maior desigualdade, concentração da renda e um crescimento menor, no máximo pela metade, do que foi nos anos 1960 e 70 (com a exceção da China e, em menor medida, Índia).

Não é difícil ver o problema. O livre movimento das forças de mercado não produziu o desenvolvimento econômico que havia sido prometido. Nem sequer um crescimento comparável ao das décadas anteriores. Certamente, não havia motivo para esperar que tivesse sido assim, já que não há nenhum exemplo histórico de uma sociedade que tenha se desenvolvido graças a uma política como a preconizada pelos neoliberais (nos países centrais, assim como entre os "tigres asiáticos", o desenvolvimento foi produto de décadas, às vezes séculos, de protecionismo, subsídios, engenharia reversa, controles cambiais). Mas o neoliberalismo não pode aceitar a história nesses termos. Seu modelo econômico aspira a uma validade universal, distante de qualquer contexto concreto. Supõe-se que é o modelo que seguem hoje os países centrais e se supõe, além disso, que é o que explica a prosperidade deles. E, portanto, assume-se que qualquer país que aspire a esses níveis de bem-estar terá que adotar esse sistema econômico, normativo e institucional.

A pobreza dos países periféricos representa um problema, sobretudo porque o modelo econômico não pode ser mudado. Não há nada a fazer, a não ser insistir no mesmo. Abertura, privatização, desregulamentação. Se o livre mercado é a solução mais eficiente, se é a via para o desenvolvimento, se é o melhor modo de aproveitar os recursos e as vantagens comparativas, então o atraso é um problema de difícil solução, impossível, na verdade, quando não se pode pedir mais abertura nem maior liberalização. É uma anomalia.

Não faltaram tentativas de explicação nos últimos anos. O problema é que precisam deixar de fora a história, exceto como relato, se não quiserem criar dúvidas sobre o modelo inteiro, e precisam deixar de fora também os fatores propriamente econômicos, já que nesse terreno está claro que o mercado é a única solução eficiente e não há muito mais a dizer. Acaba ficando como objeto de análise uma espécie de resíduo que, sem dúvida, tem uma história, mas pode ser eliminado.

A expressão ideal para dar nome a esse resíduo é "cultura". Está mais ou menos em voga, como fator de explicação do atraso, de várias décadas, e de vez em quando ela é trazida de volta. Uma alternativa interessante nos anos de mudança de século foi a noção de "capital social"; um pouco como Gary Becker, consiste em estudar as relações sociais – vínculos, associações, formas de sociabilidade – como unidades que podem ser somadas, acumuladas, investidas, quer dizer, como "capital", efetivamente. A formulação mais imaginativa nesta linha foi a de Robert Putnam: ao comparar o norte e o sul da Itália, como exemplos de desenvolvimento e subdesenvolvimento, ele descobriu que a maior densidade do tecido associativo, o capital social, podia explicar a prosperidade do norte e a pobreza do sul.

Outros dois motivos dominam a literatura acadêmica, a discussão pública, as recomendações dos organismos internacionais: a educação e a legalidade. Não corresponde uma discussão mais extensa, mas importa pelo menos deixar o tema registrado. A ênfase na educação, com todos os matizes que se quiser acrescentar, está misturada com a ideia do mérito, a da produtividade marginal, também com a defesa do sistema internacional de patentes e direitos autorais. A ênfase no direito reproduz com variações os argumentos de Hernando de Soto, aproveita o medo global ao crime organizado e mistura delinquência, corrupção, pirataria, arbitrariedade, economia informal, direito de expropriação. O projeto mais ambicioso nessa linha, nos primeiros anos do novo século, foi a obra de Daron Acemoglu e James Robinson. Na esteira do que se convencionou chamar de neoinstitucionalismo, eles descobrem que o fator que explica a prosperidade (e a pobreza) são as instituições. As instituições "inclusivas", que favorecem o desenvolvimento, são basicamente as que encontramos nos países centrais: um sólido direito de propriedade, liberdades, representação política; enquanto as "extrativas", inimigas do desenvolvimento, são as do resto do mundo. Os retalhos da história que eles juntam são discutíveis, como o esquema binário do extrativo e do inclusivo, também o nexo causal: não está claro que as instituições liberais tenham produzido o desenvolvimento e que não tenha sido o inverso, ou seja, que o desenvolvimento (aquele desenvolvimento) tenha produzido determinado tipo de instituições.

O que me interessa ressaltar é que o fator com o qual se tenta explicar o atraso é sempre um resíduo, que não tem nada a ver com o modelo econômico: cultura, capital social etc. Na verdade, é preciso apontar o resíduo porque isso permite deixar a salvo o modelo econômico, que funcionaria corretamente e produziria a prosperidade geral, se não fosse pela cultura, pela falta de educação, de capital social ou respeito à legalidade.

Dizia que no fundamental nada mudou depois da crise de 2008. Algo sim: o modelo neoliberal se consolidou e na crise encontrou novos recursos para se afirmar.

10. O ÓPIO DOS INTELECTUAIS

A trajetória do neoliberalismo não está fechada, longe disso. O momento de sua maior criatividade intelectual já terminou, nos anos 50 e 60 do século passado, quando pela primeira vez se imaginou o mundo todo, a política, o direito, o casamento como um mercado. E o momento épico em que foi imposto contra a inércia de mais de meio século também já passou, nos anos 1970. A produção acadêmica na linha de Hayek, Leoni, Becker ou Friedman é basicamente derivativa, oferece poucas novidades. E entre as ideias políticas, as iniciativas legais e institucionais, há pouca coisa original, poucas que já não foram tentadas com resultados bons ou ruins. No entanto, continua sendo o esqueleto do sentido comum de nosso tempo.

O momento neoliberal

Quando olhamos os traços básicos do presente – a ordem política, o sistema produtivo, as relações sociais –, o primeiro que salta à vista é a tecnologia. E, no geral, o bom e o mau remetem igualmente à mudança tecnológica. Foi graças a ela que aconteceram a globalização, as novas formas de protesto, o marketing, o novo regime de trabalho. É inquestionável. No entanto, no fundamental, a ordem do novo século é produto de um sistema de ideias, um programa político, uma configuração institucional. Quero dizer que a tecnologia é secundária.

O traço é conhecido, já vimos antes. Liberalização comercial, livre circulação de capitais, privatização de empresas e serviços públicos, desarticulação do sindicalismo. Resumindo, é um modo de produção no qual a combinação do livre movimento de dinheiro e a restrição do movimento da mão de obra fazem com que as fronteiras se transformem em peças-chave para a geração de valor. Isso é a globalização. Que deve menos à tecnologia que às leis, começando pela soberania nacional (que tem um papel tão discreto na retórica vigente). Adicionalmente, vai se ampliando e dominando cada vez mais uma maneira de entender os serviços públicos, a saúde, a educação, como mercadorias para satisfazer necessidades individuais. E dominam outra maneira de pensar o Estado, a política, a burocracia, e outra maneira de entender a cidadania que se confunde com a lógica do mercado – os direitos universais cedem cada vez mais, diante do que merecem (ou não merecem).

Não parece exagerado dizer que vivemos talvez não uma civilização neoliberal, mas um momento neoliberal, equiparável ao momento liberal da primeira metade do século XIX. Quer dizer, uma ordem social, um sistema institucional, mas também um conjunto de ideias, valores e o que se pode chamar de "imaginário social": uma maneira de entender a vida cotidiana, os avatares do trabalho, as relações sociais, um modo de interpretar nossas próprias aspirações. Nós nos vemos, falo das sociedades ocidentais basicamente, nos vemos como indivíduos com seus próprios interesses, motivos e propósitos (o propósito de acumular dinheiro, sobretudo), concorrendo com outros indivíduos, todos com seus respectivos interesses, mas a quem não devemos nada. O resto vem daí.

Alguns traços desse sentido comum parecem ter estado aí, como estrutura da conduta, há muito tempo. Por exemplo, a ideia de que como indivíduos temos direitos inalienáveis. Mas outras características são sem dúvida mais recentes, propriamente neoliberais. Por exemplo, a maneira enfática e beligerante como entendemos o mérito individual, e o modo como rechaçamos quase automaticamente a ideia da responsabilidade coletiva, que contrasta com o espírito dominante durante quase todo o século XX. Não é um assunto menor. A primeira consequência disso é uma aguda consciência do que nos corresponde, o que merecemos – em geral, porque pagamos por isso (pagamos impostos, pagamos o preço). Igualmente importante – é o reverso da mesma ideia – é o menosprezo mal dissimulado, a quase hostilidade em relação aos grupos menos favorecidos: operários, trabalhadores informais, desempregados, migrantes, sobretudo quando exigem algum tipo de proteção ou de benefício. Nosso sentido comum diz que cada um tem o que merece. E que se não os impedirmos, "eles", os que não se esforçaram o suficiente, tentarão se aproveitar de "nós" e do que conseguimos com nosso trabalho.

A sociedade dos indivíduos, no horizonte neoliberal, é vivida como uma entidade dividida, na qual a ideia de mérito individual suplanta qualquer outra consideração como critério ético (abstraindo quase todas as condições materiais desse "mérito" – que não é realmente individual e, na maioria dos casos, não depende do esforço nem do talento, ou seja, não é mérito).

É claro que o programa neoliberal vive momentos ruins depois da crise de 2008. Por outro lado, os resultados econômicos, vistos globalmente, depois de trinta anos, são muito ruins. O aumento da desigualdade é óbvio, estridente e ofensivo. Algumas das ideias básicas do modelo parecem claramente indefensáveis. E, no entanto, o neoliberalismo sobrevive e mais: continua sendo o modo dominante e não parece que existam alternativas. A crise não provocou nenhuma mudança importante nem de políticas econômicas, nem de legislação. O fenômeno é notável. Sugere que o momento neoliberal, apesar de tudo, ainda tem bastante futuro. Mas o motivo não é óbvio.

A sobrevivência do neoliberalismo deve-se, sem dúvida, a muitas causas. A primeira, talvez, é que a ordem social que deu lugar ao momento bem-estarista, com uma classe trabalhadora grande, organizada em sindicatos poderosos, com importante peso político, não existe mais. Adicionalmente, a livre circulação global de capitais, com o amparo dos paraísos fiscais, deu lugar a um predomínio do capital financeiro que condiciona o resto da ordem social. Enquanto isso não mudar, e por enquanto não vai mudar, não é fácil pensar em outro sistema. Também é verdade que não há um programa político, produtivo, institucional, que funcione como alternativa. Porque o neoliberalismo formou nosso sentido comum – e não é pouco frequente que pessoas que rechaçam energicamente a política fiscal ou financeira, a política econômica neoliberal, adotem com toda naturalidade suas premissas no resto.

Por outro lado, o fracasso catastrófico de 2008, e dos anos seguintes, sempre pode ser moderado. Como o movimento de capitais produz quase inevitavelmente bolhas, movimentos de *boom* mais ou menos espetaculares em mercados recém-abertos, que se recuperam, que oferecem novas perspectivas de lucro, sempre há algum exemplo a mostrar, alguma história de sucesso, provando que o modelo funciona: agora na Coreia, na Indonésia, agora no Chile, na Lituânia, no Peru, mesmo que esses exemplos afundem pouco depois. Procura-se outro caso, outra história de sucesso – e haverá alguma.

Estou interessado em destacar um fator adicional. A transformação do espaço público e da conversa no espaço público.

Mas antes de falar disso, talvez seja útil uma recapitulação. Como sistema de ideias, o neoliberalismo é um programa utópico que surge entre as duas Grandes Guerras, na Europa. E seu impulso básico obedece ao que George Steiner chamou de nostalgia do absoluto, quer dizer, é uma espécie de teologia substituta, um sistema de crenças que inclui a ambição da totalidade, a necessidade de explicar tudo, definitivamente; também um conjunto de textos canônicos e algumas poucas ideias indiscutíveis, uma ortodoxia; e uma linguagem própria: um idioma, um repertório de imagens, metáforas. O resultado é o que se poderia chamar de uma "matriz intelectual" do neoliberalismo, que explica muito de sua atração e sobretudo sua coesão.

Essa matriz intelectual corresponde a uma configuração concreta que não é difícil de reconstruir. Está em primeiro lugar o entusiasmo científico, mas com uma ideia muito particular da ciência, cujo modelo é a física do final do século XVIII: leis universais, fórmulas algébricas, soluções lógicas e inequívocas. Está também a convicção de que as explicações podem – e devem – ser sempre simples e claras, indiscutíveis. A base é a imagem da sociedade como um mecanismo, que funciona a partir das necessidades materiais de indivíduos que respondem como molas. E finalmente está a ideia de que o conhecimento deve ser imediatamente útil. A matriz remete às obsessões, às fantasias e aos preconceitos do novo sentido comum; pede um conhecimento simples, inequívoco e útil, científico, transparente, que é produzido com a mesma facilidade mecânica com que se produz qualquer outra coisa. E é vendida da mesma forma, porque serve.

Mas volto ao problema do espaço público e da sobrevivência do neoliberalismo, ou da falta de alternativas ao neoliberalismo. Encontro dois fatores, digamos, estruturais: uma distorção muito característica do sistema de educação superior e o empobrecimento da vida pública, produto do predomínio de um *Star System* intelectual. E algo mais, algo no próprio programa que poderia se resumir com a expressão de Aron, ou seja, que o neoliberalismo seja o novo ópio dos intelectuais.

A indústria da opinião

Friedrich Hayek sabia que o programa neoliberal tinha que ser impopular, desde o início. Sabia que as reformas para produzir mercados de concorrência aberta sempre geram resistência, porque afetam interesses. Porque eliminam subsídios, proteções, privilégios, garantias sindicais, para submeter todos, igualmente, à incerteza sob o domínio impessoal das forças do mercado. A história oferece exemplos de sobra. E pensava por isso que era indispensável criar um clima favorável às reformas. Explicar, argumentar as novas ideias, colocá-las em circulação para formar um novo sentido comum, predisposto a seu favor (a ideia não era muito estranha nos anos 1930/40; no outro extremo, no Partido Comunista Italiano, Antonio Gramsci também pensava que a batalha decisiva iria acontecer no terreno cultural – na luta pela hegemonia).

Assim foi imaginada a estratégia da Sociedade Mont Pèlerin. A própria sociedade era o núcleo intelectual, onde deviam ser geradas e discutidas as novas ideias, entre militantes inquestionáveis. Mas o mais importante era a formação dos centros de estudos, as fundações, sociedades, dezenas e centenas delas, dedicadas à difusão do programa, para colocá-lo ao alcance de qualquer um. O objetivo era incidir sobre os "vendedores de ideias de segunda mão": jornalistas, locutores, intelectuais, políticos, porque são eles que formam o sentido comum.

O projeto não era inteiramente novo, mas os membros da Sociedade Mont Pèlerin e os empresários que o financiavam conseguiram criar uma rede muito ampla, com centros de estudo dedicados a quase todos os temas. E o núcleo do programa era simples o suficiente, claro o suficiente para que o conjunto funcionasse de maneira coordenada. Privatizar, criar mercados.

A mudança nisso, até aí, foi deliberada. Mas há outros dois fatores na transformação do espaço público: as universidades e a indústria da comunicação.

Nas três longas décadas de predomínio do programa neoliberal foi produzida uma distorção do sistema de educação superior em quase todo o mundo. É óbvio no caso da economia, mas acontece algo parecido em todas as outras ciências sociais. As exigências de rendimento e produtividade no mercado simulado das mercadorias acadêmicas criaram um sistema de preços que privilegia os mecanismos de avaliação de algumas universidades estadunidenses, que funcionam como garantias da qualidade acadêmica. Essa hierarquia de faculdades, revistas, editoriais, gerou uma força centrípeta que afeta todas as disciplinas e decide o que vale, o que importa, o que deve ser investigado. Foi formada, como nunca antes, uma comunidade acadêmica internacional, mas também foram estreitados os limites em quase todas as disciplinas. E isso repercutiu, por sua vez, no espaço público, nas formas de conversas públicas no mundo todo, que se empobreceram. A falta de alternativas para enfrentar a crise também tem a ver com isso.

Por outro lado, o controle oligopolista da indústria editorial e dos meios de comunicação em geral teve também um impacto colateral na produção acadêmica. Contra a lógica normal da cultura do livro, e contra as rotinas da vida universitária, configura-se uma espécie de *Star System* acadêmico: uns poucos nomes famosos entre o público geral, amplificados mediante a caixa de ressonância dos meios, e que se transformam em termos de referência inevitável em qualquer assunto. Não costumam ser os acadêmicos mais originais, normalmente são os já consagrados, que aparecem com regularidade em temários e bibliografias, muitos deles associados a frases bastante sonoras, como slogans, e que a televisão termina projetando.

Esse *Star System* oferece uma representação distorcida da discussão acadêmica no espaço público. Quero dizer, vários desses autores muito famosos, muito reconhecidos, não são relevantes: ou não foram nunca, ou não são mais, para os programas de investigação vigentes. Isso descontando que em uma comunidade acadêmica não funciona o mesmo princípio de autoridade sobre o qual descansa boa parte da discussão pública: o nome dos autores famosos não é extraordinário.

Via de regra, os famosos não são originais e, na realidade, não participam do diálogo acadêmico. Mas importam precisamente porque estão no meio do caminho. Têm a popularidade que oferece a indústria do espetáculo, mas também o prestígio do livro. Chegam a um público grande, com prêmios e reconhecimentos. São os fatores do sentido comum. Claro, estão os de esquerda e os de direita, embora o espectro costume estar voltado, obviamente, mais a favor dos interesses empresariais – os daqueles que sustentam a indústria.

Adicionalmente, junto a esse *Star System* da academia há um conjunto de intelectuais satélites, para chamá-los de algum modo: jornalistas, locutores, participantes assíduos dos programas de opinião. São eles, Hayek sabia bem, que travam as batalhas cotidianas do neoliberalismo, são os nomes que aparecem na grande imprensa. No geral, não são levados a sério nas discussões acadêmicas. Essa distância permite que capitalizem também a veia populista anti-intelectual do neoliberalismo, sem renunciar a seu prestígio de especialistas. O saber deles é pragmático, realista, coincide com o dos empresários; é um saber desencantado, que chama as coisas por seu nome, sem hipocrisia, sem eufemismos; e é também um saber modesto, que admite de entrada a sabedoria superior do homem comum, que sabe o que quer e escolhe cotidianamente no mercado. Quer dizer, estão nos antípodas dos acadêmicos: inexperientes, fantasiosos, arrogantes, com um saber livresco, "politicamente correto".

Pois bem, assim se formou o cenário, assim foram distribuídos os papéis. E assim se empobreceu o diálogo no espaço público. Mas resta o fato de que os acadêmicos, os famosos quero dizer, mas também muitos outros, talvez a maioria, e esses intelectuais satélites efetivamente compartilham a crença neoliberal. E também é preciso explicar isso.

O ópio dos intelectuais

Em 1955, Raymond Aron publicou *The Opium of the Intellectuals*. É uma obra de combate: incisiva, enérgica. Tratava, sobretudo, de explicar a simpatia dos intelectuais franceses pelo comunismo. Um fenômeno estranho, segundo Aron, porque o marxismo não tinha real vigência nas universidades. Ou seja, não atraía pela exatidão ou a solidez de suas explicações, porque ninguém acreditava realmente nelas, mas por seu fundo mítico (certamente, na categoria de intelectuais, Aron contava os escribas, especialistas e letrados, quer dizer: funcionários, membros das profissões liberais, professores e jornalistas, profissionais dos meios de comunicação; não interessa por enquanto entrar nisso).

O marxismo oferecia uma grande síntese dos motivos do pensamento progressista: a fé na ciência, a confiança nas possibilidades da técnica, a ambição da justiça, a redenção dos infortunados, dos fracos, a necessidade de uma ruptura violenta e definitiva e a possibilidade da reconciliação final. Pessimismo presente, otimismo futuro – uma espécie de otimismo catastrófico, na verdade, com uma marca romântica. Uma síntese muito sedutora, embora não fosse rigorosa. Além disso, oferecia aos intelectuais uma fé, uma segurança, um lugar, um propósito, uma justificativa política. Na França, em especial, permitia satisfazer a necessidade de uma militância, sem abandonar a tradição anticonformista, rebelde, romântica, fundamentalmente antiburguesa com a qual os intelectuais sempre se identificaram.

Então, nos últimos vinte, trinta anos, na passagem do século, o neoliberalismo parece ter ocupado o lugar do marxismo, com uma função bastante semelhante. Aron dizia que a ideologia se transforma em dogma quando admite o absurdo. A partir de 2008, o neoliberalismo parece cada vez mais um dogma. Mas isso não diminui nem um pouco seu atrativo. Continua sendo jovem, rebelde, iconoclasta, científico, realista, estimulante.

Em muitas coisas, o programa neoliberal está nos antípodas do marxismo. Em outras, está surpreendentemente próximo. O programa tem seu cânone: Hayek, Friedman, Buchanan e uma longa lista de comentaristas, acólitos, divulgadores. Em conjunto, oferece um sistema de ideias muito simples, acessível a qualquer pessoa, que permite explicar tudo. E tem, além do mais, um sentido profético – uma ordem moral da história. Contra a história sagrada do marxismo, propõe outra absolutamente humana: mas seu entusiasmo prometeico não é menos mitológico.

As ideias do programa neoliberal são discutíveis, duvidosas, muitas delas sem fundamento. O atrativo do programa não depende disso. As afirmações básicas de Hayek ou Becker sobre a natureza humana, sobre a liberdade ou o mercado, são indemonstráveis, no sentido estrito. Seduzem por outros motivos. Não são algo trivial. A maior parte daqueles que defendem o mercado como solução para a saúde, a educação, a gestão pública ou o que for, não se apoiam em estudos concretos que demonstrem nada; entre outras coisas, porque é frequente que não existam. Nesse plano, a discussão não é realmente racional, porque a convicção que sustenta o programa não deriva de nenhuma evidência nem pode ser refutada por nenhuma evidência.

Contudo, a fé tem suas razões. Ou, ao menos, seus motivos.

Em primeiro lugar, o neoliberalismo acaba sendo atraente porque oferece uma explicação para tudo. Assim como o marxismo de outro tempo, assim como qualquer religião. O mundo inteiro é explicado, já vimos, a partir de um mesmo esquema, que pode assimilar e processar tudo. A simplicidade dos modelos de mercado faz com que sejam sedutores e muito convincentes: não são necessários conceitos elaborados, hipóteses complexas, contraintuitivas. Tudo é explicado com três ou quatro ideias comuns: indivíduo, racionalidade, concorrência, maximização.

O sucesso das extrapolações de Gary Becker e de livros muito populares de fingida economia é muito revelador. O programa tem resposta para tudo, e é sempre a mesma resposta. Não é preciso investigar, não é preciso trabalho empírico, e as soluções têm a limpeza das operações lógicas (porque são operações lógicas). Já conhecemos a estrutura do mundo social, é sempre o produto de indivíduos egoístas empenhados em maximizar. De modo que, para entender como determinado resultado é produzido, o único necessário é imaginar a situação como um mercado, imaginar que coisas estão maximizando quais indivíduos; e para corrigir o que tiver que ser corrigido só é preciso decidir os incentivos, acomodar os castigos e as recompensas para produzir o resultado desejado.

As explicações são simples, acabam sendo convincentes para qualquer um, porque se ajustam ao sentido comum e são pomposamente realistas. E permitem zombar de qualquer um que suponha outra coisa: o interesse público, o bem comum, a ética do serviço.

Segundo motivo. O neoliberalismo também permite sempre conservar a atitude crítica, rebelde e inconformista que caracteriza os intelectuais. É uma forma curiosa de rebeldia porque, no geral, defende os interesses dominantes, mas não por isso é menos real. Os partidários do neoliberalismo se sentem sempre rebeldes, aconteça o que acontecer.

As grandes obras do programa neoliberal: *O caminho da servidão*, de Hayek, *A sociedade aberta e seus inimigos*, de Popper, *Liberdade e a lei*, de Bruno Leoni, são beligerantes, são textos de combate, com espírito apocalíptico. É impossível ler Hayek e não sentir, em algum momento, que é o último homem livre no mundo de pesadelo de Orwell ou Huxley. Sua obra, como a de Popper, Becker e Buchanan, está escrita contra o sistema, contra o que nos anos 1960 se chamava "o *establishment*". Só que os inimigos, aqueles que ocupam as posições de privilégio, são a burocracia, os sindicatos, os políticos e o que é preciso combater são os impostos, os serviços públicos, a legislação social, o salário mínimo. Na medida em que tudo isso continua existindo em todos os lados: algum tipo de legislação social, algum serviço público, um aparato administrativo do Estado, nessa medida os partidários do neoliberalismo sempre podem se apresentar como rebeldes, iconoclastas, marginais, defensores da liberdade contra a ordem burocrática estabelecida. E nisso são realmente herdeiros do espírito de protesto dos anos 1960.

A ideia central do neoliberalismo, derivada de sua noção da natureza humana, é que o mercado sempre funciona e que é a solução mais eficiente em qualquer caso. Isso, segundo a fórmula de Hayek, porque não há outro mecanismo comparável para processar a informação. O mercado reúne a sabedoria de todos, sem se impor a ninguém: cada um sabe o que quer. O neoliberalismo é a ideologia do homem comum: antipolítica e anti-intelectual em partes iguais, e por isso popular e contestadora. Do lado contrário, está não apenas o Estado, mas os funcionários, a classe política, os especialistas, os acadêmicos, os pedantes que pretendem saber mais que as pessoas comuns e que por isso querem impor regras e limites.

É verdade que do lado bom da equação, entre os rebeldes, estão os empresários (que normalmente são também parte do *establishment*). A mudança cultural consiste em colocá-los simbolicamente do outro lado, com as pessoas pequenas. No geral, são usadas designações amigáveis e até laudatórias: são os criadores de riqueza ou os criadores de emprego. Mas não é fundamental, somente a ideia de que todos somos empresários, como diriam Becker ou De Soto, ou que todos seríamos empresários se não estivéssemos oprimidos por um Estado que nos impede.

Resumindo, o neoliberalismo capitaliza o prestígio da rebelião ao mesmo tempo que tira a culpa da riqueza. De entrada, supõe-se que a riqueza corresponde ao mérito, que quem tem dinheiro é porque ganhou de forma justa, porque é o melhor no que faz. Mas não é o mais importante. O foco da escolha racional, o próprio modelo da natureza humana, diz que todos os indivíduos são igualmente egoístas, calculistas. Moralmente, não há diferença alguma entre o homem mais rico do mundo e o mais miserável de seus empregados, e cada um tem o que merece. Isso permite denunciar a hipocrisia das boas intenções, sem maiores investigações. Quem disser que procura o bem do próximo é mentiroso. Isso, para começar. O rebaixamento geral – todos somos iguais, igualmente egoístas – deixa aqueles que afirmam outra coisa em pior situação. E assim é possível juntar a rebeldia e a riqueza, com boa consciência.

Algo mais, um terceiro motivo. O neoliberalismo permite também adotar uma postura moral. Pode parecer um pouco inconsistente no início. Afinal, o programa tem uma ambição científica clara e insistente (Mises, Hayek, Friedman). Trata-se de explicar o funcionamento real do mundo, sem ilusões, fora da caverna. Não só isso, mas sua ideia da natureza humana é quase cínica. No entanto, os textos clássicos do neoliberalismo e os argumentos dos revendedores de segunda mão costumam ter uma temperatura moral elevada. O tema merece dois parágrafos.

Para começar, está a questão normativa do realismo, que permite acusar de hipocrisia aqueles que não reconheçam seus interesses egoístas (se você não admite que é egoísta e que persegue seu próprio interesse, é um mentiroso e um hipócrita – ou seriamente irracional). O tom pode ser muito enérgico quando se trata dos políticos: deputados, funcionários, sindicalistas, que ostensivamente vivem de seu cargo, e além do mais possuem algum poder, e ainda invocam algum tipo de interesse comum ou algo parecido.

Além do mais, está a defesa do mérito. Se o mercado funciona, e atribui preços corretamente, e distribui recompensas, e dá a cada um o que é seu, significa que reconhece o mérito e o recompensa. E confere mais riqueza a quem mais se esforçou. Premia os melhores. Nisso o neoliberalismo cumpre com a função mais básica da ideologia, que consiste em justificar a ordem social. Em certas ocasiões, na obra de Hernando de Soto, por exemplo, a ideia do mérito tem acentos populistas, em outras ocasiões, como em Richard Posner, chega a ter uma sonoridade nietzschiana. Tanto faz, o mérito é uma das ideias centrais da retórica neoliberal (que está em contraste direto com a noção de responsabilidade coletiva da sociedade de bem-estar do século XX).

A pedra de toque é a liberdade. Tem correlações muito concretas: a supressão do salário mínimo, a redução de impostos, a privatização da educação, mas a liberdade é sempre outra coisa, muito maior, de importância metafísica. Quer dizer, que pode ser defendida por si mesma, independentemente dos resultados. A formulação de Hayek é transparente: "só vale a pena salvaguardar a liberdade na medida em que é considerada a todo momento princípio supremo, não violada em nome de qualquer vantagem circunstancial". É a última trincheira: poderia ser que a regulamentação oferecesse algum lucro, poderia ser que o livre mercado produzisse mais pobreza, desigualdade, mas a liberdade continuaria sendo o valor central – que é preciso defender a qualquer preço.

Ainda há outro motivo, um último, que ajuda a explicar a atração do programa neoliberal: a ilusão de estar a favor da história. Nisso, o marxismo não era muito diferente. O mecanismo fundamental é uma reinterpretação do passado paradoxalmente "desistoricizado". A complexidade das situações concretas é substituída por uma oposição abstrata: intervenção ou liberdade, Estado ou mercado, *taxis* ou *nomos*, instituições inclusivas ou extrativistas, de modo que é possível projetar no passado qualquer alternativa política do presente. A mora é sempre a mesma: "isso" já foi testado, "isso" já foi tentado, e foi um fracasso, sabemos que não funciona, corresponde ao passado. "Isso" pode ser qualquer coisa, uma política anticíclica, a previdência social, os serviços públicos, um regime fiscal ou monetário.

A operação permite que a defesa do programa neoliberal seja sempre a defesa do futuro, contra uma alternativa que corresponde ao passado. Não é pouca coisa. Em um sentido curioso, que Aron não teria pensado, existe também uma idolatria da história neoliberal – que consiste em estar sempre com o futuro (um futuro que se afasta como a linha do horizonte, sem perder nada de seu apelo).

De volta à natureza

Nos momentos de maior ambição teórica, na obra de Hayek, o mercado, a natureza e a evolução se confundem e são na verdade a mesma coisa. Em nenhum momento é preciso um propósito consciente de nada, uma ordem deliberada, não é preciso um design racional, nem a vontade explícita de construir. De maneira espontânea são selecionadas as soluções mais eficientes, sobrevivem as melhores. A transição que passa de um pequeno bando de selvagens (assim diz Hayek) à Sociedade Aberta é um processo espontâneo pelo qual os homens adotam os princípios de ordem que demonstram ser mais eficientes. Quer dizer que o mercado não é natural, porque não é originário, não está no bando dos selvagens, mas é natural porque resulta de um processo evolutivo espontâneo, alheio a qualquer propósito humano.

No fundo, o horizonte normativo do neoliberalismo é a natureza – que pelo visto funciona como um mercado.

Vamos fazer um último aparte. Nos últimos anos, o programa neoliberal teve uma réplica muito chamativa no que se chama a "psicologia evolucionista". É uma combinação de ideias da biologia, da teoria dos jogos, da psicologia cognitiva e algumas teorias da evolução, que propõe uma nova forma de explicar os fenômenos sociais a partir da genética. É um retorno à biologia em sua forma mais radical: significa que a conduta humana, inclusive em suas formas mais elaboradas, está determinada por predisposições genéticas das quais nem mesmo temos consciência.

Mesmo assim, alguns autores são interessantes. A maioria dos seus partidários defende um naturalismo grosseiro, difícil de compartilhar. Esquematicamente, a explicação deles é a seguinte: a seleção natural decide a história. Impõe determinado tipo de condutas, para garantir a sobrevivência – impõe comportamentos concretos a indivíduos concretos. E faz isso através dos genes, que estão imersos em uma luta cósmica para sobreviver. Os genes querem se reproduzir e usam os seres humanos para isso. Obrigam os indivíduos a serem espertos, ou egoístas ou ciumentos, a se apaixonar, a flertar com certas pessoas, porque isso é o que oferece melhores garantias de sucesso, quer dizer, de reprodução futura dos genes. O resultado é que os padrões de comportamento que observamos hoje são, na verdade, as respostas mais eficientes em termos evolutivos, as que foram fixadas nos genes desde o princípio dos tempos.

Imagino que não é preciso enfatizar que o esquema básico das explicações é muito semelhante ao do programa neoliberal. Supõe que todo processo obedece a uma racionalidade, sempre a mesma racionalidade, que não é consciente nem deliberada, mas produto de um mecanismo impessoal. E o resultado é sempre, por definição, o mais eficiente.

O leque é muito amplo. Imagina-se que existe um gene da fidelidade e um gene do altruísmo, e um da formação de clubes, um gene da reciprocidade e um para identificar os parentes biológicos. O procedimento, claro, é semelhante ao dos modelos econômicos: toma-se um comportamento mais ou menos generalizado, postula-se que é resposta adaptada a algum problema e imagina-se o mecanismo que pode tê-lo gerado, em um bando de caçadores do Pleistoceno. Há autores que descobriram que o egoísmo, a monogamia, os ciúmes, a preferência por mulheres jovens, por homens ricos, o dom-juanismo dos homens, a família nuclear, a violência doméstica são determinados geneticamente. Resumindo, a ordem social dos países centrais no século XX, que vem a ser o ápice da evolução. Assim, determinados valores culturais, e padrões de conduta, terminam sendo fatos naturais, definitivos, adaptações universalmente válidas, enquanto as outras formas culturais, que existem há milênios, terminam não sendo adaptativas e, no final das contas, irrelevantes.

Em suas versões mais audazes, é a naturalização definitiva do programa neoliberal, determinado desde o Pleistoceno – nos genes. Os psicólogos evolucionistas, aliás, se apresentam também como rebeldes, marginalizados, perseguidos inclusive por um *establishment* acadêmico que quer continuar acreditando em invenções românticas. Unem o prestígio da ciência com o fascínio do ocultismo e oferecem os verdadeiros motivos – escuros, ásperos – da conduta. É uma última reviravolta, um retorno inesperado de Spencer.

Paradoxalmente, vêm dizer que a ordem do mercado, a concorrência e o egoísmo individual estão nos genes. Ou seja, que não há alternativa ao reino da liberdade, porque a liberdade não existe.

APÊNDICE. PARÂMETROS PARA UMA ALTERNATIVA

Em muitos sentidos, o auge do neoliberalismo é um fenômeno único e muito singular. Em comparação com outros sistemas de ideias, teve um sucesso muito grande. Contribuiu para dar uma nova configuração a instituições em quase todos os campos e se impôs em um prazo relativamente breve, no mundo todo. É uma ideologia global, muito eficaz. Na verdade, está de tal maneira ligada ao sentido comum do novo século, que parece impossível ser superada; em qualquer âmbito se fala de racionalidade, incentivos, maximização, como se fossem coisas indiscutíveis.

Insisto, é um fenômeno único. No entanto, obedece a um movimento que Polanyi já havia apontado há meio século, uma espécie de inércia da economia de mercado. Acho que vale a pena fazer um pequeno resumo.

A economia não foi nunca uma esfera autônoma, mas esteve arraigada na ordem social, subordinada à religião, à política, aos objetivos primordiais das comunidades humanas. O mercado sempre foi um acessório. A novidade do capitalismo europeu, da forma como evolui a partir do século XVIII, consiste na tentativa de separar a economia do resto da vida social, desenraizá-la e constituí-la como uma esfera diferente, com suas próprias normas. Autorregulada. Quer dizer, a novidade é a ideia de um mercado que possa funcionar sem nenhuma interferência religiosa, moral ou política.

Essa autonomia do econômico é, em sentido rigoroso, um projeto utópico, porque é impossível de realizar. Nenhuma sociedade pode renunciar inteiramente a que exista algum tipo de restrição moral ou política à operação do mercado. Mas pode-se avançar muito nesse sentido. Pois bem, a autonomia do mercado implica na prática a subordinação de todas as outras esferas. Se o mercado deve funcionar sem travas, precisa estar por cima da religião, da política, da moral. Não há discussão. O processo começa com a criação de duas mercadorias fictícias: trabalho e terra (uma terceira: o dinheiro).

Segundo Polanyi, uma mercadoria é algo produzido para ser vendido no mercado: pode ser acumulado, separado, trocado. Obviamente, nem o trabalho nem a terra são mercadorias nesse sentido. Nem a vida humana nem a natureza podem ser objeto de comércio sem restrições, por motivos morais e por razões morais e práticas. E por isso as sociedades humanas resistem à completa mercantilização e pedem que o poder público modere os efeitos da demanda de mão de obra, por exemplo, e cuide do uso da terra e dos recursos naturais. É só o mais simples. Em geral, a todo avanço no processo de mercantilização da vida social responde um movimento defensivo, que resiste ao desenraizamento da economia.

Essa resistência, claro, contribui para o rearmamento do utopismo do mercado. Sempre se pode dizer que o programa teria funcionado se não fosse pela interferência do Estado.

É interessante lembrar o argumento de *A grande transformação* porque deixa claro que este não é o fim da história. É verdade, a mercantilização foi mais longe do que nunca. Em muitos aspectos vivemos, realmente, em uma sociedade de mercado. Mas é razoável esperar uma reação, como as que ocorreram no passado. Penso, por exemplo, na reação dos camponeses ingleses contra a liberalização do mercado de grãos no século XVIII, que foi muito bem pesquisada por E. P. Thompson. Ou na legislação trabalhista do século XIX. Ou no conjunto de reformas que deram lugar ao Estado de bem-estar.

Claro, não cabe aqui nem mesmo esboçar uma alternativa à ordem neoliberal. Isso é uma história, nada mais. Nada menos. Mas talvez convenha uma observação sobre os parâmetros para pensar em uma alternativa. Porque a história também serve para isso, para saber que não há nada fatal, nada definitivo.

Certamente, o primeiro que é necessário, e indispensável, é abandonar a matriz de conhecimento que o neoliberalismo impôs como sentido comum. É claro que nem tudo pode ser entendido como um mercado: a evolução não é um mercado, a ordem social não é um mercado, a religião, a família, a ciência, não são mercados (na verdade, nem sequer o mercado é um mercado – não como o que supõe o modelo). O problema não é esse, mas a ideia do conhecimento que leva a pensar assim. Quer dizer, a ideia de que o conhecimento deve ser simples, inequívoco, universal e imediatamente útil – como são os modelos algébricos da economia neoclássica. A saída é fácil de ver. Há outras formas de conhecimento: mais complexo, discutível, relativo, situado. Sempre existiram, são as formas habituais na maioria das disciplinas. Nas ciências sociais, para entendermos sem mais explicações, trata-se de incorporar o contexto com todos os matizes que sejam necessários.

Em segundo lugar, já é hora de reconhecer com toda a franqueza que a experiência fracassou. A tentativa de criar uma sociedade de mercado foi mais longe que nunca, em todos os sentidos. E o resultado foi catastrófico. Claro, o utopismo oferece uma última linha de defesa do programa: ainda não foi ensaiado plenamente, ainda falta mercantilizar tudo. O que é como a defesa do marxismo nos anos 1960 e 70, dizer que o neoliberalismo "realmente existente" não é o verdadeiro. O modelo diz que o mercado vai produzir a felicidade: crescimento, bem-estar, estabilidade; se não há nada disso, é porque a política não era realmente neoliberal. E é preciso insistir, com mais intensidade, liberalizar mais.

Brincadeiras à parte, não há como fugir disso. O resultado está à vista: um aumento vertiginoso da desigualdade, desequilíbrios regionais em todo o planeta, precarização trabalhista, destruição do meio ambiente, deterioração de todos os serviços públicos, repetidas crises financeiras, queda do poder aquisitivo dos salários, aumento do desemprego de longa duração e um crescimento da economia muito inferior ao das décadas anteriores.

Outra coisa. Se o esqueleto do programa neoliberal é um processo de privatização, a alternativa terá que ser pensada a partir de uma recuperação da dimensão pública da vida social: da economia para começar. Sem esquecer que público não é estatal. E que público não significa burocracia, ineficiência, falta de aptidão e corrupção, da mesma forma que privado não significa eficiência e honestidade. Em termos muito simples, seria voltar a enraizar a economia, pensá-la como parte de algo maior.

Não é fácil ver a saída. Mas é possível. Na verdade, é indispensável. E é sobretudo questão de imaginação. O problema aqui não é o predomínio do mercado, mas sua capacidade de esterilização cultural. Polanyi novamente: "A criatividade institucional do homem só foi suspensa quando foi permitido ao mercado triturar o tecido humano até conferir-lhe a monótona uniformidade da superfície lunar". Apesar de tudo, no último terço do século XIX foi imaginado o salário mínimo, o limite da jornada de trabalho etc., como nos anos 1930 foram imaginadas formas de intervenção pública para neutralizar os efeitos da recessão e novas formas de previdência social, e nos anos 1950 foi imaginado o programa de industrialização por substituição de importações. Pois bem: a partir de agora teremos que imaginar uma saída, como sempre.

MÍNIMA ORIENTAÇÃO DE LEITURA

Muito foi escrito sobre o neoliberalismo. Coisas melhores e piores. A seguir, apresentamos apenas uma primeira orientação, alguns poucos títulos que podem servir para aprofundar o assunto.

Como história, talvez o mais completo seja o volume editado por Philip Mirowski e Dieter Plehwe, *The Road from Mont Pèlerin. The Making of the Neoliberal Thought Collective* (Cambridge, Harvard University Press, 2009); inclui textos sobre os primeiros anos, sobre a formação da Sociedade de Mont Pèlerin, o "ordoliberalismo", as teorias do desenvolvimento, o experimento de Hernando de Soto. Uma excelente alternativa é o livro de Christian Laval e Pierre Dardot *A nova razão do mundo: Ensaio sobre a sociedade neoliberal* (São Paulo, Boitempo, 2016), que oferece um olhar de conjunto, mais denso, ou talvez o de Daniel Stedman Jones *Masters of the Universe. Hayek, Friedman and the Birth of Neoliberal Politics* (Princeton, Princeton University Press, 2012), mais focado na história intelectual propriamente; sua exposição das ideias de Hayek e Popper é clara, completa, incisiva, também sua análise do "momento Friedman" nos anos 1970. A *Neoliberalismo: História e implicações,* de David Harvey (São Paulo, Edições Loyola, 2008), é muito popular: acessível, de leitura fácil, mas está dedicado sobretudo à história política das últimas duas décadas do século XX – não acaba sendo muito útil para entender o neoliberalismo como projeto intelectual.

Entre os clássicos neoliberais, claro que é indispensável ler Friedrich Hayek. *Caminho da servidão* (São Paulo, LVM Editora, 2022) é o título mais conhecido, mas não é o melhor: é um panfleto, um texto beligerante, de poucas nuances, que hoje em dia tem um interesse sobretudo histórico. *A constituição da liberdade* (São Paulo, Avis Rara, 2022) é muito melhor, talvez seja o melhor de Hayek, um livro denso, complexo, mas uma obra madura, onde estão claramente todos os motivos do programa neoliberal, da economia ao direito, o gasto social, a educação, a política. Posterior, *Law, legislation and liberty* (Chicago, University of Chicago Press), em três volumes, é desigual, reiterativo, de argumentação às vezes sinuosa, excessivamente longo. Não traz, na verdade, nada fundamentalmente novo. Também vale a pena ler, como antecedente, *Socialismo: Uma análise econômica e sociológica*, de Ludwig von Mises (São Paulo, Konkin, 2022); é um livro ruim, especulativo, demagógico, mas importante como referência. Algo parecido devemos dizer de *A sociedade aberta e seus inimigos*, de Karl Popper (Coimbra – Portugal, Edições 70, 2012), que é difícil de ser levado a sério como história das ideias, mas permite entender muito bem o clima intelectual da Guerra Fria, quando foi forjado o programa neoliberal.

É interessante, na obra de Milton Friedman, ver o contraste entre seus textos acadêmicos sobre política monetária, inflação, sobre a curva de Phillips (por exemplo: *On Economics: Selected Papers*, Chicago, University of Chicago Press, 2008) e os que escreveu como propagandista, como *Capitalismo e liberdade* (São Paulo, LTC editora, 2014), e, claro, o que escreveu junto com Rose Friedman, *Livre para escolher: Um depoimento pessoal* (Rio de Janeiro, Record, 2015).

Para as discussões sobre a economia como disciplina acadêmica, na segunda metade do século XX, é indispensável ler Ronald Coase; seus textos clássicos, sobre os custos de transação, estão reunidos em *A firma, o mercado e o direito* (São Paulo, Forense), e os artigos mais breves, polêmicos, estão em *Essays on Economics and Economists* (Chicago, The University of Chicago Press, 1994). Coase é quase sempre de leitura difícil, mas que recompensa: vale a pena entrar em "O problema do custo social" e ler com atenção, também, sem dúvida, seus ensaios sobre o imperialismo da economia e sobre faróis na história do pensamento econômico. Também é importante a análise da linguagem da economia de Deirdre McCloskey, seja em seu clássico, *The Rhetoric of Economics* (Madison, The University of

Wisconsin Press, 1998), ou na ajustadíssima síntese de *Os pecados secretos da economia* (São Paulo, Ubu Editora, 2017). Termina sendo extraordinariamente útil o livro de Steve Keen *Debunking Economics: The Naked Emperor Dethroned?* (Nova York, Zed Books, 2011); é mais complexo, mais extenso, de leitura sobretudo para quem já tem conhecimento de economia – para eles, quase diria que é uma leitura necessária.

Sobre a natureza do mercado como fato social continua sendo imprescindível um dos grandes livros do século XX, de Karl Polanyi, *A grande transformação* (Rio de Janeiro, Contraponto, 2021). É um estudo histórico da formação do mercado na Europa, erudito, acessível, claro, insuperável. E também a reflexão comovente, lúcida e brilhante de Tony Judt em *O mal ronda a terra* (Rio de Janeiro, Objetiva, 2011).

A seguir apresento uma lista de alguns outros livros que usei para escrever e praticamente todos os que aparecem citados no texto; menciono as edições que podem ser conseguidas mais facilmente (claro, sempre que me refiro a um texto em inglês ou francês, e houver alguma citação no texto, a tradução é minha). Para a discussão de outras leituras e outros temas, há material – artigos acadêmicos, resenhas, destaques, artigos da imprensa – na minha página pessoal: www.fernandoescalante.net.

Arendt, Hannah. *Crises da República*, São Paulo, Perspectiva, 2019.

Ball, Philip. *Massa crítica*, Lisboa, Editora Gradiva, 2009.

Becker, Gary. *Human Capital*, Chicago, University of Chicago Press, 1994.

Becker, Gary. *A Treatise on the Family*, Cambridge, Mass., Harvard University Press, 1993.

Becker, Gary. *The Economics of Life: From Baseball to Affirmative Action to Immigration, How Real-World Issues Affect Our Everyday Life*, Nova York, McGraw-Hill, 1998.

Borstelmann, Thomas. *The 1970s. A New Global History from Civil Rights to Economic Inequality*, Princeton, Princeton University Press, 2012.

Buchanan, James M. e Tullock, Gordon. *The calculus of consent: Logical foundations of constitutional democracy*, Carmel, Liberty Fund, 1999.

Buchanan, James M. *The limits of Liberty: Between Anarchy and Leviathan*, Carmel, Liberty Fund, 2000.

Cockett, Richard. *Thinking the unthinkable. Think-tanks and the Economic Counter-Revolution, 1931-1983*, Londres, Fontana Press/Harper-Collins, 1995.

Cohen-Tanugi, Laurent. *Le droit sans l'Etat*, Paris, PUF, 2007.

Dallek, Robert. *Ronald Reagan, The Politics of Symbolism*, Cambridge, Mass., Harvard University Press, 1999.

Douglas, Mary. *Missing Persons. A Critique of the Personhood in the Social Sciences*, Berkeley, University of California Press, 1998.

Goodman, Paul [Taylor Stoehr, ed.]. *The Paul Goodman Reader*, Oakland, PM Press, 2011.

Harcourt, Bernard. *The Illusion of Free Markets: Punishment and the Myth of Natural Order*, Cambridge, Mass., Harvard University Press, 2012.

Hibou, Béatrice (ed.). *La bureaucratisation neolibérale*, Paris, La découverte, 2012.

Hibou, Béatrice. *La bureaucratisation du monde à l'ère neolibérale*, Paris, La découverte, 2012.

Hibou, Béatrice. *De la privatización de las economías a la privatización de los Estados*, México, Fondo de Cultura Económica, 2013.

Illich, Ivan. *Obras reunidas* (2 v.), México, Fondo de Cultura Económica, 2011.

Leoni, Bruno, *Liberdade e a lei*, São Paulo, LVM, 2017.

Madrick, Jeff. *Seven Bad Ideas. How Mainstream Economics Have Damaged America and the World*, Nova York, Alfred A. Knopf, 2014.

Marquand, David. *Decline of the Public. The Hollowing out of Citizenship*, Cambridge, Polity Press, 2005.

Mazzucato, Mariana. *O Estado empreendedor*, São Paulo, Portfolio-Penguin, 2014.

McKinnon, Susan. *Genética neoliberal: Uma crítica antropológica da psicología evolucionista*, São Paulo, Ubu, 2021.

Minsky, Hyman. *Can 'it' Happen Again? Essays on Instability and Finance*, Nova York, M. E. Sharpe, 1982.

Mirowski, Philip. *Never let a serious crisis go to waste: How neoliberalism survived the financial meltdown*, Nova York, Verso, 2014.

Mirowski, Phillip. *Against Mechanism. Protecting Economics from Science*, Nova York, Rowman & Littlefield Publishers, 1988.

Müller-Armack, Alfred. *El siglo sin dios*, México, Fondo de Cultura Económica, 1968.

Murray, Charles. *Losing Ground. American Social Policy, 1950-1980*, Nova York, Basic Books, 1994.

Oakeshott, Michael. *Lectures in the History of Political Thought*, Exeter, U. K., Imprint Academic, 2007.

Olson, Mancur. *Power and prosperity: Outgrowing Communist and Capitalist dictatorships*, Nova York, Basic Books, 2022.

Pardo, María del Carmen (comp.). *De la administración pública a la gobernanza*, México, El Colegio de México, 2004.

Piketty, Thomas. *O capital no século XXI*, Rio de Janeiro, Intrínseca, 2014.

Plant, Raymond. *The Neoliberal State*, Oxford, Oxford University Press, 2012.

Polanyi, Karl. *La esencia del fascismo, seguido de Nuestra obsoleta mentalidad de mercado*, Madrid, Escolar y Mayo, 2013.

Posner, Richard. *Economic analysis of Law*, Boston, Aspen Publishing, 2014.

Posner, Richard. *Overcoming Law*, Cambridge, Mass., Harvard University Press, 1995.

Prashad, Vijay. *The Poorer Nations. A Possible History of the Global South*, Londres, Verso, 2012.

Quiggin, John. *Zombie economics. How Dead Ideas still Walk among Us*, Princeton, Princeton University Press, 2012.

Ravitch, Diane. *The Reign of Error. The Hoax of the Privatization Movement and the Danger to America's Public Schools*, Nova York, Alfred A. Knopf, 2013.

Rawls, John. *Teoría de la justicia*, México, Fondo de Cultura Económica, 2006.

Rentoul, John. *Tony Blair: Prime Minister*, Londres, Faber Finds, 2013.

Rodgers, Daniel T. *Age of fracture*, Cambridge, Mass., Belknap Press/Harvard University Press, 2012.

Rose, Hilary e Rose, Steven (ed.). *Alas, Poor Darwin! Arguments Against Evolutionary Psychology*, Nova York, Harmony Books, 2000.

Sahlins, Marshall. *La ilusión occidental de la naturaleza humana*, México, Fondo de Cultura Económica, 2011.

Schlefer, Jonathan. *The Assumptions Economists Make*, Cambridge, Harvard University Press, 2012.

Shermer, Michael. *Why People Believe in Weird Things. Pseudoscience, Superstition and Other Confusions of Our Time*, Nova York, Holt Paperbacks, 2002.

Soto, Hernando de. *El otro sendero: la revolución informal*, Lima, Instituto Libertad y Desarrollo, 1990.

Steiner, George. *Nostalgia del absoluto*, Madrid, Siruela, 2001.

Villagómez, Alejandro. *La primera gran crisis mundial del siglo XXI*, México, Tusquets, 2011.

Walker, Jeff. *The Ayn Rand Cult*, Peru, Ill., Open Court Publishing Co., 1998.

Weiss, Gary. *Ayn Rand Nation: The Hidden Struggle for America's Soul*, Nova York, Saint Martin's Press, 2012.

Wheen, Francis. *Strange Days, Indeed. The 1970s: The Golden Days of Paranoia*, Nova York, Public Affairs/Perseus Group, 2009.

Woods, Ngaire. *The Globalizers. The IMF, the World Bank and Their Borrowers*, Ithaca, Cornell University Press, 2006.